新 視 野
中華經典文庫

新 視 野

中華經典文庫

新視野
中華經典文庫

導讀

經典之門

歷史地理篇

中華書局

饒宗頤序

中國夢當有文化作為

二十一世紀是我們國家踏上「文藝復興」的新時代，中華文明再次展露了興盛的端倪。我們既要放開心胸，也要反求諸己，才能在文化上有一番「大作為」，不斷靠近古人所言「天人爭挽留」的理想境界。

二〇〇一年，我在北京大學的一次演講上預期，二十一世紀是我們國家踏上「文藝復興」的新時代。而今，進入新世紀第二個十年，我對此更加充滿信心。

現在都在說「中國夢」，作為一個文化研究者，我的夢想就是中華文化的復興。文化復興是民族復興的題中之義，甚至在相當意義上說，民族的復興即是文化的復興。「天行健，君子以自強不息。」我們的文明，是世界上惟一沒有中斷過的古老文明。儘管在近代以後中國飽經滄桑，但歷史輾轉至今，中華文明再次展露了興盛的端倪。

推動文化的復興，我輩的使命是什麼？我以為，二十一世紀是重新整理古籍和有選擇地重拾傳統道德與文化的時代，當此之時，應當重新塑造我們的「新經學」。我們的哲學史，由子學時代進入經學時代，經學幾乎貫徹了漢以後的整部歷史。但五四運動以來，把經學納入史學，只作史料看待，未免可惜，也將經學的現實意義降到了最低。現在許多簡帛記錄紛紛出土，過去自宋迄清的學人千方百計求索夢想不到的東西，而今正如蘇軾所說「大千在掌握」。我們應該如何善加運用，重新制訂新時代的「經學」，並以之為一把鑰匙，開啟和光大傳統文化的寶藏？長期研究中，我深深感到，經書凝結着我們民族文化之精華，是國民思維模式、知識涵蘊的基礎，是先哲道德關懷與睿智的核心精義、不廢江河的論著。重新認識經書的價值，在當前有着重要的現實意義。甚至說，這應是中華文化復興的重要立足點。

「經」的重要性自不待言。因為它講的是常道，樹立起真理標準，去衡量行事的正確與否，取古典的精華，用篤實的科學理解，使人的生活與自然相協調，使人與人之間的關係臻於和諧的境界。經的內容，不講空頭支票式的人類學，而是實際受用有長遠教育意義的人智學。

「經」對現代社會依然很有積極作用。漢人比《五經》為五常，《漢書・藝文志》更把《樂》列在前茅，樂以致和，所謂「保合太和」，「致中和，天地位焉，萬物育焉」，「和」體現了中國文化的最高理想。五常是很平常的道理，是講人與人之間互相親愛、互相敬重、團結羣眾、促進文明的總原則。在科技發達、社會巨變的時代，如何不使人淪為物質的俘虜，如何走出價值觀的迷陣，求索古人的智慧，應能收獲不少有益啟示。

西方的文藝復興運動，正是發軔於對古典的重新發掘與認識，通過對古代文明的研究，為人類知識帶來極大的啟迪，從而刷新人們對整個世界的認知。中國近半世紀以來地下出土文物的總和，比較西方文藝復興以來考古所得的成績，可相匹敵。令人感覺到有另外一個地下的中國——一個在文化上鮮活而又厚重的古國。對此，我們不是要照單全收，而應推陳出新，與現代接軌，把前人保留在歷史記憶中的生命點滴和寶貴經歷的膏腴，給予新的詮釋。這正是文化的生命力所在。

二十世紀六十年代，我的好友法國人戴密微先生多次說，他很後悔花了太多精力於佛學，他發覺中國文學資產的豐富，世界上罕有可與倫比。現在是科技引領的時代，但人文科學更是重任在肩。老友季羡林先生，生前倡導他的天人合一觀。以我的淺陋，很想為季老的學說增加一小小腳注。我認為「天人合一」不妨說成「天人互益」。一切的事業，要從益人而不損人的原則出發，並以此為歸宿。當今時代，「人」的學問比「物」的學問更關鍵，也更費思量。

作為一個中國人，自大與自貶都是不必要的。文化的復興，沒有「自覺」「自尊」「自信」這三個基點立不住，沒有「求是」「求真」「求正」這三大歷程上不去。我們既要放開心胸，也要反求諸己，才能在文化上有一番「大作為」，不斷靠近古人所言「天人爭挽留」的理想境界。

鄭煒明博士整理

載《人民日報》二〇一三年七月五日五版

中華經典古，今人惠澤新

陳耀南序

現在，幾乎人人都有一部智能手機，日新月異、奇妙無比了，還讀什麼「經典」——尤其是中國的經典？

是的，近代中國的學術文化，比起西方先進，表現了若干方面的落後；不過，有史以來，中國也曾有不少超前——而且，無可否認，有些還具備普世價值，可說萬古常新。誰說中國人不能「窮、變、通、久」，「貞下起元」，再開新路？

中國是如此廣土眾民，歷史持續而悠久，影響深遠而重大——所謂「文化」「文明」「開物成務」「興神物以前民用」……所謂「志道、據德、依仁、遊藝」，「知命守義」，「忠恕」……所謂「有無相生」「正反相成」「致虛守靜」「見素抱樸」等等出於華夏哲人，以至初興於天竺而發揚光大於中土高士的「五蘊皆空」「慈悲喜捨」，滅除因生死人我差別而致的大苦大痛，種種現代更覺迫切珍貴的智慧理念，就是出於或者持久普及於中國經典。對這一切，我們怎可視而不見、習而不察、有而不珍？今日今時，鳳凰火浴，重新振起，騰飛世界，造福人類，豈不是有心人之所同盼、有目人之所共睹？

更何況，即使「普世市場」之類意義暫且不談，「中文」「中國」，對我們來說，畢竟是水之有源、木之有本，誰可以——怎可以——真的斬斷？

所以，中華文化經典，不可不愛護、學習，不可不繼承、推廣！

所謂「經典」，就是經歷了無數考驗，仍是大家心悅誠服、可資指導言行的文字記載。泛觀博覽、精細研究這些記載，我們可以了解人性人情、洞明世務（特別是中華文化精神），於是知所選擇繼承、發揚光大；並且，目染耳濡，用語行文，我們提升了吸收與表達能力，增加了智慧與樂趣——這些，我們可以從三方面再加闡發：

首先，「天地之大德曰生」——「德」者，性能、作用——作為萬物之靈的人類，更能理性自覺地、不懈追求幸福地生存與進步。為此，物質與精神各方面的生活質素就得以繼續提升，表現為器材技藝、經濟政治、法律道德、哲學宗教等等，由外在而內心的種種文化現象與成績，而紀錄於人類特有的文字，集結、精選，就成為「經典」，此其一。

其次，在文化的累積與發展中，人們研究、發現、掌握多變現象背後不變（起碼是相對穩定）的道理規律，於是執簡馭繁，這就是中國古人所謂「易簡而天下之理得」——諸如：友愛親情之可珍、鬥爭仇恨之可懼、良辰好景之可幸與可喜、天道命運之可信或可疑。諸如此類，是否「太陽之下無新事」？是否不管如何，都「前事不忘，後事之師」？此其二。

第三：「時有古今，地有南北，字有更革，音有轉移，亦勢所必至。」明朝學者陳第的專業心得也好，希伯來古代智慧「巴別塔」典故的喻示也好，人類語文的演化與分歧，是人所共知的事實。不過，人又有神奇的學習與溝通能力，透過翻譯和解說，古與今，中與外，隔膜就得以消除，文化就得以交流、承繼。特別是我們的漢字中文，「金入洪爐不厭頻」，經過百多年來嚴苛的懷疑、輕蔑、考驗、批評，它難得的精簡與穩定特質，與口頭漢語適切配合的優點，理應更受珍視。透過視野的擴大與適當的更新，認真而合時的譯解，文、史、哲、教種種範疇的華夏經典，垂世行遠，光大發揚，就在於今日！

中華書局（香港）有限公司「新視野中華經典文庫」，數載有成，業績彪炳，現在把「文庫」中五十種書的導讀合編為一集，以利參考、觀覽，就如從上古到近世《七略．六藝志》《隋書．經籍志》《四庫提要》的貢獻與功能，實在是嘉惠士林、功在社會。筆者有附驥之榮，謹致蕪辭，誠為之賀！

陳耀南於悉尼

二〇一六年五月三十日

現代人為什麼要讀經典

李焯芬序

英國牛津大學有位歷史學家，名叫湯因比（Arnold Toynbee，一八八九—一九七五）。他著作等身，代表作是十二卷的《歷史的研究》（*A Study of History*）；書中深入分析了人類文明的歷史進程。學界一般認為他是二十世紀最偉大的歷史學家。上世紀七十年代，湯因比在他晚年的一些著作和訪談中，不時談到他對二十一世紀人類社會的一些預測和憂慮。他在分析文明史的基礎上，預見到二十一世紀的人類社會科技不斷進步，物質生活非常豐富；但人會變得越來越以自我為中心，越來越自私，物質慾望不斷膨脹。這將對地球的自然資源造成越來越大的壓力；而人與人之間、族羣與族羣之間的衝突亦越來越尖銳。從人類文明可持續發展的角度看，湯因比認為二十一世紀的人類社會需要重新審視並踐行中國傳統文化的價值觀，特別是儒家思想與大乘佛教。

四十年後的今天，我們重溫湯因比的這些預言，不無感觸。過去的教育，既重視知識的傳播，亦同時重視人的教育，特別是品德的薰陶。今天的教育，基本上以知識教育為主導。知識的不斷膨脹，造成了越來越多的新科目，以及永遠也教不完的新課程。展望將來，網絡教育（e-learning; mobile learning）的比例會越來越重。同學們忙於低頭看他們的手機或 i-pad，從中汲取他們所需要的各種知識或訊息。君不見：一家人外出吃頓飯，各人在飯桌上往往忙於看自己的手機，閒話家常式的分享明顯減少了。不少教育界的同工對如何在網絡時代推行德育

（或人的教育）感到困惑。這不啻是湯因比所預見的現代人越來越以自我為中心、人與人之間關係越來越疏離的現象。湯因比的命題是現代人如何在物質文明與精神文明之間取得更合理的平衡。從現代教育的角度看，則是如何在知識教育與人的教育之間取得更合理的平衡。

湯因比認為人類社會要持續發展，就必須處理好這些失衡的現象。而儒家思想和大乘佛教正可以幫助二十一世紀的人類社會在物質文明與精神文明之間取得更均衡、更和諧的發展；從而讓現代人生活得更有智慧、更稱意、更自在。我們回顧中古時代的歐洲，文藝復興讓當時的歐洲人生活得更有智慧，思想更開放和活躍，因而成就了後來的工業革命、科技不斷進步和強大的歐洲。正如饒宗頤教授所指出的，促進歐洲文藝復興的正是歐洲人對重新研讀古希臘、羅馬經典的興趣和熱潮。歐洲人從經典中得到了無窮智慧以及發展的動力。

就在這個有趣的歷史時刻，基於出版人的文化使命感和社會承擔，中華書局（香港）有限公司出版了一套五十本的「新視野中華經典文庫」；並把每本的導讀抽出、結集成為這套名為《經典之門：新視野中華經典文庫導讀》的集子，作為閱讀經典的入門書。書中的每一篇經典導讀，均是針對現代人對經典智慧的需求而寫成的，因此既具現代視野，亦契合現代人的需要。

湯因比預見了中華經典智慧對社會的價值。從個人的角度看，中華經典智慧亦能幫助現代人更好地面對社會的種種壓力，妥善處理好各種矛盾，從而讓大家生活得更稱意、更自在。我們今天的社會，競爭比以前更激烈，生活和工作壓力比以前更大。單以香港為例，六七十年代的香港只有二三千大學生。今天香港大學生逾十萬。不但畢業後找工作比從前難，連升職亦比從前難。我們的許多大學畢業生，很少有下午五點鐘下班的；經常是傍晚七點或更晚才能下班。有人回家以後還要用手機或電腦繼續工作。中華經典中有不少人生智慧，可以幫助我們更坦然地應付這些生活和工作中的壓力和挑戰，更善巧地處理好人際關係，幫助我們走上事業成功的坦途，同時獲得別人的尊敬、衷誠合作和支持。換句語說，研習中華經典，可以補現代知識教育的不足，讓我們除了現代專業知識之外，還具有人生智慧，懂得待人接物，事業上更成功，生活得更幸福快樂。

中華經典智慧，無論是對人類社會的未來，抑或是對個人的成功和幸福，都具有巨大的價值和意義。

香港大學饒宗頤學術館館長　李焯芬

二〇一六年六月

目錄

序

歷史

地理經濟等

注：各類別下之經典按其成書時代排序。

歷史

《左傳》導讀

闡春秋大義，美千古文章

香港能仁專上學院副校長、
香港大學中文學院榮譽教授
單周堯

嶺南大學中文系署理系主任及教授
許子濱

一、《春秋》名義

就現存文獻而言，最早記載《春秋》的撰著緣起及其名稱的是《孟子．離婁下》。孟子（前三七二—前二八九）曰：

王者之跡熄而《詩》亡，《詩》亡然後《春秋》作，晉之「乘」，楚之「檮杌」，魯之「春秋」，一也。其事則齊桓、晉文，其文則史，孔子曰：「其義則丘竊取之矣。」[1]

跟晉國的「乘」、楚國的「檮杌」一樣，「春秋」原是魯國史書的名稱。「春秋」又是編年體史書的通名，各國史書均可通稱「春秋」，故有所謂「百國『春秋』」（見《隋書》所載《墨子》佚文），不特魯史為然。因其敘事體例為「以事繫日，以日繫月，以月繫時，以時繫年」，而一年四季之中，古人尤其重視春秋兩季，故錯舉「春秋」作為此類編年體史書的通名。《孟子》提及的兩種「春秋」，分別指孔子（前

1 焦循撰、沈文倬點校：《孟子正義》（北京：中華書局，一九八七年），頁五七二—五七四。

五五一—前四七九）所修的《春秋》與魯史「春秋」。現存的《春秋》，是孔子所修。此書以魯史「春秋」為底本，參酌百國「春秋」修訂而成，而其「書法」（表述方式）則寄寓了孔子的「微言大義」，在褒貶中呈現了聖人的思想和見解。

《左傳》昭公二年載晉韓宣子聘魯，見「魯春秋」，說：「周禮盡在魯矣。吾乃今知周公之德與周之所以王也。」韓宣子所見「魯春秋」，蓋從周公敍起，具載宗周盛世朝覲會同征伐之事，所以韓宣子才會這樣說。《左傳》所載《春秋》經文的記事起訖，由魯隱公元年（周平王四十九年，前七二二年）到哀公十六年孔丘卒（周敬王四十一年，前四七九年），經歷十二代魯君，共計二百四十四年（《公羊傳》及《穀梁傳》則終於哀公十四年西狩獲麟[2]，共計二百四十二年）。很可能是孔子之弟子為

2 魯哀公十四年「西狩獲麟」一事，《左傳》《公羊傳》《穀梁傳》均有記載。據說麟是一種非牛非馬非鹿、頭上長有一個肉角的動物，是一種祥瑞的獸類，有王者則至，無王者則不至。春秋之時，禮崩樂壞，而麟竟於魯哀公十四年出現，孔子慨歎不已，傷周道之不興，感嘉瑞之無應，於是《春秋》絕筆於「獲麟」一句。

記其卒年，故取「魯春秋」補記獲麟後事[3]。

二、《左傳》的作者及其成書年代

唐初孔穎達（五七四—六四八）《春秋・序・疏》引南北朝學者沈文阿（五〇三—五六三）曰：

《嚴氏春秋》引《觀周篇》云：「孔子將修《春秋》，與左丘明乘，如周，觀書於周史，歸而修《春秋》之《經》，丘明為之《傳》，共為表裏。」[4]

3 《公羊傳》《穀梁傳》皆於襄公二十一年（前五五二）十一月記「庚子，孔子生」。二傳所載《春秋》經文皆終於哀公十四年（前四八一）西狩獲麟，而《左傳》所載經文，則終於哀公十六年（前四七九）「夏四月己丑，孔子卒」。自獲麟至孔子卒之間的經文，杜預認為是「弟子欲記聖師之卒，故採魯史記以續夫子之經，而終於此。丘明因隨而作傳，終於哀公。從此以下無復經矣。」（《十三經注疏・左傳注疏》〔臺北：藝文印書館，一九八九年〕，頁一〇四一。）

4 《十三經注疏・左傳注疏》，頁一一。

《嚴氏春秋》為西漢公羊家學者嚴彭祖所著。嚴彭祖是董仲舒（前一七九－前一〇四）的三傳弟子，時代略早於司馬遷（前一四五－前八六）。〈觀周篇〉當為周秦之際或漢初之書（今本《孔子家語．觀周篇》無嚴氏所引之文）。如果上述文獻可靠，那麼，它就是最早提到《左傳》作者的記載。〈觀周篇〉所言，可注意的有以下幾點：（一）孔子將修《春秋》，與左丘明同乘如周，觀書於周室太史；（二）歸魯之後，孔子修《春秋經》，而左丘明作《左氏傳》，二書為同時之作；（三）前稱「左丘明」，是全舉其姓名，後言「丘明」，是單舉其名，即左為姓而丘明為名；（四）《春秋》與《左傳》關係密切，如衣之內（裏）外（表），共為一體。

此外，司馬遷《史記．十二諸侯年表》也說：

是以孔子明王道，干七十餘君，莫能用，故西觀周室，論史記舊聞，與於魯而次《春秋》，上記隱，下至哀之獲麟，約其文辭，去其煩重，以制義法。王道備，人事浹。七十子之徒，口受其傳指，為有所刺譏褒諱挹損之文辭，不可以書見也。魯君子左丘明，懼弟子人人異端，各安其意，失其真，故因孔子史記，具論其語，成《左氏春秋》。[5]

《漢書》也認為是左丘明論輯《春秋》本事而作《傳》，《司馬遷傳·贊》云：

及孔子因魯史記而作《春秋》，而左丘明論輯其本事，以為之傳，又纂異同為《國語》。[6]

《漢書·藝文志》載有《左氏傳》三十卷，下面寫着作者「左丘明，魯太史」[7]，並且在《春秋》家小序中說：

仲尼思存前聖之業，乃稱曰：「夏禮吾能言之，杞不足徵也；殷禮吾能言之，宋不足徵也。文獻不足故也，足則吾能徵之矣。」以魯周公之國，禮文備

5 《史記》（北京：中華書局，一九七二年），頁五〇九—五一〇。
6 《漢書》（北京：中華書局，一九七五年），頁二七三七。
7 《漢書》，頁一七一三。

物，史官有法，故與左丘明觀其史記，據行事，仍人道，因興以立功，就敗以成罰，假日月以定曆數，藉朝聘以正禮樂。有所褒諱貶損，不可書見，口授弟子，弟子退而異言。丘明恐弟子各安其意，以失其真，故論本事而作《傳》，明夫子不以空言說《經》也。[8]

西晉杜預（二二二—二八四）《春秋左氏經傳集解．序》云：

左丘明受《經》於仲尼，以為《經》者不刊之書也。故《傳》或先《經》以始事，或後《經》以終義，或依《經》以辯理，或錯《經》以合異，隨義而發。[9]

由此可見，《左傳》原稱「左氏春秋」或「左氏傳」。自漢至晉，學者皆認為《左傳》的作者是魯君子左丘明，而左丘明為魯太史，故能遍閱國史策書。左丘明親炙孔子而作傳，《春秋》與《左傳》具有經傳的關係，殆無可疑。「左丘明」一名，見於《論

8 《漢書》，頁一七一五。

9 《十三經注疏．左傳注疏》，頁一一。

語》，《論語．公冶長》云：

> 子曰：「巧言、令色、足恭，左丘明恥之，丘亦恥之。匿怨而友其人，左丘明恥之，丘亦恥之。」

這位好惡與聖人同的「左丘明」與《左傳》的作者為同一人。只是孔子與左丘明的關係，究竟是朋友，還是師徒，恐怕不易確定。

《左傳》記事，並非與《春秋》相終始。《左傳》的最後一則記事繫於哀公二十七年（周定王元年，前四六八年）。《傳》文末尾，還敍及「悼之四年」之事。魯悼公四年（周定王六年，前四六三年），上距哀公二十七年已有五年。《傳》記悼公謚號，則記事之時又當在悼公死後，悼公死於周考王十二年（前四二九年）。不僅如此，《傳》文稱趙無恤為襄子（「襄」為謚號），而趙襄子又後悼公四年而死（即死於前四二五年）。近代國學大師章太炎（一八六八—一九三六）假定《左傳》作者左丘明與孔子弟子子夏（卜商）同年，同比孔子小四十四歲，即約生於前五〇八年。依此假設推算，孔子卒時（前四七九年），左丘明二十九歲，又假定他死於趙襄子之後，則至少有八十三歲（前五〇八—前四二五）。章說固然只是一種推測。[10]《左傳》敘及「悼之四年」後事，可能是作者壽考，更可能是後人續書。

從左丘明作《左傳》之後，到西漢晚期立於學官前，《左傳》一直在民間流傳，數百年間，其傳授源流班班可考。綜合西漢劉向（前七七—前六）《別錄》《漢書．儒林傳》及唐初陸德明（五五六—六二七）《經典釋文序錄》所述，《左傳》的傳授源流大略如下：

左丘明作《傳》以授曾申，申傳衞人吳起（前四四〇—前三八一），起傳其子期，期傳楚人鐸椒，椒傳趙人虞卿，卿傳同郡荀卿（名況，前三四〇—前二四五），況傳武威張蒼（前二五六—前一五二），蒼傳洛陽賈誼（前二〇〇—前一六八），誼傳至其孫嘉，嘉傳趙人貫公，貫公傳其少子長卿，長卿傳京兆尹張敞及侍御史張禹，禹傳尹更始，更始傳其子咸及翟方進、胡常，常授黎陽賈護，護授蒼梧陳欽。劉向、劉歆（前五三？—二三）父子發現孔子壁中古文《左氏傳》，又從尹咸及翟方進受《左

10 詳參屈守元：《經學常談》（成都：巴蜀書社，一九九二年），頁三五—三六。

氏》。由是言《左氏》者，本之賈護、劉歆[11]。

應該說，《左傳》雖為左丘明所作，但在流傳的過程中，不免摻雜了後人的緣飾附益。這是讀《左傳》者不可不加注意的地方。

三、《左傳》解釋《春秋》的方式

前引〈觀周篇〉曾說《春秋經》與《左傳》「共為表裏」。東漢桓譚（？—五六）《新論》也說：「《左氏傳》於經，猶衣之表裏，相持而成。經而無傳，使聖人閉門思之，十年不能知也。」清楚說明《春秋經》與《左氏傳》互為依存。《春秋》記事極為簡略，如隱公十一年《經》曰：「冬十有一月壬辰（十五日），公薨。」諸侯之死曰薨。經文只用「公薨」兩字記錄魯隱公之死，不言薨於何處，亦不書葬。《左傳》則詳敘隱公薨的原委經過。魯國大夫羽父原請隱公允許他殺桓公（隱公異母弟），並要求事成後擔任執政之卿。隱公不同意，並表明桓公年少，自己代為攝政，如今桓公

11 陸德明撰、吳承仕疏：《經典釋文序錄疏證》（臺北：新文豐出版公司，一九七五年），頁九二b—九五b。

已長大，即將授以君位。羽父畏懼，反過來向桓公譖譭隱公並請求殺死他。羽父使賊在魯國大夫蔿（粵：委；普：wěi）氏家中刺殺隱公，立桓公為君。《左傳》曰：「不書葬，不成喪也。」說明桓公不以人君之禮葬隱公，故《春秋》不書葬。要是沒有《左傳》，只看《春秋》，便無法得知「公薨」的真相。

上述《史記》及《漢書》之引文，均談及左丘明修纂《左傳》的體例，即論輯《春秋》本事而作《傳》。《左傳》以敍事為傳體，藉事明義，與《公羊傳》《穀梁傳》設為問答、專在說義者不同。《左傳》這種解經方式，稱為「以史傳經」。[12]《春秋》所記，固然重於褒貶，不重於史實，但其褒貶之義又未嘗不建基於史實。因此，若脫離史實，便無法推尋經文。如桓公元年《經》曰：「三月，公會鄭伯於垂，鄭伯以璧假許田。」《左傳》曰：「三月，鄭伯以璧假許田，為周公、祊（粵：烹／崩；普：bēng）故也。」表面看來，經文的意思是說：魯桓公和鄭莊公在垂會盟，鄭莊公以璧借許田。針對經文「鄭伯以璧假許田」，《左傳》點明鄭莊公把璧玉送給魯桓公，是為了請求祭祀周公和以祊田交換許田的緣故。周成王賜周公許田，作為魯君朝見周

12 詳參張高評：〈章太炎《春秋左傳讀敘錄》述評——論劉逢祿「《左氏》不傳《春秋》」說〉，《經學研究集刊》，第六期，二〇〇九年，頁一—二二。

王時的朝宿之邑。周宣王賜母弟鄭桓公祊田，作為助天子祭泰山時的湯沐之邑。魯的許田與鄭的祊田，都是周天子所賜。只是到了春秋初期，周德既衰，魯侯不朝於周，天子亦不巡守，二邑皆無所用。許近鄭而祊近魯，魯、鄭兩國君主遂因地勢之便，私下交換二邑。由於許大而祊小，故鄭莊公加璧玉作為抵償。礙於諸侯不得擅自交換天子之田，經文於是隱諱其事，說鄭莊公以璧借許田。經文這樣寫，隱瞞了兩國私易天子所賜之地的事實，何止是「斷爛朝報」（王安石語[13]），實有誤導讀者之嫌。要不是《左傳》敍寫此事的來龍去脈，讀者只覺費解，無由得知內情，自然也無法確知經文所蘊含的大義。

觀乎上舉兩個事例，可知《春秋》經義必須依據《左傳》的敍事加以闡釋發明，〈觀周篇〉及桓譚將《春秋》《左傳》的關係比喻為衣服的表裏，是十分恰當的。《春秋》固然離不開《左傳》，《左傳》也離不開《春秋》。如成公十七年《經》曰：「夏，公會尹子、單子、晉侯、齊侯、宋公、衞侯、曹伯、邾人伐鄭。」《左傳》曰：「公會尹武公、單襄公及諸侯伐鄭，自戲童至于曲洧。」《傳》文僅說「諸侯」，如果沒

13 蘇轍：《春秋集解・自序》引。

有《經》文所記的「晉侯」及以下諸人，我們也不知道《傳》文實指的內容。[14]

《左傳》傳經的方式，除上述的「以史傳經」外，還有比之更顯明直接的「以義傳經」。而《左傳》「以義傳經」的方式，大抵可分為下列四種：（一）以解釋書法（表述方式）的方式傳經；（二）以補《春秋》的方式傳《春秋》；（三）以判詞「禮也」「非禮也」傳《春秋》；（四）以「君子曰」的論斷方式傳《春秋》。[15]今各舉一例說明如下：

（一）以解釋書法的方式傳經：如隱公三年，《經》曰：「夏四月辛卯（二十四日），君氏卒。」《左傳》曰：「夏，君氏卒——聲子也。不赴于諸侯，不反哭于寢，不祔于姑，故不曰『薨』。不稱夫人，故不言葬，不書姓。為公故，曰『君氏』。」聲子為魯惠公繼室，生隱公。《經》文於其死後，不書「夫人子氏薨」，僅云「君氏卒」。《左傳》所言，正為解釋《春秋》書法的原意。依《左傳》之意，國君之妻死後，若以夫人之禮治喪，即死後立刻訃告於同盟諸侯、既葬反哭於寢、卒哭後其主祔於祖姑，三禮俱備，則書曰「夫人某氏薨」，又書曰「葬我小君某氏」。聲子卒，經

14 楊伯峻：〈淺談《左傳》〉，《楊伯峻治學論稿》（長沙：岳麓書社，一九九二年），頁五八。

15 詳參徐復觀：《中國經學史的基礎，左氏「以史傳經」的重大意義與成就》，《徐復觀論經學史二種》（上海：世紀出版集團上海書店出版社，二〇〇六年），頁一九六—二〇〇。

文僅書「君氏卒」，表示不以夫人之禮葬之，故不用「薨」字，又不云「夫人」，不言「葬」，也不書「姓」。聲子，母家姓子。不書「子氏」而改書「君氏」，是因為聲子為隱公之母，依國君稱「君」而夫人稱「小君」之例，故稱「君氏」（猶言「小君氏」）。

（二）以補《春秋》的方式傳《春秋》：如隱公元年《左傳》曰：「夏四月，費伯帥師城郎。不書，非公命也。」「不書」，指孔子所修《春秋》不記錄此事。費伯為魯大夫。由於在郎地築城出於費伯本人的主意，而不是奉行隱公之命，故《經》不書其事。《左傳》補記此事，並解釋《經》文缺略的原因。

（三）以判詞「禮也」「非禮也」傳《春秋》：如隱公元年十二月《經》曰：「秋七月，天王使宰咺（粵：犬；普：xuǎn）來歸惠公、仲子之賵（粵：諷；普：fèng）。」《左傳》曰「子氏未薨」，又申說曰「豫凶事，非禮也」。歸賵指饋贈助喪之物。「子氏」即仲子。此時猶在生，未死而贈以助喪之物，也就是預先送贈凶事之物，是不合禮的。依經文之例，天子之卿大夫不書名，而此稱「宰咺」，帶有貶抑之意。

（四）以「君子曰」的論斷方式傳《春秋》：《左傳》「君子曰」（有「君子曰」「君子謂」「君子是以」「君子以……為……」「君子以為」等多種形式）中的「君子」，有的指「孔子」，有的指「時君子」，有的是作者自稱。其中有解經語，如桓公二年

《經》曰：正月「戊申，宋督弒其君與夷及其大夫孔父。」《左傳》曰：「君子以督為有無君之心，而後動於惡，故先書弒其君。」以事實論，華督固然是先殺孔父再弒殤公，但揆諸本心，孔父為顧命大臣而華督殺之，心中早已無君。故經文先寫弒君，次敘殺大夫。《左傳》所釋《春秋》書法而被杜預統稱為「五情」者，亦出於「君子曰」。成公十四年《經》曰：「秋，叔孫僑如如齊逆女。」又記：「九月，僑如以夫人婦姜氏至自齊。」《左傳》曰：「秋，宣伯如齊逆女。稱族（稱其族名『叔孫』），尊君命也。」又曰：「九月，僑如以夫人婦姜氏至自齊。舍族（不稱其族名，即只言『僑如』，不言『叔孫僑如』），尊夫人也。故君子曰：『《春秋》之稱，微而顯，志而晦，婉而成章，盡而不污，懲惡而勸善，非聖人，誰能修之。』」此「五情」可分三層看：「微而顯，志而晦」，主要指字面的效果；「婉而成章，盡而不污」，主要指書寫的態度；「懲惡而勸善」，主要指其對社會的影響。三者互不排斥，如僖公二十八年《經》曰「天王狩于河陽」，可歸「志而晦」，亦可歸「婉而成章」及「懲惡而勸善」。[16]

16 詳參單周堯：〈錢鍾書《管錐篇》杜預《春秋序》札記管窺〉，《左傳學論集》（臺北：文史哲出版社，二〇〇〇年），頁一〇五。

基於《左傳》傳經的關係，古人徵引《傳》文，往往徑稱為本《經》。[17]如《戰國策．楚策四》記戰國時期趙相虞卿（本身是《左傳》傳人）對春申君說：「臣聞之《春秋》：『於安思危，危則慮安』。」引文見《左傳》襄公十一年。[18]司馬遷徵引《左傳》，也往往就稱之為「《春秋》」。[19]

總上所述，《春秋》與《左傳》具有互相依存的關係，合觀兩書，自能事義兼備、相得益彰。

四、《左傳》中的思想

《左傳》一書，敍事議論，歸本於禮。蓋春秋末年，政衰禮廢，《左傳》作者感於世變，故述事論人，一準諸禮。書中包含了非常豐富的典章制度和禮樂文化，如實地

17 王利器：〈古書引經傳、經說稱為本經考〉，《曉傳書齋文史論集》（香港：香港中文大學出版社，一九八九年），頁二；楊伯峻：《春秋左傳注》（北京：中華書局，一九九〇年），〈前言〉，頁三六。

18 今本《左傳》襄公十一年引《書》云：「居安思危」，無「危則慮安」，與虞卿所言稍異。

19 金德建：《司馬遷所見書考》（上海：上海人民出版社，一九六三年），頁一〇五。

記錄了各種禮典，包括冠、昏、喪、祭、饗、射、朝、聘，其中聘禮尤備，還有豐富的軍禮。除敍述禮儀外，《左傳》還記錄了大量的春秋賢人君子論禮的精義。[20]

德和禮是《左傳》作者臧否人物、評議成敗的依據。在《左傳》作者看來，德和禮是人立身處世的根本，也是國家的基石，與人的生死、國家的興亡攸關。實踐德、禮，是奉行天道的不二之途。有禮，即順天，能保有福祿；無禮，即逆天，難免於禍難。這正是《左傳》作者的一貫主張。

《左傳》的倫理思想和政治思想，圍繞德、禮這個核心，還提出了忠、信、敬、讓、仁、義、智、勇等道德概念。[21]這些概念，不少可與先秦儒家思想參照比較、相互發明。

20 詳參饒宗頤：〈《春秋左傳》中之「禮經」及重要禮論〉，陳其泰、郭偉川、周少川編：《二十世紀中國禮學研究論集》（北京：學苑出版社，一九九八年），頁四六二－四七三。

21 舉例如《左傳》襄公十一年記魏絳論樂云：「夫樂以安德，義以處之，禮以行之，信以守之，仁以厲之，而後可以殿邦國、同福祿、來遠人，所謂樂也。」

五、《左傳》的文學性

《左傳》文章，垂範千古，其敘事技法，工侔造化，最為後人稱美，被奉為圭臬，桐城文派所標舉的古文義法，即根源於《左傳》。作為史書，《左傳》主要以歷史事實作為依據，只有在不可能做到完全實錄的私語、心理及其他細節上，才加插虛構和想像成分，以保持敘事的完整性。如《左傳》記晉靈公派鉏麑去刺殺趙盾，鉏麑清晨前往，趙盾寢室的門已經打開，趙盾穿好朝服準備上朝，由於尚早，坐着閉目養神。鉏麑感歎說，趙盾不忘恭敬，實為百姓之主，因此不忍殺之，但又不能棄君之命；兩難之下，便把頭撞向趙盾庭中的槐樹而死。鉏麑死前的自言自語，誰能聽到？應是《左傳》作者潛心揣摩當時情景而代人擬言的結果，鉏麑不一定說過這樣一番話。又如《左傳》寫秦晉崤之戰，對戰爭的具體過程寫得很簡略，但對戰爭前後的一些場景，卻寫得活靈活現：蹇叔哭師、揮淚送子，幼童王孫滿的預言，鄭商人弦高犒勞秦軍，文嬴請求晉襄公釋放三帥，秦穆公素服郊次、向三帥謝罪，先軫不顧而唾，等等精彩場面，從不同角度、全方面演繹了這場戰爭。《左傳》作者在安排情節上有很深厚的功力，他以小說家的用筆，來寫史家的著作，非常引人入勝。由此可見，《左傳》確具有故事、情節、人物、刻畫技巧等小說元素。不過，《左傳》畢竟是史書，它的主要任務是記錄歷史，雖然具有一定的文學性，但並不像後世的小說那樣屬有意創作（虛構）。

六、《左傳》的現代意義

《左傳》據事直書，以史傳經，得史學之真；書中闡明經義，含有豐富的道德倫理思想，得哲學之善；其敘事寫人，精妙絕倫，引人入勝，得文學之美。《左傳》兼真善美而有之，其現代意義不容置疑，值得我們珍視和細讀。

茲以《左傳》言辭為例，說明其所具現代價值和意義。現代漢語（尤其是粵語）中的熟語，大多源來有自，其中有許多可徵實於《左傳》。時至今日，這些熟語仍在中國人的口上筆下廣泛流傳，指導着人們的道德思想和言行舉止，只是人們習焉不察罷了。細讀《左傳》，可以加深我們對熟語的理解，掌握其所處的歷史語境，在欣賞敘事之真、言辭之美的同時，更可以藉此觀察人性的善惡，從而汲取傳統智慧，立德行善。茲略舉今日仍然習用而源於《左傳》的熟語如下：

「多行不義必自斃」（隱公元年）

「信不由中」（隱公三年）

「眾叛親離」（隱公四年）
「大義滅親」（隱公四年）
「怙惡不悛」（隱公六年）
「城下之盟」（桓公十二年）
「人盡可夫」（桓公十五年）
「一鼓作氣」（莊公十年）
「風馬牛不相及」（僖公四年）
「一之謂甚，其可再乎」（僖公五年）
「假途滅虢」（僖公五年）
「輔車相依，脣亡齒寒」（僖公五年）
「欲加之罪，其無辭乎」（僖公十年）
「玉帛相見」（僖公十五年）
「（行將）就木」（僖公二十三年）
「退避三舍」（僖公二十三年）
「有恃無恐」（僖公二十六年）
「知難而退」（僖公二十八年）

「食言」（語出《尚書．湯誓》，僖公二十八年）
「東道主」（僖公三十年）
「厲兵秣馬」（僖公三十三年）
「先聲奪人」（文公七年、宣公十二年、昭公二十一年）
「畏首畏尾」（文公十七年）
「鋌而走險」（文公十七年）
「人誰無過，過而能改，善莫大焉」（宣公二年）
「各自為政」（宣公二年）
「問鼎中原」（宣公三年）
「食指動」「染指」（宣公四年）
「狼子野心」（宣公四年）
「知難而退」（宣公十二年）
「剛愎自用」（宣公十二年）
「困獸鬥」（宣公十二年、定公四年）、
「篳路藍縷」（宣公十二年、昭公十二年）
「鞭長莫及」（宣公十五年）

「爾虞我詐」（宣公十五年）
「餘勇可賈」（成公二年）
「攝官承乏」（成公二年）
「從善如流」（成公八年、昭公十三年）
「病入膏肓」（成公十年）
「痛心疾首」（成公十三年）
「無有鬥心」（成公十六年、定公四年）
「居安思危」（逸《書》，襄公十一年）
「有備無患」（襄公十一年）
「馬首是瞻」（襄公十四年）
「三不朽」（襄公二十四年）
「舉棋不定」（襄公二十五年）
「言之無文，行而不遠」（襄公二十五年）
「班荊道故」「楚材晉用」（襄公二十六年）
「上下其手」（襄公二十六年）
「自鄶以下」「歎為觀止」（襄公二十九年）

「賓至如歸」（襄公三十一年）
「包藏禍心」（昭公元年）
「尾大不掉」（昭公十一年）
「數典忘祖」（昭公十五年）
「尤人而效之」（定公六年）
「執牛耳」（定公八年、哀公十七年）
「三折肱知為良醫」（定公十三年）
「富而不驕」（定公十三年）
「視民如土芥」（哀公元年）
「樹德莫如滋，去疾莫如盡」（哀公元年）[22]

上文所列，尚未包括一些根據《左傳》敘事而創造出來的熟語。如春秋時期，常

22 後世熟語（主要是四字成語）對《左傳》原文所作改造，大抵有下列各端：（一）縮略原文：如將「數典而忘其祖」縮略為「數典忘祖」，將「居肓之上，膏之下」縮略為「病入膏肓」，將「我無爾詐，爾無我虞」縮略為「爾虞我詐」等；（二）改易原文字詞：如改「人盡夫也」為「人盡可夫」，改「何恃而不恐」為「有恃無恐」，改「剛愎不仁，未肯用命」為「剛愎自用」等；（三）總稱其數：將「大上有立德，其次有立功，其次有立言」統稱為「三不朽」。

見嬴姓的秦與姬姓的晉通婚，故後人便稱姻親作「秦晉之好」。此外，今語中有一些表達生活體驗和傳統智慧的諺語，與《左傳》古語契合無間，如今人說「欺山莫欺水」，水性柔弱，容易使人溺斃。《左傳》亦云：「水懦弱，民狎而翫之（引者按：此為後世「狎玩」一詞所本），則多死焉。」（昭公二十年）說出不能因水柔弱而戲弄它的道理。

上舉熟語，古今用法，或同或異。就其適用範圍而言，如「內子」原為卿大夫正室之稱，除《左傳》外，還習見於《禮記》。粵語沿襲這種稱謂，但沒有等級之分。再如「玉帛相見」，語出僖公十五年。玉帛原指圭璋和束帛，執玉帛相見，表示以禮相待。香港粵語說男女二人「玉帛相見」，指他們以禮相待，諱言赤裸相見的事實，體現中華文化含蓄委婉的特點。就其褒貶義而言，「食指動」和「染指」兩詞，同出《左傳》宣公四年所記鄭靈公食大夫黿而公子宋染指於鼎之事。食指，即位於拇指與中指之間的第二指。「食指動」或食指大動，預示將有口福，古今同義。「染指」原來不過是指伸指蘸物，品嘗食品，後人賦予它整個故事的含意，使之帶有取非分利益的貶義色彩。粵語則保存宋代以後的比喻義，用它來指稱參與做某種事情，不含貶義。又，「甚囂塵上」原指晉、楚對決時楚王登車窺探敵情所見，僅表示兵士喧嘩、塵土飛揚，後人用此比喻傳聞流行或議論喧騰。香港粵語仍保留其中性用法。又如「人盡可夫」，原意是指人人皆可為丈夫，而父親有骨肉關係，只有一人，兩者不能相比。香港粵語則用為貶義，指婦人不守婦道，放蕩淫亂。由此可見，《左傳》語彙豐富，後人可以按照社會生活所需，賦予這些語彙新的內涵。

總上所述，《左傳》兼真善美而有之，是傳統文化的寶庫。從古為今用的角度來說，我們可以通過閱讀《左傳》，汲取其敍事和言辭中所包含的文化養分，既可使文辭優美，也能令精神富足，其現代價值有待讀者去實現。

《戰國策》導讀

縱橫決蕩，問鼎中原：《戰國策》中的變法、戰爭及興亡

陳岸峰
香港科技大學人文學部文學博士，現任職於香港大學

一、前言

自周室東遷，禮崩樂壞。先有春秋五霸[1]，問鼎中原，再有戰國七雄，逐鹿天下。列國勢成水火，形勢複雜。戰國（前四七五—前二二一）乃上接春秋（前七七〇—前四七六），下啟秦（前二二一—前二〇七）、漢（西漢：前二〇六—前九；東漢：二五—二二〇）的大動盪時期。其時，天下大亂，諸侯日益強盛，天子名存實亡。[2]

公元前四八一年，田和（？—前三八四）篡齊，公元前四五三年，三家（韓、趙、魏）分晉，於是形成齊、楚、燕、韓、趙、魏、秦七雄並立的局面，此即李白

1 「霸」，意指霸主，即諸侯領袖，奉行「尊王攘夷」之宗旨。至於春秋五霸究竟指哪五位國君，史學界一直眾說紛紜，而按司馬遷《史記》的記載，春秋五霸是指齊桓公、秦穆公、晉文公、楚莊公及宋襄公。

2 錢穆先生指出：「周室東遷，引起的第一個現象，是共主衰微，王命不行。王命不行下引起的第一個現象，則為列國內亂。王命不行下引起的第二個現象，則為諸侯兼併。又自列國內亂、諸侯兼併下引起一現象，則為戎狄橫行。」見錢穆：《國史大綱》（香港：商務印書館，一九九四年），上冊，頁五四—五五。

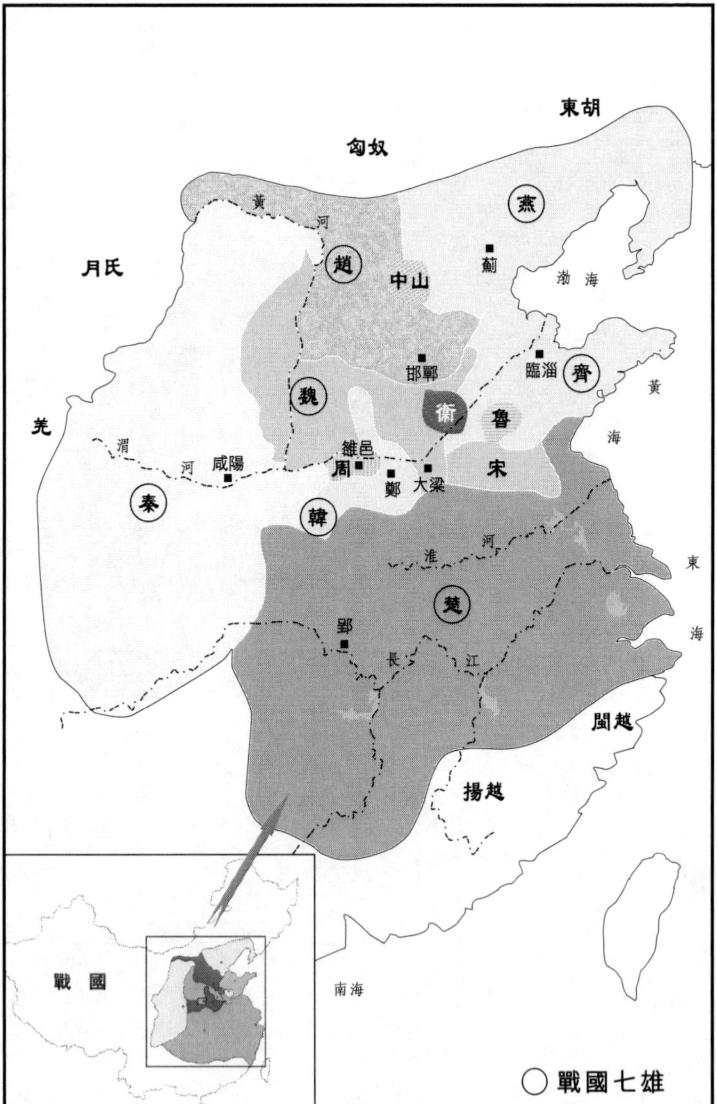
東胡
匈奴
燕
黃
河
趙
中山
薊
渤 海
月氏
邯鄲
臨淄
齊
魏
衛
魯
黃
羌
渭
雒邑
海
河
咸陽
周
鄭
大梁
宋
秦
韓
河
淮
東
楚
郢
海
長
江
閩越
揚越
戰 國
南海
戰國七雄

戰國時期的版圖

（太白，七〇一—七六二）所說的「三季分戰國，七雄成亂麻」。[3] 除七雄外，尚有宋、衞、中山、魯、滕、鄒、費等小國，有所謂的「泗上十二諸侯」夾雜於列強之間[4]，掙扎求存。公元前三六七年，趙國與韓國亦乘周室內亂，把周分裂為西周（以王城為都）與東周（以鞏為都）兩個小國，逐漸佔領周的外圍地區。這時期的亂象便是李白所描述的：

戰國何紛紛，兵戈亂浮雲。趙倚兩虎鬥，晉為六卿分。
奸臣欲竊位，樹黨自相羣。果然田成子，一旦殺齊君。[5]

春秋時期，諸侯雖各自爭霸，但仍有尊周天子的共識；及至戰國七雄，則各自為政，霸主亦不復存在。西周之「親親尊尊」觀念，蕩然無存，隨之而興的是戰國

3 李白著，鮑方點校：〈古風五十九首．其二十九〉，《李白全集》（上海：上海古籍出版社，一九九六年），頁二一二。
4 楊寬：〈前言〉，《戰國史（增訂本）》（上海：上海人民出版社，一九九八年），頁四。
5 李白著，鮑方點校：〈古風五十九首．其五十三〉，《李白全集》，頁二一二。

七雄以征戰掠奪土地及人民。羣雄紛紛招賢納士，變法圖強，而變法的最終目的，就是富國強兵以決蕩天下，問鼎中原。[6]七國混戰，此時，縱橫之士穿梭於列國之間，廟堂上此消彼長之博弈，沙場上縱橫決蕩，以定興亡。最終，強秦橫掃東方六國，統一中原。

二、策士縱橫

春秋時期，官職多由貴族世襲。然而，戰國時期，諸侯則紛紛推行變法，禮賢下士，不問出身，雞鳴狗盜，皆有用武之地，朝為布衣，暮為卿相，庶民階層因這動盪的時勢而崛起。此際，「策士」縱橫於列國，出謀劃策，智術紛呈，奇謀迭出，此即司馬遷（子長，前一四五或一三五—前八六）所說的：

6　春秋時的五霸之一楚莊王（？—前五九一）是第一位「問鼎小大輕重」的君主，他說：「楚國折鉤之喙，足以為九鼎」，可見其野心。見司馬遷著，王利器主編：《史記注譯・楚世家第十》（西安：三秦出版社，一九八八年），第二冊，卷四〇，頁一二三九。

六國之盛自此始，務在強兵並敵，謀詐用，而從衡短長之說起。[7]

這是一個以智慧作較量的時代，亦是庶民憑一己之力而平步青雲的時代。蘇秦（？—前三一七）、張儀（？—前三一〇）、范雎（？—前二五五）等，皆乃此際的精英典範，他們審時度勢，結約縱橫，轉危為機，或戰或和，戰中謀和，和中謀戰，變幻莫測，遂成戰國的風雲人物。

何謂「縱橫」？所謂「縱」，乃「合縱」之簡稱，又作「從」，即山東六國從燕到楚，南北合成一條直線，聯合抗秦，在強秦虎視耽耽之下，圖謀自存；所謂「橫」，乃「連橫」的簡稱，即以秦國為中心，分別聯合山東任何一國，東西連成一條橫線，分化瓦解或攻擊其他各國。韓非（約前二八〇—前二三三）認為：「從者，合眾弱以攻一強也；而衡（通「橫」）者，事一強以攻眾弱也。」[8]由此可見，當時六國已自知處於弱勢，而「一強」指的當然是秦國。此中兩位主要的策士，分別為主

7 司馬遷著，王利器主編：《史記注譯・六國年表第三》（西安：三秦出版社，一九八八年），第一冊，卷一五，頁四七七。

8 韓非著，陳奇猷校注：《韓非子新校注・五蠹》（上海：上海古籍出版社，二〇〇六年），頁一一二三。

合縱的蘇秦和主連橫的張儀。劉向（子政，前七七—前六）則更具體指出「合縱」與「連橫」可能產生的結局：「是以蘇秦為從，張儀為橫；橫則秦帝，縱則楚王；所在國重，所去國輕。」[9]由此可見策士在戰國時期對各國有舉足輕重的影響力。

至於「縱橫家」，即是為適應當時各國之間政治鬥爭的需要，或主縱，或主橫，或奔走遊説，或入朝干政，直接服務於各國統治者的一批謀臣策士，他們是一羣有雄韜偉略、奇謀異策的「智囊」，對當時的政治、經濟、地理、風俗、民情，以至國君的志趣、癖好，均了然於胸。班固（孟堅，三二—九二）在《漢書．藝文志》中指出縱橫家乃春秋戰國時期九流十家之一，批評説：

> 從橫家者流，蓋出於行人之官……及邪人為之，則上詐諼而棄其信。[10]

「行人之官」，即當時的外交官。早在春秋時期，孔子（仲尼，前五五一—前

9　劉向著，何建章注：〈戰國策序〉，《戰國策注釋》（北京：中華書局，一九九六年），下冊，頁一三五六。

10　陳國慶：《漢書藝文志注釋彙編》（北京：中華書局，一九八三年），頁一四八。

四七九）便曾到過齊、魯、衞、宋、陳、蔡、楚等國，向列國君主推銷其學說；及至戰國，墨翟（前四六八—前三七六）到過楚、魯、宋、齊；荀子到過燕、齊、楚、秦、趙；而孟子（前三七二—前二八九）則到過魏、宋、鄒、滕、魯等國。孟子遊於稷下，墨翟止楚攻宋，均傳為千古佳話。

然而，策士並不受時人尊重，孟子更視之為「妾婦之道」[11]，卑之為「妾婦」，指的是策士只曉得以語言在列國間搬弄是非，製造矛盾。秦相魏冉（生卒年不詳）亦不喜歡策士，因此當范睢逃亡到秦國時，便避魏冉而惟恐不及。因為策士在時人眼中毫無堅持，因時而變，即所謂「邦無定交，士無定主」。[12]例如公孫衍（生卒年不詳）先是在秦國主張伐魏，後來轉投魏國，就變為主張合縱攻秦。

蘇秦先後遊說了周顯王（？—前三二一）、秦惠文王（前三五四—前三一一；前三三七—前三一一在位）以及趙武靈王（前三四〇—前二九五），均不成功。屢遭挫折後，蘇秦終於獲得了急於渴求富強以復仇的燕昭王（前三三五—前二七九）的重用。蘇秦先分析了趙國在阻擋秦國方面對燕國的貢獻，又剖析趙國可迅速攻至燕國，

11　毛子水等：《四書今注今譯・孟子》（臺北：臺灣商務印書館，一九九五年），頁一三七。

12　顧炎武：《日知錄》（臺北：臺灣中華書局，一九六六年），卷一三，頁一。

以說服燕昭王認同與趙國結盟的策略：「願大王與趙縱親，天下為一，則燕國必無患矣」[13]，「天下為一」指的是在秦國以外，六國連成一整體，即南北聯合之「合縱」策略，具體內容如下：

> 秦攻楚，齊、魏各出銳師以佐之，韓絕其糧道，趙涉河漳，燕守常山之北。秦攻韓、魏，則楚絕其後，齊出銳師而佐之，趙涉河漳，燕守雲中。秦攻齊，則楚絕其後，韓守城皋，魏塞其道，趙涉河漳、博關，燕出銳師以佐之。秦攻燕，則趙守常山，楚軍武關，齊涉渤海，韓、魏皆出銳師以佐之。秦攻趙，則韓軍宜陽，楚軍武關，魏軍河外，齊涉清河，燕出銳師以佐之。諸侯有不如約者，以五國之兵共伐之。[14]

以上的策略，理論上可行，操作卻不易。無論如何，蘇秦成功說服了燕昭王，獲

13 司馬遷著，王利器主編：《史記注譯・蘇秦列傳第九》（西安：三秦出版社，一九八八年），第三冊，卷六九，頁一七〇〇。

14 司馬遷著，王利器主編：《史記注譯・蘇秦列傳第九》，第三冊，卷六九，頁一七〇三。

得了重金資助，以支持其繼續遊說各國「合縱」。其後六國均贊同蘇秦的合縱策略，六國的聯盟終告形成，此舉令秦惠文王十五年不敢出兵函谷關。

然而，蘇秦的「合縱」策略構想過於理想化，只要他所設計的環節上有任何一絲差錯，或某國不充分合作，其「合縱」策略則全告崩潰。故此，早在公孫衍推出「五國相王」時，秦惠文王便對其「合縱」作出「猶雞之不能俱止於棲明矣」的預言（〈卷三・秦策一・秦惠王謂寒泉子曰〉），以連着腳的雞羣是沒法飛上棲息的樹上來比喻合縱的不可行。相對而言，秦國採用張儀的「連橫」以抗衡蘇秦的合縱，不斷地削弱東方的競爭對手齊國，並逐漸實現東進的目標。張儀的第一站便是前往魏國，擔任魏襄王（？—前二九六）的丞相，明為魏國服務，暗中卻為秦國破壞六國的聯盟。他向魏襄王提出「尊秦」的策略，卻不為其所接納，於是便向秦王建議先打魏國。魏國被秦國打敗後，隨之又再輸一仗予齊國，魏襄王於是不得不尊秦，正如後來的楚國一樣，兩國均淪為秦國的玩偶與幫兇。這就是策士的智慧與力量。實際上，正如秦惠文王所預言，六國之中，任何一國不合作，合縱即告失敗；而任何一國與秦合作，即是連橫之成功。秦國雖曾為合縱所逼，相對而言，秦國之連橫要比六國之合縱容易得多。

張儀以其嫻熟的縱橫之術，以不事秦則聯軍攻伐的恫嚇方式，終於在公元前三一一年，成功促使魏、韓、楚、齊、趙、燕六國連橫事秦。張儀對列國進行武力打擊後，再進行懷柔的拉攏策略，或以臥底，或以誘騙，令六國墮入秦國的陷阱。張儀以其卓越的智慧與膽識，再加上秦國軍事上的強力配合，成功抗衡、瓦解了蘇秦的合縱策略，其對秦國之東進事業，功不可沒。

戰國之風雲激盪，為這些庶民出身的策士提供了一展身手的契機，並打破了長久以來為貴族所壟斷的政治局面，令複雜的國際態勢，充滿了種種的可能性。這些以策略構成《戰國策》一書核心內容的策士，幾經坎坷，曾經輝煌，而下場卻又極之慘烈，就如蘇秦與范睢，均空留李白的歎喟：「功成身不退，自古多愆尤。」[15]無論如何，策士改變了戰國乃至整個中國的政治、歷史及文化，影響巨大而深遠。

三、變法興亡

興亡誰人定，勝敗豈無憑？在競爭劇烈的戰國態勢下，要生存極不易，故有為之君均紛紛招賢納士，變法圖強。七國各有不同程度的變法，秦孝公（前三八一——前三三八）於公元前三五六年任命商鞅（前三九〇——前三三八）為左庶長，實行變法；

15 李白著，鮑方點校：〈古風五十九首・其十八〉，《李白全集》，頁一六。

而東方六國的變法，則分別為魏文侯（？—前三九六）時李悝（生卒年不詳）的變法，趙烈侯（？—前四〇〇）時的公仲連（生卒年不詳）變法與後來趙武靈王的「胡服騎射」，楚悼王（？—前三八一）時的吳起（前四四〇—前三八一）變法，齊威王（前三七八—前三二〇）時的鄒忌（約前三八五—前三一九）變法，韓昭侯（？—前三三三）時的申不害（前四二〇—前三三七）變法，以及燕昭王的變法。此中以商鞅變法與趙武靈王的「胡服騎射」最為著名。雖然趙武靈王「胡服騎射」的軍事變法令趙國驟成勁旅，以致拓地千里，但是在變法的深度與廣度方面，卻遠遠不及商鞅變法。**商鞅變法在政治、軍事、社會以及經濟上，全方位對秦國作出了翻天覆地的改造，又同時為庶民的上升提供了快捷而可行的階梯，從而將秦國打造成如錢穆（賓四，一八九五—一九九〇）先生所謂的「新軍國」**。[16]以下將扼要論述商鞅變法中構成秦國成為「新軍國」之各項細節，藉此方能理解秦國何以能崛起於西陲，無敵於天下。

商鞅本為魏相公孫痤（？—前三六〇）之僚屬，公孫痤病危時對前來探望的魏惠

16 錢穆：《國史大綱》，上冊，頁七五。

王（前四〇〇－前三一九）推薦商鞅，並望魏惠王「舉國而聽之」。[17] 這可謂是傾心力薦，可惜魏惠王不以為然，公孫痤有見及此，便勸説魏惠王殺商鞅，以免人才外流他國而成後患。公孫痤盡忠之後，又再盡義，坦誠地將一切告訴了商鞅，勸其速離。此際，年方二十一歲的秦孝公以「與之分土」的重諾招賢於天下。[18] 秦孝公對於秦國歷代興衰了然於胸，對秦國「厲、躁、簡公、出子」四代國君的蹉跎歲月，亦毫無忌諱，更為關鍵的是，他勾勒出歷代賢明之君的東進藍圖，並再一次表達了其對招賢納士以圖強的強烈渴望與東進掃蕩六國的雄心壯志。秦孝公出手不凡，消息一出，立即把不為魏惠王所重用的商鞅從魏國吸引到秦國。人才流動，此消彼長，秦、魏兩國君主的眼光與胸襟，亦高低互見，而兩國的興衰，在不久之後，亦隨之顯現。

商鞅在朝見秦孝公時先論述了「帝道」，再而是「王道」，均不為所用，而最終被採納的是「霸道」。商鞅之變法內容，如水銀瀉地，無孔不入，為秦國全方位打造

17 司馬遷著，王利器主編：《史記注譯・商君傳第八》（西安：三秦出版社，一九八八年），第三冊，卷六八，頁一六八九。

18 司馬遷著，王利器主編：《史記注譯・秦本紀第五》（西安：三秦出版社，一九八八年），第一冊，卷五，頁一〇〇。

了一個嶄新的「戰國」，其方略大致有以下四個方面：

（一）社會方面

1廢除奴隸制度：此舉令更多的人口從事開荒、耕種，亦為長年征戰提供生力軍。

2「主民」與「客民」分業：變法一方面把秦國農民分為「主民」，另一方面則吸引韓、趙、魏三國的農民前來秦國種地，給予住房，免三年勞役，稱他們為「客民」。「主民」當兵，「客民」種地。[19]「客民」住下來久了，繁衍生息，也就落地生根成為了秦國子民。秦國既要人才，又要人民，此消彼長，敵弱我強，實屬必然。此舉實為富國強兵的方法，更為曠古絕今的創舉。

3連坐法：變法規定「五家一伍，十家一什」。不告奸即獲罪連坐而「腰斬」，

19 石磊、董昕：《商君書譯注・徠民第十五》（哈爾濱：黑龍江人民出版社，二〇〇二年），頁一〇二—一〇四。

「告奸者與斬敵同賞」[20]，此舉杜絕了一切的罪行，特別是防範了有異心投敵者之可能性。

（二）政治方面

1行政改革：縣制的設計，實際是將官員之任命權力掌握在君主手中，實行中央集權，從而令全體大小官員效忠於君主。這也是後來秦始皇（前二五九—前二一〇；前二四六—前二一〇在位）郡縣制之雛型。

2官僚制：打破了西周以來的世卿世祿制，讓庶民階層的精英進入統治階層，同時又解除了世卿世祿所形成的地方勢力對君主統治的威脅。

3遷都：選擇戰略要地，遷都咸陽，此處依山帶水，輻射八方。

20 司馬遷著，王利器主編：《史記注譯・商君傳第八》，第三冊，卷六八，頁一六九〇。

（三）經濟方面

1墾草令、開阡陌、廢除「井田制」：即開墾土地，以利農業發展。秦國當時位於西戎之地，有很強的遊牧色彩。廢除井田制，是因為其時鐵器已被廣泛使用，生產力也提高了，故將過去一百步為一畝，改為二百步為一畝，大大提高了農民的耕種意慾，同時又能減低賦稅。

2獎耕織富國：此措施獎勵產量高的男女，即使不打仗，也可以封爵。

3徵收賦稅：「賦」從「貝」從「武」，即養軍隊的錢。變法廢除奴隸，對世族強行分家，分家即增加戶口，能提高稅收。此舉徵收了大家族眾多人口的稅款，從而可以投放更多資源在軍隊建設上。

4打擊工商業：政治上不給予地位，經濟上剝削商人，使經濟命脈均掌握於政府手中。

5統一度量衡：既方便公平貿易，也確保國家收入。

以上在經濟方面的變法，既是利民、便民之法，更是富國、強國之策。

（四）軍事方面

1行軍功爵制：即按軍功，賜爵位，「有軍功者，各以率受上爵。」[21]「率」，即敵軍首級，秦國軍隊是以人頭數目計算軍功的，斬一首級可獲一爵位，獲土地一頃，或可以當五十頃的官。

2以軍功入籍：「宗室非有軍功論，不得為屬籍。」[22]以軍功明尊卑爵秩等級，殺敵的數目均有嚴格而具體的要求與賞罰。又評先進，黜落後，此舉令宗室與庶民處於同一起跑線上，無疑是對庶民的絕大鼓舞。在戰場上，將軍、正監以及御史一同登臺監察士兵在實戰中的表現。[23]軍功爵制令本來畏戰厭戰的人性，突然變為好戰勇戰，成為庶民覓富貴求上升的捷徑。這種獎勵方法，激活了人性中的利慾細胞，故秦國士兵上陣，名為打仗，實際上都是撿拾黃金功名及土地，個個奮不顧身，殺人如

21 司馬遷著，王利器主編：《史記注譯．商君傳第八》，第三冊，卷六八，頁一六九〇。
22 司馬遷著，王利器主編：《史記注譯．商君傳第八》，第三冊，卷六八，頁一六九〇。
23 石磊、董昕：《商君書譯注．境內第十九》（哈爾濱：黑龍江人民出版社，二〇〇二年），頁一三一－一三二。

收割，故「民喜農而樂戰」。[24]對於秦兵在戰場上奮勇殺敵的表現，張儀生動地描述為：「左挈人頭，右挾生虜」，他又將秦國士兵與六國士兵之分別喻為「孟賁之與怯夫」「烏獲之與嬰兒」。[25]秦國兵將如狼似虎與六國士兵怯懦的情態，可見一斑。

相對於六國變法之片面而短促，商鞅變法更見徹底而深遠。其變法的重點在於廢除奴隸制，從而釋放出秦國蘊藏已久的龐大能量，特別在軍事與經濟上帶來即時的實際效益，故而秦國能在短時間內驟強。而變法之基本核心政策乃農戰結合：「國待農戰而安，主待農戰而尊。」[26]商鞅入秦主變法，「居五年，秦人富強，天子致胙於孝公。諸侯畢賀。」[27]秦國變法後的內部情況則是：

> 行之十年，秦民大說，道不拾遺，山無盜賊，家給人足。民勇於公戰，怯

24 石磊、董昕：《商君書譯注・壹言第八》（哈爾濱：黑龍江人民出版社，二〇〇二年），頁六八。

25 司馬遷著，王利器主編：《史記注譯・張儀列傳第十》（西安：三秦出版社，一九八八年），第三冊，卷七〇，頁一七三七。

26 石磊、董昕：《商君書譯注・農戰第三》（哈爾濱：黑龍江人民出版社，二〇〇二年），頁二〇。

27 司馬遷著，王利器主編：《史記注譯・商君傳第八》，第三冊，卷六八，頁一六九一。

於私門，鄉邑大治。[28]

私門既去，既減少了長年的大量人口死亡，又建立了為國而戰以立功的觀念，從而凝聚了全國民心。秦國在商鞅變法後迅速崛起，已非六國任何一國可以抗衡了，這引發了六國的恐慌，從趙國公子趙豹（生卒年不詳）進諫趙惠文王（前三一〇—前二六六）的一番話，可見列國對秦國之富強的認知：

秦以牛田、水通糧，其死士皆列之於上地，令嚴政行，不可與戰。[29]

後來的兩位秦相蔡澤（生卒年不詳）與李斯（前二八〇—前二〇八）均不約而同地給了商鞅變法極高的評價。蔡澤指出商鞅變法後的秦國：「兵動而地廣，兵休而國

28 司馬遷著，王利器主編：《史記注譯．商君傳第八》，第三冊，卷六八，頁一六九一。

29 從山西渾源出土的牛尊可見，春秋後期晉國的牛已穿有鼻環，說明牛已被利用從事勞動或牛耕。見楊寬：〈卷十八．趙策一．秦王謂公子他〉，《戰國史（增訂本）》（上海：上海人民出版社，一九九八年），頁七八。而從趙豹進諫趙惠文王之言則可推測，以牛耕田在東方六國可能並未普遍推行，至少在趙國並不流行，故以「秦以牛田」為先進。

富，故秦無敵於天下。」[30]而李斯則認為商鞅變法在整體上令秦國：「移風易俗，民以殷盛，國以富強，百姓樂用，諸侯親服」，「舉地千里，至今治強」。[31]由此可見，商鞅變法，內外威服。

戰爭，體現了商鞅變法所帶來的最實際貢獻，秦國通過「元里之戰」「安邑之戰」以及「固陽之戰」收回了被晉國所佔的河西之地。「安邑之戰」後，秦國甚至佔了魏國的舊都安邑，不過後來還是撤退了。因為「安邑之戰」的勝利，周天子封秦為諸侯國，秦國在列國中之地位，驟然提升。

然而，商鞅如此雷厲風行地推行變法，必然觸及貴族的利益，「商君相秦十年，宗室貴戚，多怨望者」。[32]商鞅所強調的都是「不和於俗」、「不謀於眾」、以權馭民的極權思想[33]，故此秦國上下方能迅速成為虎狼之師的「新軍國」，不過其嚴苛之法

30 司馬遷著，王利器主編：《史記注譯・范睢蔡澤列傳》（西安：三秦出版社，一九八八年），第三冊，卷七九，頁一八六〇。

31 司馬遷著，王利器主編：《史記注譯・李斯列傳》（西安：三秦出版社，一九八八年），第三冊，卷八七，頁一九六八。

32 司馬遷著，王利器主編：《史記注譯・商君傳第八》，第三冊，卷六八，頁一六九二。

33 司馬遷著，王利器主編：《史記注譯・商君傳第八》，第三冊，卷六八，頁一六九〇。

治卻令他最終不容於世。秦惠文王繼位後，商鞅即被與他有仇的公子虔誣告謀反，被處以車裂之刑致死。

無論如何，商鞅變法確實令秦國迅速富強並成為「新軍國」，這是不爭的事實。歷史的天平，終於在商鞅變法之後，傾向了西陲的秦國。從此，秦國國力集中，君民一心，猶如利箭，射向東方。

四、決蕩天下

「決蕩」，顧名思義，乃馳騁沙場，兵戎相見。欲問鼎中原，則必須與列強決蕩天下。從戰國（前四七五）開始至秦始皇統一天下（前二二一）的二百五十五年間，戰國共有大小戰爭近一百六十次，單就從秦孝公在位（前三六一）到秦始皇統一天下（前二二一）這一百四十年間，秦國總共發動約一百一十八次的對外戰爭，只有少數是敗績，其他幾乎是所向無敵。[34]而從公元前三六四年（秦獻公二十一年）至公元前

34 黃煌雄：《論戰國時代的合縱與連橫》（臺北：國立臺灣大學政治研究所碩士論文，一九七一年），頁一四七－一七三。

二三四年（秦王政十三年），據統計，秦國總共斬殺了大約一百六十二萬五千名的六國士兵。[35]由以上數據可見戰國的戰爭規模及其殘酷情況[36]，遠非春秋時代可比。在這些戰爭中，有不少戰爭或因奇謀詭計，或因殘酷慘烈，而流傳至今。此中以秦、趙兩國的「長平之戰」最為兇險慘酷，其峰迴路轉的戰況及慘痛的教訓，令此役成為戰爭的典範。

（一）桂陵之戰

公元前三五四年，魏惠王派龐涓（？—前三四二）率兵進攻趙國，逼近邯鄲。趙成侯（？—前三五〇）向齊國求救，齊威王以田忌（生卒年不詳）為主帥，孫臏（？—前三一六）為軍師，出兵救趙。田忌接受孫臏的意見，沒有前往邯鄲解圍，而是領兵殺向魏國都城大梁，直搗黃龍，遂逼令龐涓星夜回援。齊軍埋伏在桂陵（今山東菏澤東北），靜待魏軍，此際魏軍長途行軍，人困馬乏，面對突如其來的伏擊，自

35　杜正勝：《編戶齊民——傳統政治社會結構之形成》（臺北：聯經出版社，一九九〇年），頁三九六。

36　有關戰國時期的武器改良、戰爭規模之擴大以及戰爭方式之改變，可參閱楊寬：《戰國史（增訂本）》，頁三〇三—三一七。

然全線潰敗。這就是著名的「圍魏救趙」[37]，又稱「桂陵之戰」。

（二）馬陵之戰

公元前三四一年，魏國與趙國一起進攻韓國，韓國向齊國求救。齊國仍派田忌、孫臏率軍解救韓國。齊軍佯敗後退，第一天留下了十萬人做飯的鍋灶，次日減少至五萬人的鍋灶，第三天再減少到三萬人的鍋灶。龐涓以為齊軍逃亡的情況很嚴重，故而窮追不捨。此際，孫臏在馬陵設下埋伏，及至魏軍趕至，齊軍萬弩齊發，魏軍「大亂相失」，魏太子申被擄，龐涓自刎。這就是著名的「馬陵之戰」[38]。經此一役，魏國一蹶不振，從此無法抗衡強秦。

37 司馬遷著，王利器主編：《史記注譯・孫子吳起列傳第五》（西安：三秦出版社，一九八八年），第三冊，卷六五，頁一六三六——一六三七。

38 司馬遷著，王利器主編：《史記注譯・孫子吳起列傳第五》，第三冊，卷六五，頁一六三七。

（三）閼與之戰

公元前二八一年，秦國攻取趙國三城後，趙國以公子部為人質送往秦國，並與秦簽訂以焦、魏、牛狐交換三城的協議，然而趙惠文王反悔。秦昭王（前三二五－前二五一）以趙國不履行協議為由，派胡陽（生卒年不詳）率大軍進攻趙國的閼與。秦攻打閼與可謂一石二鳥，佔有此地既可攻打魏的都城大梁，亦可攻打趙的都城邯鄲。趙惠文王於是召問廉頗（前三二七－前二四三）救不救閼與，廉頗答曰：「道遠險狹，難救。」[39]趙王又召問趙奢，回答曰：「其道遠險，譬之猶兩鼠鬥於穴中，將勇者勝。」[40]於是，趙惠文王命趙奢率軍馳援閼與。

趙奢軍出邯鄲三十里即築壘紮營，按兵不動，此舉令秦軍甚為迷惑。秦軍於是分一部分兵力進屯武安（今湖北武安西南）西面，擊鼓吶喊，欲誘趙軍援救武安，從而達到鉗制趙軍的目的。趙奢仍然不為所動，駐屯二十八天之後，仍繼續增強營壘防禦，以營造趙軍惟保邯鄲的怯懦假象。秦軍主帥胡陽從間諜方面得知趙軍一切的情

39 司馬遷著，王利器主編：《史記注譯・廉頗藺相如列傳第二十》（西安：三秦出版社，一九八八年），第三冊，卷八一，頁一八八六－一八八七。

40 司馬遷著，王利器主編：《史記注譯・廉頗藺相如列傳第二十》，第三冊，卷八一，頁一八八七。

況，以為閼與必是囊中之物，遂放鬆戒備。趙奢得悉秦軍已上套，遂令全軍偃旗息鼓，疾馳兩天一夜，趕到距閼與城五十里處築壘設營。秦軍突聞趙國援兵到來，倉促分兵迎擊。趙奢採納軍士許曆（生卒年不詳）的建議，派兵萬人搶佔閼與北山高地。秦軍後到，攻山不下。趙奢乘勢居高臨下，猛擊秦軍。與此同時，閼與的守軍也出城配合援軍，兩方夾擊，秦軍死傷逃散過半，大敗而歸，閼與之圍遂解。

趙奢是一位智勇雙全、卓越的軍事家，在《戰國策》的〈趙惠文王三十年〉與〈燕封宋人榮蚠為高陽君〉兩章中，趙奢與田單（生卒年不詳）有關戰爭投入人數的辯論，以及其有關軍事的一切細節和預測都充分表現了他的才智。不過，趙奢在軍事理論上的辯論仍不敵其子趙括（？—前二五九），可惜趙括在舌尖上的軍事勝利，卻令趙國遭受一場滅頂之災。

（四）長平之戰

自秦昭王聽從范雎「遠交近攻」策略後，戰場選擇在韓國的上黨。岌岌可危的上黨守將馮亭（？—前二六〇）沒有接受韓王投降秦國之命令，而是將上黨十七城交給了趙國。其時，趙國君臣為此反覆思量，最終還是接受了馮亭的獻城。隨之而來的當然是秦國的大兵壓境。戰爭從公元前二六二年夏天開始，趙國的廉頗與秦國的王

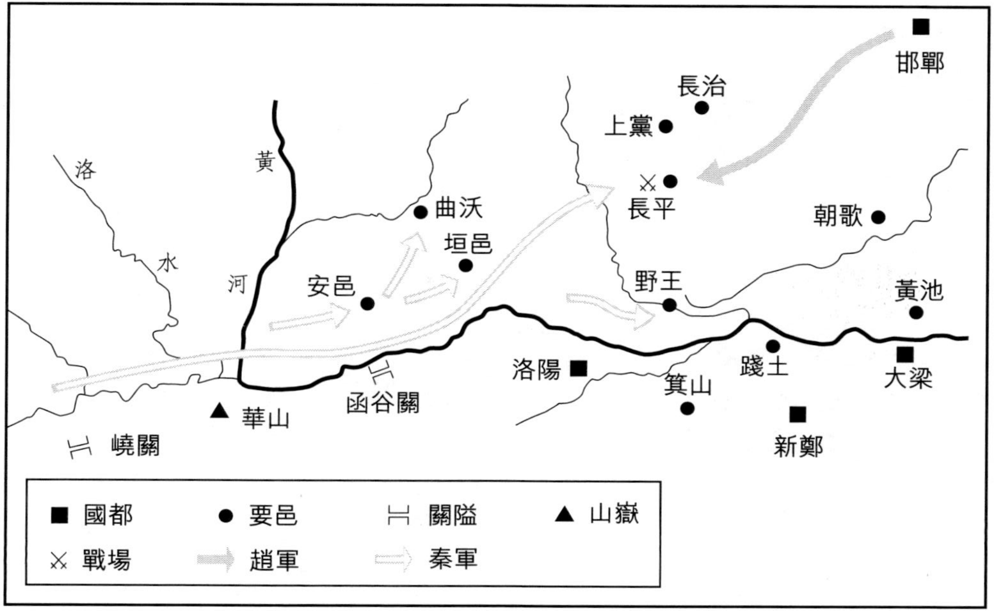
邯鄲
長治
上黨
長平
朝歌
黃
洛
水
河
曲沃
垣邑
安邑
野王
黃池
洛陽
踐土
大梁
箕山
函谷關
華山
崤關
新鄭
國都
要邑
關隘
山嶽
戰場
趙軍
秦軍

長平之戰示意圖

齕（生卒年不詳）各為雙方主帥，「秦數敗趙軍，趙軍固壁不戰。秦數挑戰，廉頗不肯」。[41] 趙孝成王（？－前二四五）見戰事不力，便派使求和。秦國於是邀請各國使者與趙使一起宴會，致使他國袖手旁觀，不援趙抗秦。此時，趙孝成王開始沉不住氣，決定撤下廉頗，換上趙奢之子趙括[42]，「紙上談兵」的悲劇即由此上演。

趙括到了前線後，「悉更約束，易置軍吏」。[43] 他改變了攻防策略，換掉了原來的軍吏。據說，八位校尉為趙括之戰略而上諫，因被拒而自殺。秦國知道敵軍換將，亦悄悄換上了號稱「人屠」的大將白起（？－前二五七）為主帥，並以王齕為副帥。兩軍交戰，秦軍先示之以弱，令趙軍追擊。接着，秦軍派兩支奇兵迂迴到達趙軍後方，將趙軍與其後方輜重隔開，即斷其糧草補給。與此同時，秦國徵召全國十五歲以上的男丁投入戰場，大大增加了趙軍的壓力。趙國只好向齊國求援，周子（生卒年不

41 司馬遷著，王利器主編：《史記注譯．廉頗藺相如列傳第二十》，第三冊，卷八一，頁一八八七。

42 《史記》的記載與《戰國策》略有不同的是，趙孝成王相信秦國間諜之言：「秦之所惡，獨畏馬服君趙奢之子趙括為將耳。」而在趙孝成王將以趙括代替廉頗為將時，在病中的名相藺相如與趙括之母均曾上書趙王力諫不可以起用趙括，皆不為趙王所納。見司馬遷著，王利器主編：《史記注譯．廉頗藺相如列傳第二十》，第三冊，卷八一，頁一八八七－一八八八。

43 司馬遷著，王利器主編：《史記注譯．廉頗藺相如列傳第二十》，第三冊，卷八一，頁一八八八。

詳）向齊王道出了「唇亡齒寒」的道理，齊王不悟。公元前二六〇年九月，趙軍絕食四十六天後，出現了士兵相食的情況。趙括決定突圍，據記載：「四五復之，不能出。」[44]趙括於是「出鋭卒自搏戰」。[45]不過這只是垂死掙扎，結局是趙括被秦軍射殺。其時，白起上報朝廷將坑殺全部趙軍，理由是：

上黨民不樂為秦而歸趙。趙卒反覆，非盡殺之，恐為亂。[46]

這絕對是藉口，推其原因，大概是此次戰役異常慘酷艱苦，秦軍死傷過半，白起以及秦軍怨毒復仇之心非常熾烈；更為關鍵的是，秦國的軍功爵位制度早已決定了四十多萬趙軍的命運，故此秦軍：

44 司馬遷著，王利器主編：《史記注譯．白起王翦列傳第十三》（西安：三秦出版社，一九八八年），第三冊，卷七三，頁一七七七。

45 司馬遷著，王利器主編：《史記注譯．白起王翦列傳第十三》，第三冊，卷七三，頁一七七七。

46 司馬遷著，王利器主編：《史記注譯．白起王翦列傳第十三》，第三冊，卷七三，頁一七七七。

乃挾詐而盡坑殺之，遺其小者二百四十人歸趙。前後斬虜四十五萬人。趙人大震。[47]

經過此役，秦國之長矛深入東方中心地帶，銳氣百倍，而六國則因此役之震懾而信心崩潰，猶如驚弓之鳥，基本上已處於苟延殘喘的狀態了。

「長平之戰」的歷史意義在於秦國徹底地擊潰了六國的主要力量，故楊寬（寬正，一九一四—二〇〇五）先生指出：

長平之戰關係到秦趙兩強的興亡，這將決定今後由誰來完成統一的大決戰。[48]

變法之深淺決定了戰爭之勝負，更影響國家之存亡。惟有秦國，將全民與戰爭利益相結合，利出一孔，使整個國家成為一部戰爭機器，故而所向披靡，這遠非趙國只在軍事上的「胡服騎射」變法可比，更遑論變法中途夭折的其他國家。在「長平之戰」

47 司馬遷著，王利器主編：《史記注譯・白起王翦列傳第十三》，第三冊，卷七三，頁一七七七。

48 楊寬：《戰國史（增訂本）》，頁四一六。

中，秦國的軍事及其動員能力之強大，折射出秦國與六國在變法上的巨大差異，成敗立判。

五、問鼎中原

其時，羣雄厲兵秣馬，枕戈待旦。漫漫長夜，中原九鼎，究竟花落誰家？錢穆先生在論及民族與國家歷史之演進時提出兩個概念，即「生力」與「病態」：

> 生力者，即其民族與國家歷史所由推進之根本動力也。病態者，即其歷史演進途中所時時不免遭遇之頓挫與波折也。[49]

借用錢先生這兩個概念而論戰國，七雄皆有其「生力期」與「病態期」，不同之處在於秦國在秦孝公所言之「厲、躁、簡公、出子」這四位秦君在位的「病態期」之

49 錢穆：〈引論〉，《國史大綱》，上冊，頁二五。

後[50]，從秦獻公（前三八四—前三六二在位）至秦始皇（前二五九—前二一〇；前二四六—前二一〇在位）共八代君主的統治期間，能迅速返回幾近長達二百年的「生力期」。然而，六國一旦進入「病態期」，即病入膏肓，沉痾難起。以下敍述的是秦國之「生力期」，再論六國之「病態期」，以呈現強弱之所在。

（一）秦國之「生力期」

秦國在漫長的三十六代君主、共六百年的奮鬥中，有數位君主對秦國的崛起及一統天下，有絕對的決定性作用。

周幽王（前七九五—前七七一）烽火戲諸侯，令此危機告急系統失靈，及至西戎入侵時，真正前來勤王的諸侯少之又少，而秦襄公（？—前六八六）則「戰甚力，有功」[51]。幽王死後，在秦襄公護送之下東遷的平王自然沒齒難忘，於是封秦襄公為侯，又賜封西戎之地，即現在的甘肅與陝西等地。襄公立國，乃秦國發展史上一大里

50 秦國的厲公、躁公、簡公及出公四位君主在位時間分別為前四七六—前四四三、前四四二—前四二九、前四一四—前四〇〇，以及前三八六—前三八五。

51 司馬遷著，王利器主編：《史記注譯・秦本紀第五》，第一冊，卷五，頁九〇。

程碑：「襄公於是始國，與諸侯通使聘享之禮。」[52] 然而，這些地方仍為西戎所控制，故秦襄公須憑征伐以求名副其實。可惜的是，從秦襄公戰死以至其後的七代君主，在近一百七十年的時間裏，秦國始終無法取得周天子策封的西戎之地，即是說秦國在接近兩個世紀的時間中，都是空有其名。

及至第八代，求賢若渴的秦穆公（？—前六二一；前六五九—前六二一在位）千方百計得到西戎賢者由余，由余遂向秦穆公道出西戎的治國方法：「一國之政猶一身之治」。[53] 穆公於是按由余的策略攻打西戎，結果「益國十二，開地千里，遂霸西戎」[54]，天下震動，周天子送來金鼓以示祝賀。由此，秦國方才成為真正的諸侯國。後來，商鞅變法所設立的軍功爵制，基本是將西戎這種治國理念發揮至極致，使全民皆兵，利出一孔，故而無敵於天下。

秦穆公銳意東進，廣招賢才，百里奚（生卒年不詳）與蹇叔（生卒年不詳）均為其股肱大臣。此外，秦又三救晉難，在列國間樹立道義的形象。穆公意在東進，力

52 司馬遷著，王利器主編：《史記注譯・秦本紀第五》，第一冊，卷五，頁九一。
53 司馬遷著，王利器主編：《史記注譯・秦本紀第五》，第一冊，卷五，頁九六。
54 司馬遷著，王利器主編：《史記注譯・秦本紀第五》，第一冊，卷五，頁九一。

圖突破晉國這一阻擋秦國殺向東方的厚牆，他在臨死前三年，仍然出兵攻打晉國，可見其雄心，至死方休。秦穆公死後近二百六十年，即近兩個半世紀，秦國十五代君主皆碌碌無為。魏國起用吳起為將，屢敗秦軍，攻入關中腹地。及至秦孝公繼位後第六年，商鞅被任為左庶長，推行變法，前後共十八年，整個秦國從此奮發蹈厲，再度燃燒起先輩東進之烽火。

秦昭王在位期間（前三〇六—前二五一），原來列國的格局是秦、齊、楚三強並立，然而自齊吞燕，燕又滅齊，齊再復國後，燕與齊已兩敗俱傷。與此同時，趙國又以胡服騎射而迅速崛起。秦國如何應對這新的格局呢？秦昭王三十六年（前二七一），范雎入秦，其時秦國政治仍為宣太后與魏冉所主導，彼等的私人勢力包括芊戎（生卒年不詳）、高陵君（生卒年不詳）以及涇陽君（生卒年不詳）這些權貴，秦昭王形同虛設。因此，入秦後急於有所作為的范雎為了刺激秦昭王便直說：「今秦，太后、穰侯用事，高陵、涇陽佐之，卒無秦王。」（〈卷五．秦策三．范雎至秦〉）范雎指出宣太后與穰侯魏冉對秦國發展的妨害，前者乃秦王之母，後者乃秦王之舅，這兩人長期剝奪了秦昭王的權力，魏冉更為了壯大其封邑而犧牲了秦國的利益。范雎又提出遠交近攻的策略，指出當前秦國出兵策略的失誤，建議先攻打魏國，使其依附秦國，再攻滎陽以滅韓。范雎列出秦國近幾年的失誤，進而說：

王不如遠交而近攻，得寸則王之寸也，得尺亦王之尺也。（〈卷五・秦策三・范雎至秦〉）

其實，司馬錯早已提出類似的策略，而范雎則以簡單直白的話道出。其「遠交近攻」的方法為：

卑詞重幣以事之；不可，則割地而賂之；不可，因舉兵而伐之。（〈卷五・秦策三・范雎至秦〉）

以上一席話，內政與外交兼顧，既有長遠的東進方針，亦有立刻可執行的短期具體行動，堪稱是非常成功的職場面試。范雎於是取代了魏冉，成為秦國丞相。其「遠交近攻」的戰略，令秦國處於一種彈性的外交狀態，威逼利誘，軟硬兼施，各國被操縱於其股掌之中，或淪為幫兇，或相互傾軋，秦國因而日益擴張，而六國則日漸萎縮。

及至公元前二四六年至公元前二一〇年的三十七年之間，秦國三十五代以來，以至於整個戰國時期最具雄才偉略的秦王嬴政登上歷史的大舞臺，他在秦國過去近一百六十年對六國的摧殘基礎上，進行了最後的猛烈掃蕩。公元前二三一年開始，在李斯、尉繚（生卒年不詳）、白起、蒙恬（？—前二一〇）以及王翦（生卒年不詳）等文武精英的協助下，秦王嬴政開始了統一全國的戰爭，順序如下：公元前二三〇年，滅韓；公元前二二九年，滅趙；公元前二二五年，滅魏；公元前二二三年，滅楚；公元前二二二年，滅燕；公元前二二一年，滅齊。秦王嬴政終於結束了春秋戰國數百年的亂局，統一中國，並自稱「始皇帝」。李白為此曾傾情地謳歌：

秦皇掃六合，虎視何雄哉。揮劍決浮雲，諸侯盡西來。[55]

（二）六國之「病態期」

1 齊

公元前三三四年，齊威王與魏惠王「會徐州相王」，正式稱王。然而，在齊威王

55 李白著，鮑方點校：〈古風五十九首・其三〉，《李白全集》，頁一一。

晚年的時候，丞相鄒忌與將軍田忌（生卒年不詳）爭權，公元前三二二年，田忌攻臨淄，求鄒忌，不勝，逃亡楚國。將相不和以致內亂，齊國已漸露衰象。

公元前三一四年，燕國發生「子之之亂」，齊宣王（？—前三〇一）命匡章（生卒年不詳）率「五都之兵」「北地之眾」伐燕，一度佔領燕國，燒殺搶掠，毀其宗廟，埋下了日後燕昭王復仇的伏線。而齊閔王（前三二三—前二八四在位）在位十六年期間，因為連續的錯誤策略，加上燕昭王的間諜蘇秦又從內部破壞，導致齊國開始邁向衰亡。齊閔王被蘇秦誘騙而滅宋，以致受到以燕國為首的聯軍攻打，燕國大將樂毅（生卒年不詳）連下齊國七十城，這個東方大國終於轟然崩塌，齊閔王亦死於此役。即使後來田單艱苦復國，亦始終一蹶不振。最後的齊王建（前二八三—前二二一）在位四十多年，終為秦王所誘騙而滅國。

2 楚

楚國之衰落始於楚懷王（前三六〇—前二九六；前三二八—前二九九在位）。楚懷王曾重用屈原（前三四〇—前二七八）等大臣進行變法，卻引來貴族的強烈反對，以致變法失敗。

楚懷王為了得到張儀提出的六百里「商於」之地，中途背棄與齊國攻秦的盟約，可謂見利忘義；及至知道受騙又不能冷靜地聽從陳軫（生卒年不詳）之計，終招侮辱而為秦、齊所敗。（〈卷四．秦策二．齊助楚攻秦〉）後來，張儀終於落網，楚懷王不但不除大患，反倒聽信夫人鄭袖（生卒年不詳）之言而放虎歸山。釋放張儀之後，靳尚（生卒年不詳）被仇人所殺，楚懷王卻以為靳尚乃張儀所害，從而又引發了秦、楚之戰。由以上例子可見，楚懷王一直將國家推向災難的境地。（〈卷十五．楚策二．楚懷王拘張儀〉）更為致命的是，公元前二九九年，晚年的楚懷王被秦昭王騙往秦國會盟，終被囚致死。從秦國對楚國的策略可見，楚國完全被秦國玩弄於股掌之中。

公元前二八〇年，秦伐楚，楚軍敗。秦昭王詐以公主許配給楚襄王（前二九八—前二六三在位），屈原長跪城外力諫不果。公元前二七八年，秦軍趁襄王開城迎親之際，長驅直進攻入楚都郢，屈原投河自盡，此亦為楚國絕望之象徵。

3 燕

戰國七雄之中，燕國位處北方，由於地處北方邊陲，燕國常遭異族騷擾，而與中原國家則較少互侵，至於強秦更是鞭長莫及。然而，公元前三一六年，燕王噲（？—前三一四）突發奇想地禪位於丞相子之（？—前三一四）。子之即位後，國內反對禪位者與支持者發生衝突。齊國宣稱為了「廢私立功」而趁機伐燕，可是與齊國有聯繫的燕太子平（？—前三一四）亦死於戰亂之中。齊軍入燕後大肆搶掠，毀燕宗廟，雖然燕人奮力抵抗，但已瀕臨亡國。[56]趙武靈王有見及此，遂扶立在韓國的公子職，即後來奮發圖強的燕昭王。

燕昭王「卑身厚幣，以招賢者」（〈卷二十九·燕策一·燕昭王收破燕後即位〉），禮賢下士。大臣郭隗（生卒年不詳）又以「千金市馬骨」為喻引導昭王招賢納士，自此之後，「士爭湊燕」（〈卷二十九·燕策一·燕昭王收破燕後即位〉）。燕昭王的納賢模式，為李白所謳歌：

> 燕昭延郭隗，遂築黃金臺。
> 劇辛方趙至，鄒衍復齊來。[57]

最為關鍵的是，策士中的典範人物蘇秦前來幫助燕昭王。蘇秦揣摩到燕昭王的心理乃報齊國入侵之仇，於是自願前往齊國內部當卧底，先挑撥齊、趙兩國，再伺機行

56　楊寬：《戰國史（增訂本）》，頁一七四－一七六。

57　李白著，鮑方點校：〈古風五十九首·其十五〉，《李白全集》，頁一五。

事。[58] 其後，蘇秦的具體行動是唆使齊國佔領並獨吞宋國，從而激發諸侯國對齊閔王的不滿，終令齊國四面楚歌。齊閔王狂妄昏昧，又違背了贈地予趙國信陽君李兑（生卒年不詳）的承諾，此際正是蘇秦與燕王之良機，於是聯合五國伐齊。燕國派大將樂毅出征，連下齊國七十城，除了莒與即墨兩城之外，齊國全部淪陷。蘇秦是戰國時期著名的縱橫家，也是卓有成就的間諜，可是其下場卻極度慘烈。齊閔王最終知道蘇秦的間諜身份，乃以大鼎烹煮蘇秦，而齊閔王卻為前來援助的楚將淖齒（？—前二八三）抽筋致死。

樂毅，既是燕國的主將，亦是攻齊聯軍的主帥。雖然樂毅連下齊國七十城，但始終無法攻陷齊國的莒與即墨兩城。就在樂毅將集中兵力攻擊頑強抵抗的莒與即墨之際，燕昭王卻不幸死亡。新即位的燕惠王（？—前二七一）與樂毅有隙，齊國於是立即實行反間計，誣陷樂毅久攻不下莒與即墨，乃有意在齊稱王。燕惠王於是派騎劫（生卒年不詳）取代樂毅，樂毅亦知情況不妙，於是立刻投奔趙國。騎劫不久便被齊國的田單擊敗，齊復國。燕惠王之無能而令樂毅去國，實乃自毀長城。

58　劉向著，何建章注：〈戰國從橫家書——蘇秦與齊獻書於燕王章〉，《戰國策注釋》，下冊，頁一三二一。

及至燕王喜（前二五四—前二二二在位）時，太子丹（？—前二二六）在國家危急之際亟想有所作為，於是派荊軻（？—前二二七）行刺秦王嬴政，（〈卷三十一・燕策三・燕太子丹質於秦亡歸〉）輕率魯莽，可謂病急亂投醫，益加速其敗亡。

4 韓

韓國是三晉之中土地最小、位置最不利的國家，其四周都是強國，北為魏國、趙國，東為齊國，南為楚國，西為秦國，地處秦、齊、楚、魏、趙五強國之間。韓國戰略位置重要，可是四周強鄰壓境，而且地瘠、民貧、國弱，張儀描述如下：

> 韓地險惡山居，五穀所生，非菽而麥，民之所食大抵菽藿羹。一歲不收，民不饜糟糠。地不過九百里，無二歲之食。[59]

韓國的地理位置險惡，但有險可守，雖然地瘠民貧，但武器精良，「帶甲數十萬，天下之強弓勁弩，皆從韓出」，戰士勇敢。[60] 故公元前三七五年，韓曾以此強兵

59 司馬遷著，王利器主編：《史記注譯・張儀列傳第十》，第三冊，卷七〇，頁一七三七。

60 司馬遷著，王利器主編：《史記注譯・蘇秦列傳第九》，第三冊，卷六九，頁一七〇四。

從成皋出兵，滅了鄭國（〈卷二十六．韓策一．三晉已破智氏〉）。

韓昭侯時任申不害為相，展開變法，十四年間，據說「修術行道，國內以治，諸侯不來侵伐」。[61]而實際上，從《戰國策》的記載可見，申不害並非良相，他雖以法家思想推行變法，卻為堂兄徇私求官；被韓王質疑時，他又以阿諛奉承的方式蒙混過關。

由於韓國地處黃河中游地區，其東部與北部均為魏國所包圍，西則有秦國、南有楚國以及小國東周，幾乎處於包圍圈之中；加上韓國的國土是最小的，故屢遭列強欺凌，甚至淪為魏、齊之間的爭霸資本。例如，發生於公元前三四一年的「馬陵之戰」，便是圍魏救韓所引發的。及至秦、楚爭霸之際，秦國又要挾韓、魏共同伐楚。戰國末期的韓國，基本已成了秦國與東方列國的緩衝地，苟延殘存。公元前二六二年，秦國大舉進攻韓國上黨，上黨不願被秦佔有，於是獻城降於趙國，從而引發了長平之戰。韓國的一步錯棋，導致了七國博弈的徹底失衡，這亦可見合縱之失敗。兩場左右戰國局勢之大戰均由韓國引起，充分體現了韓國被列強欺凌的困境。公元前二三〇年，韓國軍隊屢戰屢敗，成為山東六國中第一個被秦所滅的諸侯國。

61 司馬遷著，王利器主編：《史記注譯‧韓世家》（西安：三秦出版社，一九八八年），第二冊，卷四五，頁一三七五。

5 趙

趙的國土在原來晉國的北部，趙的南方有魏國、韓國，「東有燕、東胡，而西有樓煩、秦、韓之邊」[62]，東有齊國燕國，西有秦國，趙烈侯以公仲連為相實施變法，以法家思想「選拔人才、處理財政和考核臣下成績」，又以儒家思想進行教化[63]，故楊寬先生指出「趙國自從趙烈侯進行了社會改革，到趙敬侯時，開始強大起來，遷都到邯鄲」。[64]

趙國地處北方，常受匈奴以及北方少數民族侵略。長年的邊患，深深地刺激了欲有作為的趙武靈王。趙武靈王敏銳地觀察到西北的重要性，他認為要逐鹿中原，必須擁有草原上的戰馬與皮革，而更重要的是遊牧民族的騎射本領。十九年春天正月，趙武靈王會諸大臣，決定攻打中山國。趙武靈王在黃花山上與大臣樓緩（生卒年不詳）道出他希望用胡狄之力而不擾民以強大，決定「胡服騎射以教百姓」。（〈卷十九・趙

62 司馬遷著，王利器主編：《史記注譯・趙世家》（西安：三秦出版社，一九八八年），第二冊，卷四三，頁一三二二。

63 楊寬：《戰國史（增訂本）》，頁一九二。

64 楊寬：《戰國史（增訂本）》，頁二九五。

策二・武靈王平晝閒居〉）中原服裝與「胡服」之分別在於前者是上衣下裳，寬袍大袖，這種裝束只適合於車上作戰，而不便於馬上作戰；而後者則是上戴惠文冠，代表勇敢善戰，衣服則是上褶下褲，緊身袄與緊袖。胡服的特徵，乃為了便於騎射作戰而設。然而，趙國之變法僅限於軍事範圍，遠不及秦國「商鞅變法」的全面而深入。而且，自趙武靈王提出「胡服騎射」的改革伊始，便遭到了貴族、大臣及將領的強烈反對，亦因此而埋下了殺身之禍。

趙武靈王聯絡林胡、樓煩等部落，以獲取優良的馬匹。與此同時，趙國軍隊中亦有邊地的胡狄混雜其中，故能成功抗擊北方的匈奴，以及在征伐宋國時，連續獲得大勝。然而，在位二十七年後的趙武靈王（前三二六—前二九八在位）卻做了一個極大的錯誤決定，他竟廢黜太子章（？—前二九五），而傳位於年幼的公子何，自稱主父。他的目的是將權力交予次子，而自己則主力經營西北：

> 主父欲令子主治國，而身胡服將士大夫西北略胡地，欲從雲中、九原直南襲秦，於是詐自為使者入秦。[65]

65 司馬遷著，王利器主編：《史記注譯・趙世家》，第二冊，卷四三，頁一三二四。

趙武靈王從小訓練新君，又親自經略西北，打算捨棄傳統上從函谷關進攻秦國的方向，改為從九原（今包頭）、雲中（今托克托）直接襲擊秦國。趙武靈王固然英武絕世，但他卻缺乏政治鬥爭的經驗，以為趙國上下一心，一切便可以由他任意指揮。關鍵的時刻終於來臨了，在沙丘的家庭聚會中，原太子章及手下田不禮（？—前二九五）圍攻趙惠文王（即公子何）與趙武靈王的行宮。此時，公子成（生卒年不詳）與大臣李兑帶兵消滅原太子章及田不禮，同時亦圍困趙武靈王長達三個月之久，趙武靈王最終餓死。由此可見，趙武靈王決定推行「胡服騎射」之後所擔憂的「世必議寡人」（〈卷十九．趙策二．武靈王平晝閒居〉）終於發生，原因就在於其背離習俗與傳統。否則，以趙武靈王與軍隊密切的關係，又何致被公子成與李兑圍困三個月之久而無人營救？實際上，這是公子成與李兑的貴族舊勢力趁火打劫的一場宮廷政變。從此，趙武靈王苦心經營的胡服騎射及襲擊秦國之策略，盡付流水。作為趙國靈魂人物的趙武靈王慘死，令趙國自此失去了競爭的理想而徒為守成之國，再也不是秦國的敵手了。縱使後來有名相藺相如（前三二九—前二五九），又有趙奢、廉頗及李牧（？—前二二九）等名將的輔助，然而「長平之戰」一役，四十多萬士兵被坑殺，大大震懾了趙國上下，這不但導致了不可估量的經濟及軍事損失，亦令軍心崩潰，民心動搖。趙國隨之衰落，亦是意料中事。

6 魏

魏國是七國中最早因魏文侯的變法而興盛的國家，魏文侯禮賢下士，經常與儒門弟子交往[66]，向他們學習，並任命李悝進行變法，令國家大治。外交方面，魏文侯又成功化解了韓、趙之間的矛盾（〈卷二十二．魏策一．韓趙相難〉）。故此，魏文侯在位期間（前四四五—前三九六），韓、趙、魏三家和平相處，這是導致秦國無法東進的基礎。

魏文侯採用精兵政策，士兵必須經過嚴格的挑選，符合標準中選的士兵則成為專業的職業軍人，可享受政府給予的優厚待遇，據《荀子．議兵》的記載：

> 魏氏之武卒，以度取之，衣三屬之甲，操十二石之弩，負服矢五十個，置戈其上，冠冑帶劍，贏三日之糧，日中而趨百里，中試則復其戶，利其田宅。[67]

66 司馬遷著，王利器主編：《史記注譯．魏世家》（西安：三秦出版社，一九八八年），第二冊，卷四四，頁一三五三。

67 荀子：《荀子．議兵》（臺北：臺灣商務印書館，一九七九年），頁一〇三。

如此精兵，經大將吳起之訓練，遂成勁旅。魏文侯識見非凡，知人善任。李克（即李悝）評吳起曰：「起貪而好色，然用兵司馬穰苴不能過也」；然而魏文侯卻稱吳起「善用供，廉平」[68]，即廉潔平正，二人的評價可謂雲泥之別。實際上，吳起是身先士卒，愛兵如子：

> 卧不設席，行不騎乘，身裹贏糧，與士卒分勞苦。卒有病疽者，起為吮之。[69]

如此愛兵如子又文韜武略兼備的將帥之才，世間罕有，魏文侯「乃以為西河守，以拒秦、韓」。[70]

另一方面，從魏文侯叮囑西門豹為官治民之道的一席話，可見其深諳治民之道（〈卷二十二．魏策一．西門豹為鄴令〉）。凡此種種，都表現出魏文侯心思不止於開疆闢土，更重視民生疾苦，希望通過抓好地方工作，改善民生。魏文侯這種宏觀與微

68 司馬遷著，王利器主編：《史記注譯．孫子吳起列傳第五》，第三冊，卷六五，頁一六三八。
69 司馬遷著，王利器主編：《史記注譯．孫子吳起列傳第五》，第三冊，卷六五，頁一六三八。
70 司馬遷著，王利器主編：《史記注譯．孫子吳起列傳第五》，第三冊，卷六五，頁一六三八。

觀並重的治國精神，在諸侯之中，極之罕見。在他的統治下，魏國的都城鄴下成為了當時的文化中心。

自魏文侯變法之後，從魏武侯（？—前三七〇）到魏惠王初期，除了之前獲得的秦國河西地區、北方的中山國外，還有三晉伐楚時在南方取得的鄭、宋、楚三國間的大片土地，故魏惠王自認「晉國（此即魏國）天下莫強焉」。[71]而事實上，自魏武侯繼位後，魏國已開始出現衰落的跡象。首先是人才離散，商鞅入秦，吳起赴楚，這都反映魏武侯無容人之量與缺識人之能。在爭奪衞國的「剛平之戰」中，韓、趙、魏三國之間失去了平衡，遂令秦國有機可乘。

至於在位長達五十年（前三七〇—前三一九）的國君魏惠王，更決定了魏國的興衰。首先，魏惠王遷都大梁（今開封）[72]，此舉實乃將魏國推進四戰之地，所謂「同微者相憎，同憂者相親」，魏惠王遷都大梁，令趙、齊兩國倍感威脅而結盟。公元前三五一年，魏歸還邯鄲予趙，並逼趙聯盟，西向抗秦，從而導致「秦王恐之，寢不安席，食不甘味」（〈卷十二．齊策五．蘇秦説齊閔王〉）。由此可見，在商鞅變法初

71 毛子水等：《四書今注今譯．孟子》，頁一一。

72 因遷都大梁，故此《孟子》一書中又稱魏惠王為「梁惠王」。

期，就連商鞅也自知秦國不及魏國強大。然而，商鞅洞悉魏惠王亟於稱王的慾望，故遊説他既要繼續領導宋、衞、鄒、魯等小國，更要先行王服，後圖齊、楚。征伐比稱王困難，稱王則比征伐更有滿足感，魏惠王好大喜功，果然中了商鞅的緩兵之計。故魏惠王在「逢澤之會」上，「乘夏車，稱夏王，朝於天子，天下皆從」。（〈卷六・秦策四・或為六國説秦王〉）他又因為韓王沒有出席「逢澤之會」而決定征伐韓國。由以上的例子，可見魏惠王之驕橫跋扈、任意妄為。季梁（生卒年不詳）於是以「南轅北轍」為喻勸諫魏惠王，指出其治國方針的方向性錯誤（〈卷二十五・魏策四・魏王欲攻邯鄲〉），可是魏惠王對當時列國的複雜形勢或一無所知，或視若無睹，一味夜郎自大，終致魏國的大廈驟然傾倒。

公元前三五四年的桂陵之戰與公元前三四一年的馬陵之戰，魏國兩度為孫臏所指揮的齊軍所敗，太子申（生卒年不詳）與龐涓被殺。從此，魏國急劇衰落。

7 小結

簡而言之，正當六國均處於「病態期」之際，秦國卻經歷綿長的「生力期」，而且國力持續增強。自秦獻公、秦孝公、秦惠文王、秦武王、秦昭王、秦孝文王、秦莊襄王及秦王政，八位君主歷時近一百八十年（前三八四－前二四七），皆雄才偉略，縱橫決蕩，志在問鼎。秦孝文王與秦莊襄王分別在位僅有一年與三年，雖無大作為，亦無過失，朝政亦一直運作正常。然而，六國則在「病態期」中苟延殘喘，因各國之間的矛盾、衝突以及內部崩潰，直接削弱本國國力，並且間接促使秦國日益強盛。換言之，自秦獻公至秦莊襄王的七代秦國君主，歷時約一百六十年，各個君主均一致持續地攻擊、摧毀六國，在六國全部進入「病態期」之際，恰好碰上具雄才偉略的秦王嬴政，秦國於是到達「生力期」的巔峰，遂以一敵六，摧枯拉朽，隨心所欲，統一天下。

六、作者、版本及今注今譯

（一）作者

戰國時期，有人專門從事外交策略的研究，講究揣摩君主心理，運用縱橫捭闔的手腕，約結盟國，打擊敵國，這便是縱橫家。

縱橫家非常重視遊說之術，為了切磋說動君主的技巧，他們或以過往的事件，或就當下的情況，想像擬作，故此《戰國策》有不少篇章雄辯滔滔，可是資料卻不準確。**有學者認為秦、漢之際的辯士蒯通是《戰國策》的作者，亦有人認為是西漢的主父偃（？—前一二六）與鄒陽（？—前一二〇）。或許，他們均為此書的彙編者，**

作者難以確定。[73]

（二）版本

西漢初年，先有異姓王之封，高祖劉邦（季，？—前一九五），高后呂雉（前二四一—前一八〇）誅鋤功臣之後，又分封宗室，局勢類近戰國，因而縱橫權變之術得以繼續流行。因為有市場潛力，所以西漢末年劉向便收編了《戰國策》。

劉向奉詔校書的時候，看到了皇家圖書館中許多記載縱橫家說辭的寫本，內容龐雜，體例不一，文字錯亂，其所見共六種版本，計有《國策》《國事》《短長》《事語》《長書》及《修書》。劉向認為這些都是戰國時策士提出的策謀[74]，應稱為《戰國策》，故按國別，略以時間編次，定為三十三卷。因此《戰國策》的書名，乃劉向整理後所加。

此外，一九七三年在湖南長沙馬王堆三號漢墓出土了一批帛書，其中有一部與

73 鄭良樹：〈作者〉，《戰國策研究》（臺北：臺灣學生書局，一九七五年），頁一—二二；何晉：《〈戰國策〉研究》（北京：北京大學出版社，二〇〇一年），頁一五。

74 何晉：《〈戰國策〉研究》，頁一五。

《戰國策》類似，被命名為《戰國縱橫家書》。此帛書共二十七章，有十一章被收入《戰國策》與《史記》，其餘十六章乃佚書。未經劉向編訂的原始面貌，或可從此帛書窺見一斑。

《戰國策》成書後，東漢學者高誘（生卒年不詳）曾作注。及至北宋，原書已缺十一篇，再由曾鞏（子固，一〇一九—一〇八三）訪求，又重新補足了三十三卷。[75] 到了南宋，姚宏（生卒年不詳）搜羅了十幾種版本，並在曾鞏本的基礎上加以整理、續注，通稱「姚本」，[76] 流傳至今。此外，南宋鮑彪（文虎，生卒年不詳）亦為此書作注，各國按王的順序分章，暗寓為《戰國策》重新編年之意。元代的吳師道（正傳，一二八三—一三四四）又為鮑彪作了補正，稱為「鮑本」。[77] 如今所見的《戰國策》屬於「姚本」系統，其編排為：東周策一卷、西周策一卷、秦策五卷、齊策六卷、楚策四卷、趙策四卷、魏策四卷、韓策三卷、燕策三卷、宋、衞策一卷、中

75 鄭良樹：〈散亡之開始與曾鞏之整理〉，《戰國策研究》（臺北：臺灣學生書局，一九七五），頁三三—四一。

76 鄭良樹：〈姚宏的整理及其所採之版本〉，《戰國策研究》，頁四二—六一；何晉：《〈戰國策〉研究》，頁一五六—一六二。

77 何晉：《〈戰國策〉研究》，頁一六二—一六九。

山策一卷，共十二國，三十三卷。由此而言，《戰國策》應該是以「層累」的方式成書的。[78]

然而，歷來有關此書的評價並不高，或視之為「殺人自生，亡人自存」（秦宓語），或視之為「邪說」而欲「放而絕之」（曾鞏語）。[79] 這都是迂腐陳見。實際上，司馬遷《史記》中有關戰國的部分便是在《戰國策》的基礎上撰寫而成的。至於《戰國策》中的歷史人物以及寓言故事，栩栩如生，寓意深刻，並早已家喻戶曉，成為中國人集體記憶中的重要一節，由此可見《戰國策》對中華文化的正面影響。

（三）今注今譯及其意義

二十世紀有關《戰國策》的相關研究，日趨開放而嚴密，此中大家包括何建章先

78 歷史中「層累」的觀念是由顧頡剛先生提出的，亦即胡適先生所說的「滾雪球」。相關論述可參閱陳岸峰：《疑古思潮與白話文學史的建構：胡適與顧頡剛》（濟南：齊魯書社，二〇一一年），頁四七—七八。

79 鄭良樹：〈散亡之開始與曾鞏之整理〉，《戰國策研究》，頁三三—三四。

生的《戰國策注釋》與繆文遠等先生的《戰國策新校注》及《戰國策全注全譯》。[80]前者只注而缺譯，後者之《戰國策新校注》只注缺譯，而《戰國策全注全譯》在注釋方面亦較為簡單。然而，兩位先生之研究，均乃傾心之作，亦為拙著的參考資料提供了不少方便，值得致敬。為方便讀者，「新視野中華經典文庫」之《戰國策》注釋與翻譯並重，並配有導論與各卷導讀，又去蕪存菁，刪卻枝蔓，標準如下：

一、在歷史進程中，有關鍵作用的篇章，如范睢晉見秦昭王，必選；

二、具文學價值，特別是其中包含的寓言已為家喻戶曉的篇章，必選；

三、在各國中重複出現的同一事件，如有關長平之戰，則擇其詳細者，刪卻片面而瑣碎的篇章。

至於《戰國策》的當代意義，則在於：

一、當今國際形勢複雜，有心於外交者，或可從此書有所啟悟；

二、考察歷朝歷代之興衰，六國之覆亡，秦國之獨大，既有各自的內部因素，又是彼此之間的相互作用所產生的博弈結局，不同界別之人士均可引以為鑒；

80 繆文遠：《戰國策新校注》（成都：巴蜀書社，一九九八年）；繆文遠、繆偉、羅永蓮譯注：《戰國策》（北京：中華書局，二〇一二年）。

三、策士之忍辱含垢，輔助諸侯以問鼎中原，足為職場中人之學習典範。

七、總結

戰國時期，固然是烽火連天，然亦是學術蓬勃之春天，百家爭鳴，人才輩出。值得留意的是，中華民族在此際的大融合與整體素質的大提升。可以說，這是一個激情四射的烽火年代，這亦是中華民族從四分五裂走向秦、漢大一統盛世的前夕。

《戰國策》的文風汪洋恣肆，情節波瀾起伏；其內容錯綜複雜，列國的政治角力，值得再三咀嚼；此外，書中更有迂迴曲折、引人入勝的類近小說的書寫。秦國世代辛苦經營，虎視眈眈，六國又欲有所作為，故而苦苦掙扎。策士縱橫，俠士悲歌，不論成敗，皆是國士。此等人物，激盪了戰國風雲，改變了中國歷史。同時，此書可謂是集政治、軍事、外交乃至職場策略、修身之大全。一冊在手，彷如智囊隨身，啟迪智慧，洞悟人生，終身受益。

《史記》導讀

司馬遷的盛世之憂與庶民情結

歷史學博士、日本山口大學東洋史研究室教授
馬彪

受庶民百姓喜愛的歷史讀物。

《史記》真的很偉大，它不僅是文人眼中的天才之作、千古絕唱，而且是一部頗受庶民百姓喜愛的歷史讀物。

一、一部最適合尋常百姓閱讀的「正史」

中國的老百姓不論老少婦孺，除了《三國》《水滸》《紅樓夢》之外，隨手拈來的歷史故事十有八九來自《史記》：完璧歸趙、胡服騎射、伯樂相馬、毛遂自薦、河伯娶妻、荊軻刺秦、指鹿為馬、鴻門之宴、四面楚歌、霸王別姬、韓信點兵、張騫通西域等比比皆是。

《史記》可謂中國文化宴席上的一道大菜，而且是一道特別符合老百姓口味的大餐。至少在「正史」之中適合老百姓閱讀的，恐怕只有《史記》了。

為什麼《史記》能夠如此雅俗共賞呢？這也許是個智者見智、仁者見仁的問題。在大學執教秦漢史的二十餘年來，經常有學生問我：「《史記》應該怎樣讀？」我總是回答說：「**《史記》就像一套巨大的連環畫，只要你知道了作者的主導思想和全書的篇章結構，隨心所欲地去讀就是了。**」

就我個人的體會而言，司馬遷的盛世之憂最為文人所認可，《史記》中到處顯現

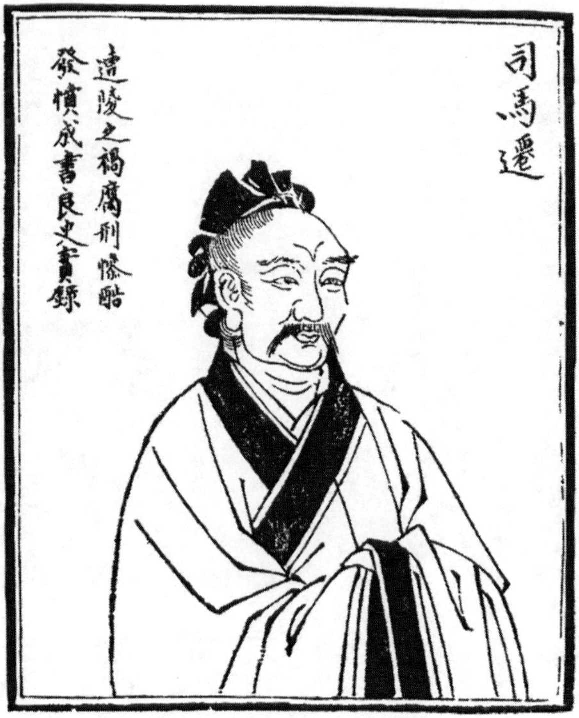

司馬遷像

的庶民情結最能打動尋常百姓！然而，全書新穎而嚴謹的篇章結構又是作者思想、感情得以充分表達的硬件。

二、司馬遷的身世及其對《史記》撰述的影響

還有一個問題是學生經常問到的，即司馬遷到底是不是「宦官」？

作為太史令，司馬遷繼其父司馬談之後擔任過史官，所以司馬遷首先是史官；但他又在受宮刑後出任了中書令一職，中書令在漢武帝時期又的確由宦官担任，所以說他是宦官並不為錯。

不過，司馬遷並不是從一開始就以宦者身份進入官場的，所以歷代學者並不把他列為宦官。

（一）建議先讀《太史公自序》

為了了解作者身世及作品背景、時代，建議讀者先讀一下〈太史公自序〉。古人的書序不像我們今天是放在書的開頭而是放在書尾，〈太史公自序〉亦不例外。不過，今人閱讀《史記》當然還是按照今日的習慣，先讀〈太史公自序〉為好。

序中不但闡述了《史記》的編纂旨趣，而且敍述了司馬氏的家傳。

司馬遷生活於西漢的武帝盛世，他於景帝中五年（前一四五年，一說前一三五年）出生於龍門（今陝西省韓城市），比漢武帝小十一歲，二人是同時代人。漢武帝十五歲登基，在位五十四年，是秦漢時期執政時間最長的皇帝，他統治的半個世紀不僅限於秦漢朝，在整部中國史上也堪稱盛世。

這位「雄材大略」（《漢書．武帝紀》）的皇帝所創功績數不勝數：以罷黜百家統一了思想意識，用削藩推恩加強了中央集權，以平準專賣充實了國家財政，此外還加強軍備解除了匈奴邊患並擴張了帝國版圖，使漢朝成為當時世界上與西方羅馬帝國並立的東方大帝國。

（二）生逢盛世的父子兩代「太史令」

司馬談在武帝朝的前半期任職太史令約三十年之久，其子司馬遷亦任太史令九年。「太史」，是漢朝執掌宗廟、禮儀之官太常的下屬史官；「令」，即長官，俸祿為六百石，相當於地方上縣的長官。司馬談因未能參加漢武帝封禪泰山的祭祀「發憤且卒」（〈太史公自序〉）。

司馬遷死於何年史無明文記載，一般認為約在武帝之死前後。司馬父子最大的成就是編纂了中國第一部紀傳體通史《史記》。他們為何要修史呢？第一，他們有一種盛世修史的意識。司馬談就說：「今漢興，海內一統，明主賢君忠臣死義之士，余為太史而弗論載，廢天下之史文，余甚懼焉。」司馬遷也說過：「余嘗掌其官，廢明聖盛德不載，滅功臣世家賢大夫之業不述，墮先人所言，罪莫大焉。」這些話中雖然可能攙雜敷衍之詞，但二人認為身處海內一統之盛世，作為史官而記載歷史締造者的事跡是自己義不容辭的職責。第二，《史記》是由司馬談提出計劃，而主要由司馬遷總其成的。

（三）闡述歷史進程之中的「大義」

雖然很難分清父子二人誰寫作的部分更多，但二人的指導思想不盡相同是肯定的：司馬談主張道家，司馬遷則是奉行董仲舒的儒家公羊春秋學理念。所以就《史記》的主導精神而言，貫徹的還是儒家的理念。特別是**司馬遷有意識地秉承了孔子著《春秋》為的是明「大義」的精神，這一點非常重要，因為這決定了《史記》不可能是那種阿諛明主、謳歌盛世的御用作品，相反為了尊重並闡述歷史進程之中的「大義」，即我們今天所說的歷史規律，司馬遷不得不經常以那些不致遭受批判的「微言」來表明自己的盛世之憂**。這是我們在讀《史記》時最應該注意的。那麼，司馬遷又是如何在如實記述盛世及其由來的同時，表達史家在總結歷史規律之後發出的警世恆言呢？

三、司馬遷的盛世之憂

二〇一〇年春，我應法國國家科研中心林力娜教授之邀，在巴黎第七大學做訪問學者時，曾參觀了奧賽美術館，在一幅巨大的羣裸油畫面前我站了許久……

（一）「世人皆醉我獨醒」的盛世感傷

幾十個近乎全裸的俊男靚女醉臥於豪華的殿堂，散亂的酒器、一絲不掛的男女美體給以人視覺上的極大衝擊，展現了一幅集體縱慾之後的場面；不止於此，畫面的右下角還繪有兩位衣冠整齊的年輕人，顯然他們是這場肉宴的旁觀者，從穿着、用色上看，這二位與畫面的主人公並不協調！直覺告訴我這一定是作者的某種刻意追求，解說詞驗證了我的直覺：作品描述的是法國七月革命勝利後人們沉浸於縱情歡樂之中的場景，兩位年輕人在冷眼旁觀。

我恍然大悟：作品表現了作者的盛世之憂！這不正是兩千年前的司馬遷寫《史記》時的心情嗎？那種世人皆醉我獨醒的複雜心情，總是這樣不拘國境、穿越歷史地無處不在！

（二）如何解讀司馬遷著史的心境

司馬遷到底是以怎樣一種心情寫《史記》的呢？先來看看他所生活的時代：漢武帝時期是繼漢初「文景之治」之後迎來的國家經濟的繁榮期，當時的人們終日追逐「利」「祿」而且樂此不疲。這是一個只要努力，人人都可以大有作為的、積極向上的時代，可謂中國史上空前的大好時光。

然而，在今天看來當時所謂生逢其時的人們真的很幸福嗎？《史記》中專門設置有〈貨殖列傳〉和〈平準書〉，二者相互參閱可以得到答案。

前者通過春秋以來著名商人如早期的范蠡、子貢，晚期的孔氏、任氏的類傳，描述了漢代經濟繁榮的歷史形成。開篇就引用了老子「至治之極」的話，說雖然老子認為盛世就應當雞犬之聲相聞老死不相往來，但考察歷史的話事實恰恰相反：中國地大物博，風土物產差異之大帶來商業物流的發達，百姓因此得便、商人由此獲利，各得其所無可厚非。但是在「天下熙熙，皆為利來；天下攘攘，皆為利往」的盛世繁榮景象之下，腰纏萬貫的商人們幸福嗎？司馬遷是史家不是評論家，但他又不是單純記錄史實的書記員，所以他的議論雖偶爾會在「太史公曰」中言及，但幾乎都是寓於紀實之中的。

比如他為當時的商人起名為「素封」，說他們是富比封侯而沒有受人尊重身份的老百姓。他們所從事的商業是「賤行」「惡業」。在〈平準書〉中又記載曰：「天下已平，高祖乃令賈人不得衣絲乘車，重租稅以困辱之。」

司馬遷雖然沒有進行評論，但他已經清楚地告訴我們：這是一個惟「利」是圖的拜金主義「天下」，牟利的佼佼者是那些著名的商人，他們絕不缺錢，可惜沒有受人尊重的社會地位，所以他們並不幸福！

值得注意的是，司馬遷在這裏並非是指責商人，而是在探尋造成如此盛世之弊的深層原因，寫出了那個時代人民之間相互爭利，官亦與人民爭利的情況，意在指出此乃自古以來財政之中最下等之政策。即〈貨殖列傳〉所云，富有三個階段：「本富為上，末富次之，奸富最下。」暗示當時人人爭利的「盛世」，為自古以來財政之最下等政策所致！

他尤其反對官與民爭利，讀《史記》者恐怕無人不會自然地聯繫自身所處的時代及其弊端，這是盛世之中惟有史家最清醒的明顯一例。

(三)「武帝」之謚號未必是讚美

漢武帝死後謚號為「孝武皇帝」。《謚法》:「威強睿德曰武。」就是說,威嚴、堅強、明智、仁德叫作「武」。總之,是讚揚他在位統治的武功文治。漢武帝的武功是使漢朝得以昌盛的重要條件,他派衛青、霍去病、李廣利、張騫取得了對匈奴的歷史性勝利,基本解決了漢初以來中原所受來自北方遊牧民族的威脅,而且拓廣了東方通往西方的文化交流之路——絲綢之路。他還用兵南越、西南夷、朝鮮,擴大了帝國版圖。

雖說我們無法用近代以來的領土概念去衡量古人,但我們必須認識到即便在古代,武力擴張版圖也是對外國、外族的非正義戰爭。那麼,司馬遷是如何從史家的立場看待「武功」的呢?

《史記》中涉及武帝用兵匈奴的記載,至少有〈韓長孺列傳〉〈李將軍列傳〉〈匈奴列傳〉〈衛青霍去病列傳〉〈平準書〉等,雖然司馬遷沒有任何直接的評論,但我們還是能看出在他的記述中流露出對漢匈戰爭的反感。例如,〈匈奴列傳〉:「初,漢兩將軍大出圍單于,所殺虜八九萬,而漢士卒物故亦數萬,漢馬死者十餘萬。匈奴雖病,遠去,而漢亦馬少,無以復往。」記述了漢征匈奴的沉重代價和兩敗俱傷的結果。

事實上,即便漢武帝本人也在晚年下〈輪臺罪己詔〉曰:「乃者貳師敗,軍士死略離散，悲痛常在朕心。」（《漢書．西域傳》）表達了對自己窮兵黷武的懺悔。《史記．朝鮮列傳》記載武帝派軍隊攻打朝鮮的情況，司馬遷通過對漢軍內部種種混亂的記述，表明了對這次戰爭的批判態度。

（四）出自「大一統」思想的反侵略意識

司馬遷反對征服周邊民族的觀點又出自其儒家「大一統」的思想。**孔子以來，特別是業師董仲舒對「大一統」思想的提倡，可以說是司馬遷著述《史記》的基本理念。**如董仲舒曰：「《春秋》大一統者，天地之常經，古今之通誼也。」（《漢書．董仲舒傳》）《史記》之「究天人之際，通古今之變」（《漢書．司馬遷傳》）的追求亦出於此，目的在於從歷史發展的規律上弄清秦朝特別是漢朝「大一統」天下形成的原因，並由此指明「大一統」世界的今後方向。

董仲舒、司馬遷的時代，還沒有王莽以後那種鄙視周邊民族的「華夷之辨」思想，在儒家「大一統」精神之下，《史記》中體現了各族同源同種的民族觀念。司馬遷敘史以黃帝為人文始祖，即便匈奴亦不例外。所以他在〈匈奴列傳〉的開頭曰：「匈奴，其先祖夏后氏之苗裔也，曰淳維。」明確將其列入華夏族之中。在〈東越列傳〉〈南越列傳〉〈朝鮮列傳〉〈西南夷列傳〉中也都貫穿了各族同源的意識。

在這種歷史觀、民族觀的指導下，司馬遷首創「正史」為少數民族立傳的史體，而且他將少數民族史傳與歷代名臣列傳交錯並列，體現了各族一家、四海之內皆兄弟的觀念。由此，他很自然地記述了尉佗入南越、衛滿之朝鮮、莊蹻移居西南夷的歷史。因此，他對漢武帝一改漢初無為而治國策，轉而頻繁對周邊各族用兵的歷史雖有記載，卻無讚揚！

為了個人利益可以殺人越貨，追求所謂「國家利益」則不惜屠城滅國。在「現代化」就是「戰爭化」的今日，以所謂「正義之師」出兵他國的行為已經隨着全球化的浪潮而普遍化，其死傷人數足以令古人瞠目。生活於二十一世紀的我們，在讀司馬遷當年對歷史經驗的總結時，只有汗顏、自愧了。

（五）對獎掖學者為官之策的憤慨

漢朝於「文治」方面最突出的貢獻莫過於「推明孔氏，抑黜百家。立學校之官，州郡舉茂材孝廉」（《漢書．董仲舒傳》），而且這一切又「皆自仲舒發之」而被武帝採納推行。儘管如此，司馬遷並沒有對此大唱讚歌，而是處處表現出自己的擔憂。《史記．儒林列傳》是司馬遷為當時「文治」所推崇的儒學、儒士設置的專傳，其中對公孫弘獎掖學者為官之策的實施表現出極大的憤慨。

在司馬遷看來，這意味着從此學者將學問作為了獲取利祿的工具，實際上使學問喪失了尊嚴。他通過對學問、學者的歷史進行考察之後指出，以往學者被起用時或為天子、諸侯之師，或為士大夫之友，起到了以學問進行告誡、教誨的作用；若不見起用就隱居不出，縱令出世亦保持不輕視己道的覺悟。然而，自公孫弘為學者開闢利祿之路，學者就失去了以傳道維持教化的作用，而僅剩下記憶古事以備為政君主諮詢的作用了。

兩千年之後的學問有了極大的變化，學者也早已把學問做出了書齋、課堂，做上了影視、網絡，「傳媒」不僅將學問更廣泛地傳播至大眾，也將學問極大地商業化了。在學問成為逐利資本的時代，雖然我們不知道當今的種種變化是否可以置於司馬遷「通古今之變」的範疇，但至少這些變異與他所提倡的學問之道相左是顯而易見的。

總之，古人已經看到司馬遷記事「不虛美，不隱惡」（《漢書．司馬遷傳》）的特點，產生這一特點的原因何在呢？我看就在於他那種傑出史家所獨具的盛世之憂！

四、《史記》中的庶民情結

《史記》雖然被後代人列為「正史」之首，但作者司馬遷的那種庶民立場和百姓情結卻是其他任何一部「正史」都不具備的。

（一）司馬遷所創立之實地考察方法

幾年前我寫過一篇題為〈簡牘學研究的「三重證據法」〉的論文，其中強調司馬遷所創建之實地考察的方法在今天仍然適用的問題。我的看法是，司馬遷寫《史記》的一個重要方法就是不限於「百年之間，天下遺文古事靡不畢集太史公」的便利條件，親自跑遍了漢朝的大江南北，搞實地調查。他的實地調查大致可分為前後兩階段：

第一階段，在他入仕之前，為了繼承父親的史官官職，他十歲開始學習古文，二十歲時漫遊全國。在此之前，按照《張家山漢簡．史律》對「史」的資格要求來看，司馬遷作為史官之子，應該是在十七歲成為學童，學三年文字之後已經通過考試取得了「史」的資格。而具有這一資格之後的這次旅行，應該說是一次全國範圍的歷史學考察。

他從長安出發後，到了今天湖北荊州一帶的南郡，由長江溯湘水踏訪了九疑山（即九嶷山）的舜廟。再由長江至會稽山探訪禹王陵。之後他訪問齊故都臨淄和魯故都的曲阜，觀孔子遺風。最後，經梁、楚之地返回長安。司馬遷的這次史跡踏訪無疑為他日後寫出不朽名著《史記》奠定了堅實的創作基礎。

第二階段，在他入仕之後，他先做郎官，後來出任太史令，出於職務需要經常跟隨漢武帝出巡各地，正如他自己所說：「余從巡祭天地諸神名山川而封禪焉。」（《史記·封禪書》）此時的司馬遷更是有機會一邊進行實地考察，一邊撰著《史記》。

總之，當我們感歎司馬遷具有超人之史學天才的同時，恐怕沒有人會否定重視實地考察對他創作《史記》的重要影響。

（二）司馬遷寫《史記》不僅用手還用腳

實地取材是司馬遷撰著《史記》的重要特色。司馬遷取捨史料的原則在〈太史公自序〉中有所說明：「厥協六經異傳，整齊百家雜語」，亦即綜合各種儒家經傳，補充以諸子所言之意。可見，採用史料的第一原則是取材「六經」，他曾說過：「夫學者載籍極博，猶考信於六藝。」（《史記·伯夷列傳》）在他看來不載於六藝即六經的內容多不可信。但這不是惟一的原則，他的第二原則是如果六經有闕文而諸子書中有記載的，可以酌情拾遺補闕。

比如關於黃帝的記述雖不見於六經，卻見於諸子。司馬遷採納了後者，為什麼呢？在〈五帝本紀〉中他對此作了解釋：「學者多稱五帝，尚矣。然《尚書》獨載堯以來；而百家言黃帝，其文不雅馴，薦紳先生難言之。孔子所傳〈宰予問五帝德〉及〈帝繫姓〉，儒者或不傳。余嘗西至空桐，北過涿鹿，東漸於海，南浮江淮矣，至長老皆各往往稱黃帝、堯、舜之處，風教固殊焉，總之不離古文者近是。予觀《春秋》《國語》，其發明〈五帝德〉〈帝繫姓〉章矣，顧弟弗深考，其所表見皆不虛。《書》缺有閒矣，其軼乃時時見於他說。非好學深思，心知其意，固難為淺見寡聞道也。余并論次，擇其言尤雅者，故著為本紀書首。」

他說諸子書中記載了黃帝，儒家經典中卻沒有記載，到底應該相信誰呢？他走出書齋去請教民間「長老」，結果長老們都說在堯、舜之前還有黃帝，黃帝、堯、舜各自的「風教」本不同。「長老」即老年人。《管子．五輔》：「養長老，慈幼孤。」《漢書．外戚傳》：「近世之事，語尚在於長老之耳。」不僅限於近世，身為儒家的司馬遷對於那些儒者不傳的「遠古」信息，作為史家他寧可相信鄉野「長老」之言「近是」。因為他有一個獨特的編纂方法，即親臨歷史人物、事件的所在地進行調查。

從這一意義上講，《史記》不僅是他關在朝廷圖書館裏用手寫出來的，更是他走進民間社會、歷史事件發生地用腳寫出來的！這一方法應該說同時反映了他重視民間史料重要性的庶民立場。

（三）司馬遷重視民間史料價值的時代原因

為什麼司馬遷能夠如此重視民間史料的價值呢？其實，這與他所處時代的社會性質是分不開的。

大體上說，從前五世紀末至前二二一年秦統一中國的戰國時期，是中國古代社會的大變革時期。其中最主要的是，社會性質已經從周代那種血緣關係之宗法分封制，轉變為地域關係之皇帝制的郡縣官僚制。此後的秦漢時期在皇帝專制主義建立的同時，平民在衝破宗法血緣制之後，社會地位不斷提升。「能力主義」的高揚在打破了以往氏族宗法制血統論的同時，也動搖了祖先神的信仰。這一時期人與人之間的關係出現了極大變化：

皇帝在當時是一種嶄新的人物，也是具有決定性意義的社會成分，他既不同於先秦宗法關係的周天子，也不同於魏晉南北朝貴族關係的各朝皇帝。秦漢皇帝的特點是專制性和平民性。

秦始皇是以武力爭霸粉碎宗法氏族制，從而建立專制政權的，劉邦則是中國歷史上由平民搖身變為皇帝的第一人，二人的特點都在於擺脫了來自貴族階層的控制。正是由於皇帝的以上新特点，秦漢的皇親貴族在政治地位上不再具有支配皇權的威力，他們既無法與先秦的公卿大夫相比，也比不上魏晉南北朝操縱九品中正制的皇家宗室。所以一旦他們野心勃發，就會遭到皇權的嚴厲鎮壓和平民的反對。

秦漢的官僚主要是依靠當時所創之文官制度由平民中選拔出來的，由於文官制取代了以往的貴族議事制，此時的官僚士大夫與先秦的公卿士大夫有着很大區別，他們在形式上雖保留着以往「文吏」的職能，但在參政權利上、在代表平民利益的程度上已向前邁進了一大步。

秦漢的平民階層在打碎了壓在頭上的宗法制以後，由於衝破了血緣關係的束縛，獲得空前的自由，他們不僅在「王侯將相寧有種乎」的口號中，推翻歷史上第一個皇帝政權，而且由自己的階層中推出了第一代「布衣」天子和「布衣」將相。這一時代的平民，人人有爬上宰相、甚至皇帝位置的可能，隨時有評議朝政的自由。

（四）司馬遷對「布衣」的情有獨鍾

時代的巨變必然反映於歷史記述之中，《史記》中就處處體現着「布衣」（穿麻布衣服的庶民）地位的提升，劉邦從「布衣」成為皇帝，韓信、蕭何為首者成為「布衣將相」。

不僅如此，司馬遷還特別強調歷史上名人的「布衣」地位，如《史記．孔子世家》曰：「孔子布衣，傳十餘世，學者宗之。」「世家」本是《史記》中用以記載諸王世家的體例，可是司馬遷卻把生前從未封王的「布衣」孔子列入其中，從誕生至逝世，記述了其七十二年的人生歷程。在司馬遷看來，孔子雖然並非諸侯而僅僅是個士大夫，但他從孔子為天下制法、傳六藝於後世的意義上，寫了〈孔子世家〉。

最有意思的是〈陳涉世家〉。陳涉沒有後代，本無所謂世家，但由於秦亂之時陳涉首開反秦契機，諸侯起兵才得以滅秦，所以司馬遷將其列入「世家」。〈太史公自序〉曰：「天下之端，自涉發難。」司馬遷還在〈陳涉世家〉中記載了特別能代表當時庶民精神的一句名言：「王侯將相寧有種乎！」司馬遷將其與前代作了對比，認為「桀、紂失其道而湯、武作，周失其道而《春秋》作。秦失其政，而陳涉發跡」。因此記載曰：陳涉雖然起事僅僅六個月而亡，但漢不絕其祀，續其血食。

將孔子列入「世家」和把陳涉立為「世家」，對司馬遷來說具有同等的意義：只要對人民有功德，對創造歷史有貢獻，即便是陳涉這樣無後世存續者，也與有後繼之人者同樣對待。

司馬遷在登箕山踏查許由冢時，曾發出感慨：那些沒有天子或諸侯家世相續，僅憑匹夫之身為世人立有功德的人物，無論他們多麼偉大，若無人為其立傳的話，其事跡也無法流傳於後世。即便是許由、卞隨、務光這些公認的古代名人，由於孔子未提到他們，所以他們的事跡都湮沒了；而像伯夷、叔齊，則由於孔子曾經予以讚揚，以

至其事跡至今仍在流傳。（《史記・伯夷列傳》）

可見，能夠被司馬遷列入「列傳」的人物，都是他認為有必要將其事跡流傳於後世的重要人物。而在這些重要人物之中也不乏布衣庶民的身影。例如，他寫〈貨殖列傳〉的動機在於：「布衣匹夫之人，不害於政，不妨百姓，取與以時而息財富，智者有採焉。作〈貨殖列傳〉」。

總之，**司馬遷的庶民情結表現為他重視民間傳說史料的真實性，重筆記述人民創造歷史的功德，而這一切又與他所處的古代社會晚期人民地位上升的時代性質互為因果關係。**

五、嚴謹獨創的篇章結構

《史記》本名《太史公書》（《史記・太史公自序》），後來又稱《太史公記》（《漢書・楊敞傳》），就是歷史記載的意思。至東漢末《太史公記》逐漸簡稱為《史記》。《史記》「究天人之際，通古今之變，成一家之言」主旨的貫徹，不僅來自於司馬遷對史料的博採、精選，還在於他獨創了本紀、表、書、世家、列傳之所謂「五體」結構。所以讀《史記》最好先大致了解一下這部一百三十篇、五十二萬六千五百字著作的篇章結構。

（一）「本紀」是《史記》之「本」

本紀是全書之「本」，是《史記》的主幹，其他如表、書、世家、列傳都是「末」，本末不可顛倒，本末相輔相成。所以讀《史記》不可不重視本紀的重要性。要認識到本紀所記人物是中國古代歷史發展脈絡的代表者。

例如作者在全書第一篇的〈五帝本紀〉即開宗明義地點明我們中國歷史起於黃帝，而且黃帝之後有着唐堯、虞舜的系統。接下來作者寫了〈夏本紀〉〈殷本紀〉〈周本紀〉〈秦本紀〉等，清楚地概括了中國歷史的主幹。然而，司馬遷概括得對不對呢？

其實，對於司馬遷的主張從來就有人表示懷疑，僅以百年來學術史為例：在一百年前殷墟發現之前，有人懷疑〈殷本紀〉的內容屬於虛構；二里頭等夏朝遺址碳十四鑒定結果公佈之前，學界懷疑〈夏本紀〉真實性的觀點很多；陶寺遺址考古成果公佈之前，談論堯、舜存在被認為沒有科學依據。今日如果說有不少歷史學家不相信〈五帝本紀〉之記載的話也不足為怪。權且拋開學術界對上古史實與傳說的討論，筆者只是覺得如今科學考古能夠一次次地證明《史記》內容的正確性這一點，真是不能不令人對《史記》記載的真實性咂舌讚歎！

（二）「表」是司馬遷創立的年代學體例

《史記》載十二本紀之後，設置十表。十表是司馬遷創立的年代學體例，它意味着中國史學已經從《春秋》等著作那種自發地逐年記載，進入到自覺的年代學記述，標誌着中國史學的成熟，意義十分重大。

一般讀者往往不太重視《史記》的十表，所謂「表」是表明的意思，對於歷史上不醒目的事情司馬遷選擇了「表」的形式予以記述。十表中除〈三代世表〉為世表，〈秦楚之際月表〉為月表之外，都是年表。表的最大特點是能夠將大事小情都用簡短的篇幅表達得提綱挈領、經緯清晰。比如：

〈秦楚之際月表〉〈漢興以來諸侯王年表〉，以年月為經、以國為緯。

〈高祖功臣侯者年表〉〈惠景間侯者年表〉〈建元以來侯者年表〉，是以國為經、以年為緯。

〈漢興以來將相名臣年表〉是以年為經，以職官為緯，不僅一目了然，而且便於檢索。

宋代鄭樵曾說「《史記》一書，功在十表」。（《通志・總序》）讀者在閱讀本紀那種宏觀把握歷史脈絡內容的同時，就有興趣的地方查一查表，讀一讀表序，是很有好處的。

（三）作為自然科學及藝術史的「書」

八書包括〈禮書〉〈樂書〉〈律書〉〈曆書〉〈天官書〉〈封禪書〉〈河渠書〉〈平準書〉，按今日學科劃分的話，這些都是有別於本紀、表、世家、列傳等人文社會學科的，即類似於科技史、藝術史類的內容。而且其中除了〈平準書〉外都是講述古今制度變遷的，〈平準書〉則記載了漢代一種新的制度。

按照司馬遷「究天人之際」的宗旨，八書中所述的與禮樂律曆天文地理相關的是自然的文化史，而紀傳表世家表述的是人文的文化史，史家的責任就在於追究二者之間的關係，《史記》的編纂體例就是如此與作者史學思想之表達相輔相成的。

（四）「世家」所見輔佐王者的股肱之臣

三十世家，記載了那些輔佐王者的股肱之臣，司馬遷認為他們就像三十輻條之共聚一車轂的關係，故「作三十世家」。其中除了上文提到的〈孔子世家〉〈陳涉世家〉的特例之外，主要記載了那些以爵位、俸祿世代相傳的貴族之家。

例如春秋、戰國以來的諸侯世家，再如漢代所封劉姓宗室、外戚世家，以及漢朝所封開國功臣的世家。司馬遷認為，「大一統」天下的開創、延續，都是歷代天子、皇帝在周圍「社稷之臣」的輔助之下得以實現的，這些歷史人物的功德是應該載入史冊作為後世楷模的。

（五）「列傳」記載了對人民有貢獻的歷史人物

在司馬遷的筆下，中國通史宛如一棵參天古樹，不僅有明君、功臣之主幹與繁枝，也有各類為人民做出貢獻的歷史人物，他們成為了證明古樹生命力的蔥蔥茂葉。七十列傳，就是為那些「扶義俶儻，不令己失時，立功名於天下」者而作的。也就是說，只要是扶持正義，不錯過時代需求，有功名於天下者都應該載入史冊。按照這一標準，他為游俠、刺客、醫生、卜者、商人立傳，而不收那些雖然官居要職卻碌碌無為者。

重視某類人物的羣體性是列傳體的一大特色，就是將那些雖處不同年代但具有類似特點的人物列為一傳；具體而言，不僅有〈孟嘗君列傳〉〈趙公子列傳〉那樣的專傳，還有〈老子韓非列傳〉〈魏其武安侯列傳〉那樣的合傳。

另外還有以敍述某些人物為主，同時附帶記載另一些人物的主附傳。例如〈孟荀列傳〉雖以孟子、荀子為主，但同時又列入了騶子、墨子、公孫龍、李悝等。

類傳最大的特色，在於將品行相類的人物排列成傳，如〈循吏列傳〉〈酷吏列傳〉〈游俠列傳〉〈匈奴列傳〉〈西南夷列傳〉等。

總之應當看到，春秋、戰國以後，隨着世卿世祿制的崩潰，中國社會進入了彰顯個人能力的時代，列傳將從刺客到哲人的各類英傑會聚一堂，不能不說是《史記》所創造的最為精彩的體例，後世將《史記》的本紀、表、書、世家、列傳「五體」簡稱為「紀傳體」，顯然是看到列傳具有不亞於本紀的獨特價值！

六、閱讀《史記》時應該注意些什麼

這裏，我還想提醒讀者在讀《史記》時注意以下三點：

（一）「發憤」並非「怨誹譏謗」

由於司馬遷在〈報任安書〉中痛訴自身遭宮刑受辱的慘烈心情時，說過「賢聖發憤之所為作」的話，所以歷代評論者中有人認為《史記》頗有「怨誹譏謗」。然而清代學者章學誠對此早有過批駁，他認為，在〈報任安書〉中，司馬遷曰「亦欲以究天人之際，通古今之變，成一家之言」，這才是「其本旨也；所云發憤著書，不過敍述窮愁，而假以為辭耳」。明確指出：後人泥於「發憤」之說，遂謂《史記》乃為「怨誹所激發」，是對司馬遷的極大誤解。（《文史通義．史德》）無論如何，將司馬遷出於憂患意識而發出的「怨誹譏謗」，單純地歸結為他受刑忍辱的「發憤之所為作」，不能不說是持論偏頗。

（二）樸實的《史記》語言風格

《史記》的確有語言樸拙的風格，比如文風不統一，甚至有無法讀通的文句，但那是出於司馬遷不以文害義的原則，以及剪裁史料時留下的痕跡。他大量引用古籍和傳聞史料，重在內容的記載和對原始史料的保留。

比如，〈夏本紀〉對於《尚書．禹貢》篇除個別文字外幾乎是全文引用。〈刺客列傳〉中司馬遷引用了《尚書》《左傳》《戰國策》的各種史料。《戰國策》的原文本來是較疏漏的，司馬遷引用時也僅取其內容，而未對文字做過多的加工潤色。所以，《史記》的文字水平使人感到參差不齊，甚至有裁剪生硬的痕跡，是不足為怪的。

（三）篇章結構中的深刻寓意

不要忽略《史記》篇章結構的作用，司馬遷是史學家不是評論家，很多對歷史事實的評價，他並不是直接發議論，而是寓意於敍述結構的安排之中。

例如在〈儒林列傳〉的結尾，司馬遷沒有像其他列傳那樣寫出論贊，而是擱筆於對以學問獲取高官的實例記載。這樣的結尾有其特定的寓意，似乎在告訴讀者他對當時的「文治」政策無可論贊。

總之，今人讀《史記》，只要能夠理解作者的心境、感情以及全書結構的話，一定會覺得這是一部思想深邃，而又貼近百姓生活，語感極其豐富多彩的好書！

七、《史記》之現代價值

唐太宗曾說「以古為鏡可知興替」（《新唐書．魏徵傳》），這是講歷史是一面鏡子，其中有着朝代的興衰變遷，能夠告訴我們如何選擇正確的道路，所以現代人應該以史為鑒反思過去。學習歷史的終極目的還是為了在反思中認識今日，以獲得能夠清醒判斷是非的智慧。從這一角度出發，《史記》至少有以下三種精神至今仍有其不容忽視的現代價值。

（一）「不虛美，不隱惡」的直筆反思精神

班固評價《史記》「不虛美，不隱惡，故謂之實錄」。（《漢書．司馬遷傳》）一句話，司馬遷堅持直筆實錄的方法是「不虛美，不隱惡」。那麼他「不虛美，不隱惡」

的目的是什麼呢？其實就是他自己說的「亦欲以究天人之際」，即於「實事」之中「求是」（《漢書．景十三王傳》）。

對於漢武帝是否因《史記》「極言」景、武之「過」（衛宏《漢書舊儀注》）而有所刪削的千古疑案，筆者在此暫不作評論。不過，司馬遷在《史記》中頗有出於憂患意識「怨誹譏謗」則屬不爭之事實。歷史事實中有真善美與假惡醜，在對其進行價值判斷、深刻反思之前，能否直筆實錄最為重要。面對司馬遷留給我們之「不虛美，不隱惡」的直筆反思精神，二十一世紀的歷史學者都應該捫心自問：「我們具備嗎？」

（二）「藏之名山」之淡泊功名利祿的學術精神

司馬遷的直筆反思精神，是與他淡泊功名利祿的學術精神互為表裏的。他在〈太史公自序〉中說《太史公書》撰寫完畢之後「藏之名山，副在京師，俟後世聖人君子」。他這是效法孔子「制《春秋》以俟後聖君子，亦有樂乎此也」。（《公羊傳》）無論對「名山」作何解釋，司馬遷修史不為迎合當世，不為利祿而僅為了「成一家之言」之「樂」的信念毋庸置疑。

學術自古有御用學問與純粹學問之分。司馬遷的老師董仲舒提倡經學取仕，這是經世致用之學；司馬遷則對以學問為敲門磚開拓仕途、名利的做法極為反對，因而畢生致力於純粹之學。中國學術史上雖說兩種學問並行不悖，但司馬遷提倡的純學問，畢竟與爭名奪利的現代價值觀大相徑庭，然而，我們要清醒地認識到：不以純粹學問為基礎的經世致用之學，必將敗壞學術道德，甚至害民誤國，終為子孫後代所不齒。

（三）「究天人之際，通古今之變」的史學精神

曾幾何時，歐洲歷史主義學派因為不承認中國史學為「歷史科學」，而妄下斷言說「中國有悠久的歷史，但無真正的歷史」。然而，這一學派在二十世紀初，卻由於過於強調所有事物的「歷史化」而走向了衰亡。相反，曾被誤解為並非「歷史科學」的中國史學卻一如既往地生機勃勃。這是為什麼呢？我個人認為其根本原因還在於自司馬遷提出之後，至今存在的那種「究天人之際，通古今之變」的史學精神。

其實所謂「歷史科學」，無非闡明歷史古今變遷原因、結果之原理的學問。司馬遷始創之「究天人之際，通古今之變」的治史思想早已成為了中國的史學哲學，這是中國史學綿延不衰的生命源泉，也是中國人對全人類的重要貢獻。其貢獻在於：人類由此可以在不斷探求人與自然、昨天與今天的關係中，把握自身奔赴將來的方向，從而獲得創造未來世界的勇氣。這一史學精神正是《史記》最大的現代價值。

《漢書》導讀

惟一一部出自家學的斷代史「正史」

歷史學博士、日本山口大學東洋史研究室教授
馬彪

歷代學者喜將《史記》與《漢書》進行「馬班異同」的比較，而且多持褒馬貶班的態度。其實，《史》《漢》之間有可比之處，也有不可比之處；至少從前者為中國第一部通史，後者是中國第一部斷代史的角度來講，二者並列第一，各有所長，很難論定孰優孰劣！

所謂斷代史，是以朝代為斷限的史書，即記述一個朝代歷史的史書。**東漢著名的史學家班固等人編纂的這部《漢書》（又稱《前漢書》）就是中國第一部斷代史，而且是二十四史中惟一一部出自家學的斷代史著作，其價值不容低估。**

一、續寫《史記》風潮中成書的斷代史《漢書》

自古以來中國人喜歡記述歷史，這一習慣形成的原因可能有很多，但是無論如何與司馬遷創立《史記》（嚴格地說魏晉以前叫《太史公書》）的成功是分不開的。至少，司馬遷的《史記》一經問世就製造了大批的「粉絲」。又因為《史記》只寫到漢武帝太初年間，而且很快出現缺失，所以在西漢那些愛好《史記》的「粉絲」中，有一位元帝、成帝之間的博士褚少孫已經開始續寫《史記》了。從此以後續寫《史記》者不斷，如成帝時的揚雄及劉歆、陽城衡、史考山等。

後來班彪也起了續寫《史記》的念頭，他認為當時雖然有着各種對《史記》的續寫，但多為鄙俗之作，缺乏繼承太史公的文才，所以他要親自續寫《史記》。然而，到了他兒子班固的時候，起初那種續寫《史記》後篇的想法發生了變化，最終寫出了《漢書》。也就是說班彪那時候確實是希望寫《史記》的續篇，但是班固則上自漢高祖下至前漢結束以及隨後的王莽時期，將這二百三十餘年的史事撰述為《漢書》。《漢書》雖說大體沿襲《史記》的體例，但是最大的不同在於：與《史記》的通史體例相反，《漢書》是斷代史。

二、《漢書》是學問世襲制時代的家學撰述

《漢書》本是班彪、班固作為家學開始編纂的，這一點與《史記》作為司馬談、司馬遷的家學創作而成書是同樣的，這是古代學問世襲制時代的必然產物。雖說中途加入朝廷的干預，還有馬續等人的幫助，但從撰述旨趣到主要執筆人來說，《漢書》無疑仍是一部家學的撰述。當然，《漢書》所記漢武帝以前的部分來自於《史記》，但那也是史家司馬氏的家學作品。**二十四史中惟有《史》《漢》出自家學，正是周代至兩漢的中國古代學問大多出自家學的具體寫照。**

無論如何班固是《漢書》的主要作者，所以就像通常以司馬遷為《史記》作者一樣，人們提到《漢書》的作者時僅稱班固。班固（三二－九二），字孟堅，扶風安陵（今陝西咸陽）人，自幼聰敏。九歲能作文章，誦讀詩賦，博通羣籍。他二十三歲決心繼承父業，在班彪生前所撰《史記後傳》六十五篇的基礎之上編纂了《漢書》。然而，公元六二年因有人誣告他「私作國史」而被捕入獄，書稿被查抄。後來他的弟弟班超上書漢明帝，為之申辯。明帝因此閱讀了書稿，十分欣賞班固的才能，任命他為宮廷圖書館的蘭臺令史，負責校勘宮廷圖書館藏書，還讓他繼續撰寫《漢書》。前後經過三十年左右，正當班固就要完成《漢書》之際，他又因為將軍竇憲事件受到牽連，再度被捕並且死於獄中。

班固去世後，尚未完成的八表和〈天文志〉，由其妹班昭（曹大家）續成。班昭也因此成為二十四史作者中惟一的女性。

三、《漢書》在體例上對《史記》的模仿與創新

通行本《漢書》是唐代顏師古的注本，共一百卷，但因為有些卷又分為幾卷，所以總計一百二十卷，即本紀十三卷、表十卷、志十八卷、傳七十九卷。

《漢書》的體例是模仿《史記》而又有所發展的。《史記》有本紀、表、書、世家、列傳，《漢書》則有帝紀、表、志、傳。如果說《漢書》把《史記》的「書」改稱為「志」，還只是名稱更換的話，那麼班固未像司馬遷那樣設立「世家」，而是將所有功勳世家一律列入人物「傳」之中，則不能不說反映出東漢人的世卿世祿觀念，較西漢人已經大為淡薄了。

《漢書》的創新很多，比如新設的〈刑法志〉不僅記述了漢代刑法，還概括了漢以前的刑法源流。他的這一筆法雖然遭到過後代史學評論家的非議，但是從今天的史學概念來看，這種追根溯源的敍事方法不妨說更具合理性。《漢書》將《史記》的〈貨殖列傳〉和〈平準書〉合二為一，創立了〈食貨志〉，將人口數量、耕地面積、糧食產量等重要的國家經濟數據按照「食」與「貨」即今日我們說的農業與工商業分類的做法，為後來歷代史家所認同並予以繼承。**班固還根據西漢末年劉向、劉歆父子的《七略》圖書分類法，創立〈藝文志〉並由此開闢了後代史書設立〈藝文志〉或〈經籍志〉的先聲**。此〈志〉的創造，無疑是中國所以能夠一直保持世界圖書之最地位的重要原因之一。另外，〈地理志〉的創立也是後代史書紛紛效法，並設立〈地理志〉〈郡縣志〉〈州郡志〉〈地形志〉的樣板。

就傳而言，《漢書》新設了《史記》所沒有的〈宗室傳〉〈皇后傳〉〈外戚傳〉；

在表中增設了〈古今人表〉。〈王莽傳〉的篇幅很長，是史書中記載新朝的惟一史料，其價值不可低估。特別值得一提的是，《漢書》中增補了許多民族史和中亞、南亞史的內容。這反映出漢武帝之後中國人越來越具有國際化的眼光了。

《漢書》多載西漢皇帝詔文，為後世留下寶貴的第一手史料，極有助於學者的研究。比如漢武帝對賢良「下詔策問」的內容，如果沒有《漢書．董仲舒傳》的記載，我們將很難如此詳細地了解漢武帝下詔求賢的具體情節和心情。

四、《漢書》研究成果及其代表性觀點

由於《漢書》與《史記》的繼承關係，歷代學者對《漢書》的研究僅次於《史記》。比如唐代劉知幾評論所謂紀傳體時，就指出雖然這一體例始於《史記》，並成為後代正史的楷模，但是斷代史卻開始於班固，後代的史書大體都繼承了班固的體例。與劉知幾的稱讚相反，南宋鄭樵認為史書本應以通史為正常體例，他批評班固著斷代史是不明《史記》本意，沒有明白歷史自有其古今沿革相因的意義（《通志．總序》）。

鄭樵還對《漢書》的表予以了強烈的抨擊，他認為表本來是作成「旁行邪上」形式，在其中按照時代、年代、國家、事件填入事實，以便一目了然的方法。但是班固

不通「旁行邪上」，像〈古今人表〉那樣將人物劃分等級的表格沒有任何意義。劉知幾也認為《漢書》既然是寫漢一代之事，像〈古今人表〉那樣從上古開始記載古今名人的方式是不合體例的。

不過，清代章學誠卻認為，的確此表從史書體例來講並不得當，但是作為史料是有利用價值的（《文史通義．史篇別錄例議》）。

清代方苞認為《漢書》中寫得最好的是〈霍光傳〉，將霍光侍奉武帝二十餘年概括以為人謹慎的結論；而對其身為昭帝丞相的經歷，僅概括為百姓充實，四夷賓服寥寥數語，記述言簡意賅。對霍光死後的宣帝時，霍氏一族雖蒙難而亡，卻詳細寫出了其遇難的原因。他認為這樣的記載詳略適宜，相當出色。方苞還認為〈王莽傳〉可謂班固用力最深者，其中對王莽陰謀篡位之始末的巧妙記述，可比司馬遷的筆法。但認為班固對漢代朝廷制度、儀式一般是不予詳述的，而傳中卻對王莽設立的官制、地名一一記載則實屬不必。

清代趙翼《廿二史劄記》中指出：從司馬遷的通史一變為班固的斷代史，其間史書的撰寫方法亦為之一變；又加上後代都模仿班固模式，這妨礙了史家自身特點的發揮。在《史記》與《漢書》之間不長的時期內，出現了明顯的時代區分，於是司馬遷的《史記》成為了空前絕後的作品，而班固的《漢書》也為後代著史提供了典範。

五、推薦閱讀的篇章以及所用版本

出於文字篇幅的限制，本文僅推薦並介紹《漢書》中有代表性的十八篇文章，以期反映全書的梗概和旨趣。比如，《漢書》記載的武帝之前的部分主要是抄錄《史記》的，為了避免重複，這裏僅推薦此後的內容。所以，如果是有心了解整部西漢歷史的讀者，建議最好將「新視野中華經典文庫」的《史記》導讀與《漢書》導讀一併閱讀，那樣您一定不會失望的。

本紀必須推薦的是〈武帝紀〉，這是因為作為秦漢帝國代表人物的「秦皇漢武」之一的漢武帝，他在位五十四年（前一四〇—前八七），佔西漢二百餘年的四分之一，而且是漢帝國領土、制度、文化、思想得以穩定的主要時期，有着承上啟下意義的關鍵年代，是全書的主幹。

在《漢書》諸表中，本文推薦〈異姓諸侯王表〉〈諸侯王表〉〈王子侯表〉三表的「序」。大家都知道，西漢與秦朝最大的不同，在於部分恢復了諸侯分封制，即以「郡國制」取代了秦的「郡縣制」。而當時的諸侯、封國又不外以名臣將相為代表的異姓諸侯王、劉氏皇族的同姓諸侯王以及王子諸侯三類。班固對於這三類「王」與「侯」的概述又集中體現在三表的「序」中，讀者僅用暫短的時間，就能領略到郡縣制與封國制並存的時代特點。

〈地理志〉是本文所推薦的惟一一篇志。其中記載了漢帝國的行政區劃、歷史沿革、郡國戶口、山川河流，讀者可以從中體會到上述「郡國制」存在的空間範圍，以及各地風土人情的豐富多彩。志中以星空的分野劃定地理區劃的傳統方法，一方面準確地反映了兩千年前的我們祖先天文、地理知識的豐富，一方面對現代人的環境意識也不乏借鑒的意義。

紀傳體中的「傳」都是圍繞「紀」的展開，讀者從〈武帝紀〉中領會了漢朝盛世的歷史大綱之後，肯定希望對當時為漢朝做出貢獻的名臣武將有更加深入的了解。〈蘇武傳〉描述蘇武身陷異國囹圄十九年，持節不屈、不辱使命的悲壯經歷。〈董仲舒傳〉詳細記載了漢武帝為建設新型帝國求賢若渴，董仲舒三上對策為日後文人治政開闢新途的歷史情節。通過〈張騫傳〉，讀者可以了解古人跋涉千山萬水，開拓絲綢之路的艱辛壯舉。〈朱買臣傳〉通過一個實例告訴讀者：當時只要努力，讀書——入仕——致富的路徑對任何人都是敞開的。〈主父偃傳〉〈東方朔傳〉〈霍光傳〉三篇從不同的側面，記載了武帝身邊匯集的各色官僚的生動場景。

漢武帝過度消耗國力之後，漢帝國進入了西漢後期。漢昭帝、宣帝時期（前八六—前四九）是一個恢復穩定發展的階段，即所謂的「昭宣中興」時代。〈趙廣漢傳〉通過一名以「廉潔」出名，努力爬至高位，最終被處以腰斬之京官自我經營的一生，記述了當時一幕亦廉潔、亦骯髒的官場現形記。此文想必現代人看後也會多有感觸。〈張禹傳〉講述了張禹這位西漢後期讀書人中的佼佼者。從他身上讀者定會領悟出當時社會上所流傳「遺子黃金滿籯，不如教子一經」（《漢書．韋賢傳》）諺語所表達的意思。

所謂「列傳」就是將幾個有相同性格的人物列為一組，藉以凸現一個時代的某種風格。〈循吏傳〉〈游俠傳〉〈佞幸傳〉雖說都是對《史記》同類傳的模仿之作，但其中補進的漢武帝中期以後的那些人物，使我們得以對西漢各類官場、民間人物有了較全面的了解。比如，從〈龔遂傳〉中渤海郡太守號召人民賣刀劍、買牛羊，發展農業，全郡大治的事跡，讀者可以明白，任何時代的官僚中雖然會有腐敗分子的出現，也不乏優秀的地方官。從〈原涉傳〉中西漢末豪俠原涉的事跡，讀者可以看到漢代活躍於地方的英雄豪俠們行俠仗義的俠士風範。從〈董賢傳〉中漢哀帝與佞臣美少年董賢之間離奇的君臣關係，任何讀者都會發出這樣的哀歎：國家掌握在如此愚君、佞臣手中，不滅亡才怪！

西漢末年，權臣王莽以不流血的「攝政」方式取代了劉氏政權，我相信任何一個不以姓氏論正統的現代人，都會對〈王莽傳〉中的記載給出自己的看法。這不但是

《漢書》中最長的傳，而且採用了編年體例，所以這實際上是一篇「紀」。事實上，後世欲了解王莽新朝的歷史，全憑此篇文字。可見，這一篇記載的重要價值。

如上所述，《漢書》自成書之時起就有人感到閱讀艱難。為此，從東漢末至唐以前為《漢書》作注的就有二三十家。唐初顏師古的注能夠廣攬兼收、糾謬補缺，可謂歷代注釋《漢書》的佼佼者。清末王先謙的《漢書補注》則更是對前人各注的集大成之作。若希望深度閱讀《漢書》的話，這兩部注解是極好的本子。現代學者對《漢書》的研究代表作，例如楊樹達《漢書窺管》從文獻學的角度多有糾謬訂正之處；陳直《漢書新證》則是利用漢簡、銅器、漆器、陶器、封泥、漢印、貨幣、石刻資料考訂、印證《漢書》的力作。

這裏推薦的篇章根據的是中華書局的點校本《漢書》，這個版本以王先謙《漢書補注》本為底本，參校了其他較好的版本，吸取了前人的考訂成果，是一個便於閱讀的本子。

六、閱讀《漢書》時應該注意些什麼

《漢書》從來被認為是史書難讀的一部，作者喜歡用古字、難字的風格為閱讀者平增了很多不便。就連東漢時期的學者也「多未能通者」（《後漢書・班昭傳》）。所以，歷代學者在注釋《漢書》的字義、讀音方面，沒少下功夫。作為現代讀者的我們，讀此書時就更是離不開注釋的「拐杖」了。但是，由於其結構模仿《史記》，即對司馬遷所創「紀傳體」忠實地予以了繼承，所以從全書構架上《漢書》也有容易理解的一面。對這一點，讀者只要抓住帝紀十二卷之「經」，表八卷、志十卷、傳七十卷為「緯」的特點，稍稍參考注解和翻譯閱讀的話，其實並不很難，甚至多有引人入勝之處。正如范曄所論：「（班）固文贍而事詳。若固之序事，不激詭，不抑抗，贍而不穢，詳而有體，使讀之者亹亹而不猒，信哉其能成名也。」（《後漢書・班彪列傳》）

還有一點值得注意的是，對於秦、西漢史而言，班固畢竟不像司馬遷是當代人記載當代史，所以有時會出現考證不嚴謹，甚至以後代之事竄入前代的情況。比如，西漢時期的標準容器或容量單位是「桶」和「石」而不是「斛」。「斛」作為容器或容量單位，本是王莽改制時的復古之舉，在西漢時期並未作為標準「量」使用。但是《漢書》作者卻將西漢標準「量」的「桶」和「石」一律寫為「斛」，其影響至今仍殘留不去。又如，秦憲公本秦文公之孫，而《漢書・古今人表》誤為文公子，疏於考證。另外，《漢書・楚元王傳》中載「牧者持火照求羊，失火燒其臧槨」，秦始皇陵的棺槨被牧羊童燒毀的說法雖然現在尚不能肯定一定有誤，但根據目前考古學者對秦始皇陵的勘查來看，還是存疑為妥。

若以《漢書》的〈序傳〉與司馬遷《史記》的〈自序〉相比，是有不合體例之處。比如像他把自己的作品〈幽通賦〉〈答賓戲〉這些與著述《漢書》毫無關係的辭賦寫入了〈序傳〉，相反對其父班彪以來作為家學的史學主張則沒有予以充分表達。因此，從今日的立場來看，《後漢書．班彪傳》的記載比班固的〈序傳〉其實更能反映《漢書》的著述主旨。班固的〈序傳〉就這一點來說，僅僅是一種裝飾，沒有充分地表達自己著作的宗旨。

七、《漢書》名篇名句賞析與點評

《漢書》中有許多經典的名篇、名句特別有欣賞價值，此僅就上述推薦篇章的內容，略作摘錄和點評。

〈武帝紀〉載：「（元光元年，即前一三四年）五月，詔賢良曰：『……今朕獲奉宗廟，夙興以求，夜寐以思，若涉淵水，未知所濟。猗與偉與！何行而可以章先帝之洪業休德，上參堯舜，下配三王！朕之不敏，不能遠德，此子大夫之所睹聞也。賢良明於古今王事之體，受策察問，咸以書對，著之於篇，朕親覽焉。』於是董仲舒、公孫弘等出焉。」

武帝十五歲（前一四〇）即位，開始的五六年間朝政實權掌控於祖母太皇太后竇氏手中。竇氏喜好黃帝、老子之學，強制推行黃老之學。但輔佐年輕武帝的丞相竇嬰，雖説是竇氏一族成員，卻推崇儒學，表現出異端傾向。他與皇太后王氏的異父弟太尉田蚡等一同推舉儒者，由此策劃上奏不經太皇太后竇氏。此舉觸怒太皇太后，不但造成丞相竇嬰、太尉田蚡被罷免，從武帝日後推行崇儒政策的角度來看，也可以説是他即位伊始所遭受最初的挫折。所以説太皇太后竇氏死後的翌年，武帝就迅速推出詔令賢良對策，可謂他獨自掌權之後的第一舉措。

〈武帝紀〉元朔元年詔中引用了孔子「三人並行，厥有我師」一語。歷代學者對《論語．述而》「三人行必有我師」的解釋有同有異。比如對「三」字，有解釋為「眾多」的，也有解釋為數字「三」的；對於「行」字有解釋為「同行」的行走之義，也有解釋為「言行」之「行」的，前者用為動詞，後者用為名詞，都講得通。漢武帝詔文中的「三人並行，厥有我師」，則是説三人並排行走，其中就有我的老師。漢代人對《論語》的解釋由此可見一斑。

〈地理志〉記載了漢代人對「風俗」一詞的解釋。其實，在孔子提倡「移風易俗」

之後，歷代學者對所謂「風俗」的含義多有闡發，東漢應劭還專題撰寫了《風俗通義》。《漢書．王吉傳》稱「百里不同風，千里不同俗」這是渾言「風俗」即習俗之意。然而，析言的話究竟何謂「風」，何謂「俗」呢？《漢書》說「繫水土之風氣，故謂之風；好惡取舍，動靜亡常，隨君上之情欲，故謂之俗」。但元朝李果《風俗通義》題辭中則說：「上行下效謂之風，眾心安定謂之俗。」二者之間差異明顯，為有心的讀者留下一個小小的疑問。

自古所謂「鄭衞之音」蒙受靡靡之音的惡名，〈地理志〉將其歸結為「桑間濮上之阻」的地理原因；《禮記．樂記》甚至說：「桑間濮上之音，亡國之音也。」不論觀點正確與否，讀者至少可以由此悟出些許古人的人文地理見識。古時男女多選擇桑林或河畔為約會的地點，不也足以令關在都市「牢籠」裏的現代人羨慕嗎？

自古君王始即位不稱「一年」而稱「元年」，這是為什麼呢？董仲舒引經據典，從《春秋》講到《周易》，道出的關鍵一句話，即「正本清源」才是「元」的本意。按今天的説法就是，籠統地講「一」與「元」的確是同義詞，但「一」畢竟是數字，「元」則上升為哲學，有着萬物之始、世界本源的意思。後者的寓意更深厚。的確，現實生活中有說「慶祝元旦」的，未聽說有「慶祝一旦」的，箇中道理兩千年前的董大學者早有高論。

武帝時期的郎中主父偃，經常靠揣摩武帝心意上奏告發他人，大臣們都懼怕他的伶牙俐齒，行賄他的財物累計達千金。有人規勸他說：「你太驕橫了！」主父偃竟說：由於「日暮途窮」，即時間不多了，所以要「倒行逆施」，即不擇手段地貪污、陷害，以中飽私囊。中國官僚史上，貪官污吏層出不窮，如此直白地袒露為非作歹心境者恐怕並不多吧！

東方朔以詼諧滑稽著稱，而且名垂史冊。班固是有過在朝廷伴君如伴虎經歷的人，從所謂「朔雖詼笑，然時觀察顏色」的評論，可知他深深地理解東方朔對皇帝「直言切諫」時的小心謹慎；而他所謂「自公卿在位，朔皆敖弄，無所為屈」的概括，不正告訴我們所謂「敖弄」，不過是東方朔在官場鬥爭中所採取的一種自我保護方式而已！

霍光在武帝時期「出入禁闥二十餘年」，在昭、宣帝時期「秉政前後二十年」。如果說前二十餘年可以用「小心謹慎，未嘗有過」一筆帶過的話，他在後一個二十年中對漢帝國的貢獻是絕對不可低估的。霍光所接受的託孤，哪裏只是平常一段賢臣輔幼主的故事可以概括的：漢帝國新拓廣的巨大疆土如何維持，連武帝自己也後悔不該的勞民傷財局面如何收拾，還有如何控制皇族荒淫腐敗的日益蔓延等等。無論如何，史稱的「昭宣中興」或「西漢中興」，如果沒有了霍光是不可想像的！

〈趙廣漢傳〉中評價趙廣漢「為人強力，天性精於吏職」一句耐人尋味。班固並未像後世那樣簡單地將趙廣漢譽為廉潔奉公的模範、京官難當的典型，而是將趙廣漢嫻熟的官場手腕歸因於其超乎尋常的「天性」，而這一「天性」又是以他強悍的「為人」作前提的。如此為讀者揭示了非有非常之人難治非常之地的古代官場現形記。

自漢武帝開闢明經取士之途，公卿中儒者的比例大幅度上升。元帝開始的西漢各代皇帝更是崇儒有加。漢成帝以後的十八位丞相中竟有儒者十四人。班固在〈匡張孔馬傳〉的「贊」中稱他們「以儒宗居宰相位，服儒衣冠，傳先王語，其醞藉可也，然皆持祿保位，被阿諛之譏」。「居宰相位」是儒者通經入仕的光輝頂點；「持祿保位」則是儒者由官僚致富以後的新貴族立場。

游俠階層在漢代很活躍，所以《史》《漢》均為之立傳。這些人是民間的特殊社會階層，按照原涉的話說是「知其非禮，然不能自還」。換言之，他們知道自己是「黑社會」，卻又人在江湖身不由己。他們為何能受到民眾的擁戴呢？「專以振施貧窮赴人之急為務」的精神絕對是一個重要原因。要看到在那些國家的法律、制度不能發揮作用的角落和時刻，身邊的那位利他主義者才是最可信賴的。日後中國的宗教不就是這樣逐漸形成的嗎！

漢哀帝因男色董賢的美貌而寵愛之，由此班固指出：「柔曼之傾意，非獨女德，蓋亦有男色焉。」愛美，甚至惟美，乃人之常情。然而「人」又是融道德、知識、愛三位一體的生物。如果不以道德、知識掌控愛慾的話，就「個人」而言充其量不過傷害一人、一家而已，若是作為一個國家、一個民族的當權者亦即「法人」的話，「親愛諂媚小人」的結果，必將是「不任賢近仁」，以致禍國殃民。不僅如此，班固還明確指出所謂傾國傾城的禍水，與性別沒有必然聯繫！

《後漢書》導讀

「前四史」中成書最晚而頗多創新的《後漢書》

歷史學博士、日本山口大學東洋史研究室教授
馬彪

如果拿一本《後漢書》去問中小學生：你讀過這本書嗎？回答大概多是「沒有」！但如果問：你知道東漢有位不屈服權貴的「強項令」董宣，還有位「暮夜卻金」的廉潔大臣楊震嗎？十有八九的回答是：那誰不知道呀！教科書裏讀到過。其實，他們「讀到過」的課文本即出自於這裏要介紹的范曄所著《後漢書》。

《後漢書》雖為私家修史卻被列入正史，與《史記》《漢書》《三國志》合稱「前四史」。說起來雖然所謂「前四史」都算是私修國史，班固因此還遭訴訟坐過牢獄，但畢竟司馬遷是太史令，班固是蘭臺令史，陳壽是著作郎，他們修國史都是有朝廷資格證的。然而范曄就不同了，據《宋書．范曄傳》載：「左遷宣城太守，不得志，乃刪眾家《後漢書》為一家之作。」用今天的話說，范曄只是一介業餘作家而已。不過話又說回來，「業餘」有時也未必不是件好事！《後漢書》最終能超越「規範」，具有使人耳目一新之獨創性的原因雖然可能很多，但其中作者非官方修史者的身份肯定是不容忽略的。

無論如何，**《後漢書》是一部記載東漢歷史的紀傳體史書，全書共分一百二十卷，包括紀十卷、列傳八十卷和志三十卷，記載了從王莽末年至漢獻帝之間約二百年的歷史。其價值正如章太炎所言：「《史》《漢》之後，首推《後漢書》。」**陳寅恪也說：「蔚宗（范曄字）之為《後漢書》，體大思精，信稱良史。」

一、《後漢書》的作者究竟是誰

經常有學生提出「《後漢書》的作者究竟是誰」的問題，我回答：是范曄、司馬彪。**《後漢書》的紀、列傳是南朝劉宋范曄（三九八—四四五）所撰，八志是晉朝司馬彪（？—三〇六）所撰。兩位作者相距近百年，所以他們雖是作者但不是同時代的合作者。**

實際情況是先有司馬彪所撰《續漢書》八十篇，這是一部「通綜上下，旁貫庶事」（《晉書．司馬彪傳》），紀、志、傳俱全的東漢史。在此一百多年之後才有了范曄的《後漢書》，由於此書尚未完成時作者去世，所以書中只完成了紀、傳而缺少志。又過了五六十年，梁朝劉昭見范書缺志，就抽取晉人司馬彪《續漢書》的志，「分為三十卷，以合范史」（劉昭〈後漢書注補志序〉）。此說雖見於范曄《後漢書》南宋紹興刻本，但不見於《梁書》本傳。無論如何，劉昭的「以合范史」之舉充其量是個人行為，「范書原本則仍止紀十卷、傳八十卷，未嘗闌入《續志》也」（王先謙《後漢書集解．述略》）。又過了近一千年，在北宋乾興年間才由當時的「國子監孫奭建議校勘，以（劉）昭所注司馬彪《續漢書》志與《范書》合為一篇」。（永瑢等《四庫全書總目》引陳振孫《書錄題解》）即司馬彪《續漢書》的八志三十卷與范曄《後漢書》

的紀、傳九十卷合刊，成為今天我們所見到的一百二十卷《後漢書》。

必須指出，常見的那種所謂司馬彪「續作八志」的說法，以及自劉昭開始范書已與司馬彪志合成一書的觀點都是誤解。

由此引發了另一個問題，即《史記》《漢書》同樣也是多位作者撰寫，為何只提司馬遷、班固呢？回答是，因為那是家學著作，撰述人是合作者關係，他們在共同認可的宗旨、編纂原則框架之下從事的是集體創作，所以確實存在一個「主創人」。但是，《後漢書》的兩位作者並非如此。所以準確地說，此書的第一作者是范曄，第二作者是司馬彪。

范曄出身於南朝劉宋時期的官宦士族，一族從高祖、曾祖、祖父至父親，累世為州刺史、郡太守二千石高官。范氏還是當時的文學名族，祖父范寧曾撰著《古文尚書舜典》《尚書注》《禮雜問》《文集》及《穀梁集解》（後來成為《十三經注疏．穀梁傳注疏》的底本）等，父親范泰曾任東晉朝的國子博士，也有《古今善言》及《文集》等多種著述。受到家庭影響，范曄自幼聰穎好學，年輕時便以博涉經史、善寫文章聞名。范曄年輕時也曾致力於仕途，二十七歲時官場失足被左遷為宣城太守時才業餘修史，目的正如他在〈獄中與諸甥姪書〉中所言：「欲因事就卷內發論，以正一代得失」而著《後漢書》（《宋書》本傳）。元嘉二十二年（四四五）范曄因牽涉謀立彭城王劉義康案被殺，當時《後漢書》志稿尚未完成。

司馬彪出身於西晉諸侯王族，是晉高陽王司馬睦的長子，司馬懿六弟司馬進的孫子。他因「薄行」不得為嗣，因此折節改志，閉門讀書。晉武帝時任祕書郎、祕書丞、散騎侍郎等職。司馬彪鑒於漢室中興，忠臣義士昭著，而時無良史，記述繁雜，遂「討論眾書，綴其所聞，起於世祖，終於孝獻，編年二百，錄世十二，通綜上下，旁貫庶事，為紀、志、傳凡八十篇，號曰《續漢書》」（房玄齡《晉書・司馬彪傳》）。另有《九州春秋》《莊子注》《兵記》《文集》多種，均佚。

范曄《後漢書》出，司馬彪的《續漢書》因其魅力不及范書而逐漸被淘汰，惟有八篇「志」因被補入范書而保留了下來。在此，有一個值得思考的問題，即為何距東漢未遠的晉人司馬彪的作品，反而不敵寫成於此後近百年的范書呢？其中固然有作者個人素養因素，然而這百年之中史書飛躍發展的歷史背景，又是絕對不可忽視的！

二、史書大發展時期成書之《後漢書》

與《續漢書》相比，《後漢書》為何後來居上？答案在於范曄《後漢書》探索了新的史料編纂手法，從而創立了新史學。這裏所說的手法，被他本人描述為：「雖事不必多，且使見文得盡。」（《宋書》本傳）意思是說：史料不必引用很多，如能使人見到文章完全有所了解的話，就達到目的了。其中所謂的「事」與「文」，也就是上面所引「因事就卷內發論」的「事」與「論」，即史料與史論。

史料「不必多」，即對史料要刪繁就簡。他的這種做法受到唐人劉知幾《史通》的讚賞：「范曄之刪《後書》也，簡而且周，疏而不漏，蓋云備矣。」（《史通・補注》）史料「不必多」還能使人「見文得盡」，可見此「文」必非同凡響，即見史識功底之「論」。其實此所謂「文」「論」，即范曄本人最為得意的論贊和諸序。他對前人撰史的「著述及評論」很不滿意，說「詳觀古今著述及評論，殆少可意者」。相反，對自己的評價是：「吾雜傳論，皆有精意深旨」，「贊自是吾文之傑思，殆無一字空設」（〈獄中與諸甥姪書〉，《宋書》本傳）。可見，范曄對自己的史論很有自信。他為何如此自信，他自信什麼呢？我看他自信引領了一代史學的大變革，《後漢書》能夠藝壓羣芳、後來居上，也證明了他的自信並不過分。

范曄能夠成為優秀史學家，除了本人天賦之外，與他所處時代史學的大發展是分不開的。事實上，正是從漢末至隋的約四百年間，史學逐漸成為獨立的研究領域；《隋書・經籍志》首次將所有書籍分類為經、史、子、集，亦即將史學從經學中分離出來的做法，就是很好的證明。而范曄又恰好生活在這四百年的中間點，范書的形成及價值是無論如何都無法與那個時代脱節的。史學在此有着飛躍發展的一個重要特徵，在於史書編纂方法發生了空前的大變化。即從以往的對史料述而不論，轉變為了述以致論，這是一種創新的史學現象，而范曄則堪稱此新史學的首創者。

在「前四史」中《後漢書》與其他三史最大的不同，就在於選材用料精良，議論評點深刻。前者出自於他獨樹一幟的修史主張，後者得益於他不受朝廷控制的寫作身份。

眾所周知，《史記》曾遭後代學究抱怨語句有不通順之處，清儒方苞在〈史記評語〉中就批評〈刺客列傳〉的史料有重複之處。的確，《史記》中是有採用、剪裁史料不慎的痕跡，這是因為司馬遷引用史料時更重視取其內容，而基本不對文字作加工潤色。比如他引用《尚書》時大體是照錄原文，又如他不加刪節地照載秦刻石文等皆屬此類。司馬遷不僅對史料不刻意加工，而且從不直接發議論，想要表達的意思或以微言大義手法，或寓義於體例編纂之中。這是孔子的精神，也是司馬遷修史的原則。

司馬遷照引史料而不予修飾的方法，後來為班固忠實地繼承，所以《漢書》也是僅收史料而很少發議論。趙翼《廿二史劄記》也説《漢書》多載詔令、奏議等有用之文。到了晉人陳壽撰寫《三國志》，也基本上對原始史料不加改動地使用。有一個典型的例子，即《三國志》在採用魚豢《魏略》的史料時照用「今云」用語的情況。「今」

本是魚豢《魏略》時期的「今」，而非陳壽作《三國志》時期的「今」，卻殘留了下來。

使上述司馬遷以來史料編纂法發生變化的是范曄，對此內藤湖南曾指出：「《漢書》《三國志》以前的紀錄中經過編輯的並不多，更多的還是那些基本史料。然而，范曄的《後漢書》是各種《後漢書》中成書最晚的，在此之前曾經有過七八種《後漢書》存在，而且都是經過編纂的著作，今日作為那些書斷篇的匯集還出版了《七家後漢書》。范曄的《後漢書》就是將這些書消化之後編纂而成的。就是在范曄將以往編纂物作為材料使用時，出現了改寫文章的必要。不僅如此，范曄還是頗有名氣的文學家，畢竟有着經過自己頭腦思考而著述歷史的抱負，他應該還有不滿意前人著作所以要改寫的原因吧。總之，將《三國志》《後漢書》所載同樣事例加以對比的話，就會發現《後漢書》有很多地方改動了原文。儘管如此，《後漢書》在史書體裁的根本上，還是堅持了《史記》以來的宗旨。」（《中國史學史》）

總之，**對史料進行加工、闡述的新史學風氣，自范曄創始之後作為一種編纂方法流傳下來，它與忠實原始史料的編纂法並行不悖地促成了中國史學的綿延不絕。《後漢書》是中國史學大發展時期的產物，也為中國史學真正成為有明確治史主張的歷史科學做出了傑出貢獻。**

三、《後漢書》對紀傳體例的繼承與創新

毫無疑問，范曄對史學編纂法的創新，並不影響《後漢書》對司馬遷以來紀傳體例的繼承。這一點只要看一看《後漢書》之篇章結構和作者治史主張，其中不論繼承還是創新都很清楚。

首先，看一下《後漢書》的「紀」。自從《史記》紀傳體編纂體例問世，歷代正史以「紀」「傳」為基幹敘述歷史沿革脈絡的做法，就成了一種傳統，范曄對此予以了繼承。

《後漢書》所設十卷紀是東漢二百年的編年大事記，為全書的綱要。其中前九卷記載了東漢十三位皇帝，但是范曄沒有採取《漢書》那樣一帝一紀的寫法，而是仿照《史記．秦始皇本紀》附二世胡亥和秦王子嬰的先例，在〈和帝紀〉後附殤帝，〈順帝紀〉後附沖、質二帝。其效果是既節省篇幅，又不遺漏史實，更重要的是由此點明了被附錄者的附屬地位。最後一卷是〈皇后紀〉。這種把皇后入本紀的體例是范曄的新創。《史記》《漢書》雖然有〈呂后紀〉，但那是出於承認呂后實際的皇帝權力；其他的皇后是放在〈外戚世家〉〈外戚傳〉中的。不僅如此，全部「二十五史」中也只有《後漢書》設置了〈皇后紀〉，為什麼呢？其實，這是由范曄治史主張所決定的。他

在《後漢書．皇后紀》中說：「自古雖主幼時艱，王家多釁，必委成冢宰，簡求忠賢，未有專任婦人，斷割重器。……東京（指東漢）皇統屢絕，權歸女主，外立者四帝，臨朝者六后，莫不定策帷帟，委事父兄，貪孩童以久其政，抑明賢以專其威。……故考列行跡，以為〈皇后本紀〉。」也就是說此〈皇后本紀〉的設立，目的在於反映東漢六太后長期臨朝執政的史實。

再說**「列傳」部分，其分量在總共的一百二十卷中佔了八十卷，這無疑是全書的主要內容。**范曄效仿《史記》中列傳「以類相從」的原則，將生平相似的人附錄於某一個重要人物的傳之中，使得敘事簡潔而周密。不過，范曄對列傳的創新還是非常明顯的，他根據自己對東漢史的理解，在保留《史記》《漢書》中都有的〈循吏列傳〉〈酷吏列傳〉〈儒林列傳〉之外，刪去了〈貨殖列傳〉〈游俠列傳〉〈佞幸列傳〉，新增了前所未有的〈黨錮列傳〉〈宦者列傳〉〈文苑列傳〉〈獨行列傳〉〈方術列傳〉〈逸民列傳〉〈列女傳〉七種，可見改動之大。而且他所新增的各傳，基本上被後人予以承繼，無疑有其開先聲之功。

這些新增列傳都是反映東漢歷史實際情況的創新。從中不難看出作者是如何根據東漢二百年歷史具體內容而獨闢蹊徑的。

黨錮事件直至東漢末年延續了二十餘年，甚至成為漢朝滅亡的一個重要因素。東漢後期君權衰弱，朝政為外戚、宦官等當時被稱為「濁流」的腐敗勢力把持，造成了中國歷史上有數的昏暗政治局面。為此，士大夫官僚與在野文士兩相呼應，代表「清流」奮起抗爭。由此他們的學派朋黨逐漸成為了政治黨派，所謂「黨人」成為政權的敵人，他們或遭殺害，或被終身禁錮不得為官，最終演變為親屬、門生、故吏連坐受害的慘烈局面。范曄為了重現這段歷史，盡最大努力收集了被迫害的三十五個黨人，將他們鋪寫成傳，即〈黨錮列傳〉。

〈宦者列傳〉序文中，范曄在回顧先秦、秦漢歷代宦官事跡的基礎之上，重點對宦官勢力為何在東漢達到極盛的原因，提出了自己的見解。他認為女主臨朝執政以及相應的外戚專權局面出現是主要原因，前者直接造成宦官插手政務；後者在與皇權的較量中，也刺激了作為皇帝爪牙宦官勢力的成長。在外戚、宦官兩大集團較量的同時，范曄指出，敢於挺身斥責宦官的只有被他稱為「忠良」的士大夫們，但他也看到由於士大夫只會動嘴不會動手，所以不免「言出禍從，旋見孥戮」；最終當軍閥介入鬥爭之後，鼠器俱毀，迎來漢帝國的「運之極」，歷史又回到「漢興」之前的天下混亂狀況！

《後漢書》不再像《史記》《漢書》那樣設立〈游俠傳〉，而是創立了〈獨行列傳〉。這是古代中國游俠向獨行演變的寫照。范曄首創的〈獨行列傳〉中記錄了二十多個不同流俗的獨行者的形象，其中對東漢圍繞名節出現的各式各樣獨特行為的記載，都是極其珍貴的史料。比如其中的〈范式列傳〉，以范式千里赴約、死友託夢、護送棺柩等情節，勾勒出一位以堅守信用、重視情義、特別獨立、卓行善事而受愛戴的獨行者的形象。

自西漢劉向撰述〈列女傳〉以後，范曄第一次將此體例引入紀傳體史書，而且使之成為後世撰寫正史的一種體裁。《後漢書．列女傳》為十七名典型的女性列傳，反映了東漢以及此後一個時期社會的女性觀，是一部難得的東漢女性史。

為列女立傳雖然最早始於西漢的劉向，但是將〈列女傳〉列入正史，則是從范曄開始的。再聯繫上述〈皇后紀〉的創設，讀者不僅可以看到東漢女性的某些實況，也能感受到南朝人范曄的女性觀。特別是范曄不僅收入貞節烈女，同時收入文學才女的做法，更是難能可貴。他根據自己所定「搜次才行尤高秀者，不必專在一操而已」的標準，不但收入了才德兼備的班昭，也收入三度改嫁的蔡琰。這是後代那些拒絕將著名女詞人李清照收入《宋史．列女傳》的儒生所不能理解的，也是范書「列女」與後代「烈女」的區別所在。

最後，說一說《後漢書》「志」的情況。當然嚴格地講應稱為《續漢書》的「志」，即上文已經談到的司馬彪的「續志」。必須指出的是，范史缺志並不是作者沒有這方面的打算，他在〈獄中與諸甥姪書〉中曾提到自己「欲偏作諸志，前書所有者悉令備」的寫作計劃。他原定寫十紀、十志、八十列傳，合為百卷，與《漢書》相應，但在動筆寫作志時他就被殺害了，致使范史出現闕漏。當然，除了遭遇不幸的意外原因，范曄未來得及完成志的一個理由恐怕還在於，撰寫志的難度較大。其實，史書的編纂之中，志從來都被認為是最難的，就連班固的志也曾遭人非難，可見不是什麼人都能寫好志的。從這一點來看，像范曄這樣才華出眾的才子，未能為我們留下他所欲「偏作」的「諸志」，真是中國文化史上的一大缺憾！好在司馬彪的《續漢書》的八志三十卷，至少在內容和形式上都有着拾遺補闕的功效。

司馬彪的八志分別是〈律曆志〉〈禮儀志〉〈祭祀志〉〈天文志〉〈五行志〉〈郡國志〉〈百官志〉〈輿服志〉。其中〈郡國志〉〈百官志〉記載了東漢的地理、官制情況，可以上接《漢書》的〈地理志〉和〈百官公卿表〉，是了解和研究地理歷史、官制沿革的重要史料。〈輿服志〉是新創志目，記載車仗、服飾等典章制度。

在此，還有必要交待一下筆者向讀者推薦的選篇標準。其實，這與選篇人的主導意識是分不開的，特別是對於一部名著，讀者、學者、編者都會從各自不同的立場和視角予以審視。那麼，筆者是如何給《後漢書》定位的呢？我稱之為「『前四史』中成書最晚而頗多創新的《後漢書》」。其中的關鍵詞為：「前四史」「後漢」「多創新」

「成書最晚」。圍繞這四個關鍵詞，筆者建議讀者：（一）遵循正史紀傳體的結構體例。對「紀」「傳」「志」三種體例全部讀到。（二）選擇最能反映東漢帝國之創建（開國帝王將相），中衰（皇后、外戚、宦官、士大夫），崩潰（軍閥）等階段性的篇章重點讀。（三）重視范史新增的項目（如上文所列）。（四）重視那些體現漢代以後六朝文風的片斷（如〈黨錮列傳序〉）。

四、如何閱讀與欣賞《後漢書》

如何閱讀與欣賞《後漢書》呢？這也是學生經常提到的問題。雖然回答可以是見仁見智的，但就我個人觀點而言，至少有以下三個看點，是讀者絕對不能漏掉的。

第一，特別關注那些新設置的紀、傳、志。正像上文所介紹的那樣，《後漢書》所有新增項目都是作者別具匠心的安排，而且其中多數為開後世先河之作。如果能抓住這些創新點，有意識地與《史記》《漢書》中已有的傳統項目進行對比的話，更容易發現東漢帝國的特色，從中得到讀史的樂趣。同時還建議讀者不妨按照作者的思維，根據不同項目間內在的相關性進行適當的排列組合。例如把〈黨錮列傳〉與〈宦者列傳〉作一組；〈皇后紀〉〈列女傳〉為一組；〈獨行列傳〉〈逸民列傳〉為一組；

〈循吏列傳〉〈酷吏列傳〉為一組；〈儒林列傳〉〈文苑列傳〉為一組；或者〈方術列傳〉與〈五行志〉為一組；對那些個別人物傳也不妨按文臣、武將、外戚、皇室，甚至某一時代為一組。總之，按照自己的口味，憑興趣閱讀的話，你一定能體會到讀史書其實就像欣賞一幕一幕歷史的話劇。

第二，閱讀書中的「論」和「贊」。無怪范曄對自己的「論」「贊」很自得，那些內容確實都寫得很精彩，給人以搔到癢處的享受。例如〈黨錮列傳〉中既稱頌匹夫「品覈公卿，裁量執政」，又批評黨人「望門投止」，連累他人。〈宦者列傳〉中既斥責侯覽等人「凶家害國」，也讚揚蔡倫等「一心王室」。〈隗囂傳〉中雖寫出了隗囂搞小王國終究失敗的結局，但評論說「知其道有足懷者，所以棲有四方之傑，士至投死絕亢而不悔者矣」。類似的評論在《後漢書》中隨處可見，以至趙翼《廿二史劄記》稱其「立論持平，褒貶允當」。

第三，欣賞那些描述人物、事件的文筆。范曄以「善為文章」著稱，《後漢書》的文筆在中國史書中屬上乘。以范曄塑造人物形象為例，〈馮異列傳〉中寥寥數語為讀者勾勒出一位獨屏樹下深思的「大樹將軍」形象；〈董卓列傳〉中寫董卓死後，守屍吏燃火置董卓臍中，竟然「光明達曙」。在不違背基本史實的前提下，對史料作適當的加工潤色，這是范史的創新和特色。作者的文才活化了歷史人物，像華佗的神奇醫術（〈華佗列傳〉）、嚴光的狂放不羈（〈嚴光列傳〉）等等不勝枚舉。

又由於范曄生活在駢體文流行的年代，所以行文中不乏辭采精美的駢文佳作。

當然，閱讀任何一部作品都應該對其弱點、缺陷有清醒的了解。《後漢書》最大的不足之處，是它有缺項。

第一，《後漢書》缺少《史記》《漢書》都有的「表」。《四庫全書總目》就說「昔司馬遷作《史記》，始立十〈表〉。《梁書．王僧虔傳》稱其『旁行斜上，體仿《周譜》，蓋三代之遺法也。』班固八〈表〉，實沿其例。范蔚宗作《後漢書》獨闕斯制，遂使東京典故散綴於記傳之內，不能絲聯繩貫，開帙釐然。」為了彌補這一缺陷，從宋代至清代，學者中甚至興起了一種為《後漢書》補表的風氣，出現了宋熊方〈補後漢書年表〉、明末清初萬斯同〈歷代史表〉，清儒的補表有錢大昭〈後漢書補表〉、黃大華〈東漢中興功臣侯世系表〉〈東漢皇子王世系表〉、華湛恩〈後漢三公年表〉、練恕〈後漢六卿年表〉等，從《後漢書》進而擴展至《三國志》，中華書局匯集這些補表出版有《後漢書三國志補表三十種》。

第二，是「志」的闕如。司馬彪的志雖有補缺之功，但遺憾的是缺少與社會經濟、政治、思想文化關係都相當大的〈刑法志〉〈食貨志〉〈溝洫志〉〈藝文志〉四志，這顯然與范曄「前書所有者悉令備」的願望有很大差距。為此，清代學者除了補表之外，還有些人致力於補志。例如錢大昭〈補續漢書藝文志〉、侯康〈補後漢書藝文志〉、姚振宗〈後漢藝文志〉、顧櫰三〈補後漢書藝文志〉、曾樸〈補後漢書藝文志並考〉等。

第三，雖然加工、潤色史料是范史的創新，甚至可謂史學編纂法上的突破，但是畢竟要清醒地看到其中也有史料失實的危險。所以研究者在利用這些史料時要慎重，有必要合參同時期的其他材料。因為范曄在撰寫《後漢書》時，應該參考了他以前的東漢劉珍等《東觀漢記》、三國謝承《後漢書》、晉司馬彪《續漢書》、華嶠《後漢書》、謝沈《後漢書》、袁山松《後漢書》，還有薛瑩《後漢記》、張瑩《後漢南記》、張璠《後漢記》、袁宏《後漢記》等書，所以了解這些後漢書的輯佚本也很有必要。周天游《八家後漢書輯注》是目前較好的輯注本。

五、《後漢書》的注解、版本及其參考書

首先，關於《後漢書》的注解。早在南朝梁人劉昭（約五一〇年前後在世）就已經為《後漢書》作注了。由於劉昭上距范曄去世不過五六十年，范曄所能見到的各家後漢書尚未散佚，所以他有條件對范書進行史實的補充。可惜他的注解後來也散佚

了，現在能見到只有他為司馬彪《續志》所作的「八志注」了。

到了唐代，唐高宗之子李賢與張大安、劉納言等人，在高宗上元（六七四—六七六）、儀鳳（六七六—六七九）年間為《後漢書》作注，今天通行的《後漢書》紀傳部分就採用了李注。李賢等人的注側重詮釋字句。王先謙說他注《後漢書》不比顏師古注《漢書》差，可惜所注非一手所成，不免有漏略之處。實際上李賢被立為皇太子以後，才跟張大安等人一起注《後漢書》，至他被廢為庶人，注釋工作結束，前後不過六年，沒有充裕的時間詳細校訂，略漏再所難免。不過，畢竟由於他們還能見到關於後漢的其他史書，所以校正了范書許多錯誤，還標注了《後漢書》各種史料的來源，是今天研究東漢歷史的重要依據。到了清代，先有惠棟的《後漢書補注》，在此基礎之上王先謙又廣羅眾人成果，撰《後漢書集解》，成為研究《後漢書》的重要參考材料。

其次，談談《後漢書》的版本。宋版有北宋乾興（一〇二二）刻本、南宋紹興年間江南東路轉運司刻本、南宋錢塘王叔邊刻本。南宋紹興刻本是現存最早而且較完整的版本。二十世紀三十年代商務印書館影印「百衲本二十四史」時，就是以紹興刻本為底本。元版有麻沙刻板的小字本、大德九年（一三〇五）寧國路儒學刻本。明版有南北國子監刻本、閩本（福建周采等刊刻）、汲古閣本（毛晉刊刻）等。清代詔修

《四庫全書》武英殿本《後漢書》是按照明國子監本翻刻的。然而，值得注意的是明代監本在合刻時刪去了司馬彪的名字，而且將劉昭的注補改寫為補並注，清武英殿本又照明監本翻刻。這就很容易使人誤認為八篇續漢志是南朝梁人劉昭補充並注釋的。一九六五年中華書局點校本以百衲本《後漢書》為底本，對校以汲古閣本和武英殿本，同時參考了前人的校勘考訂成果，糾正了許多錯誤，在排列順序上把范書的紀傳部分及李賢的注放在前，司馬彪的續志及劉昭的注放在後，而且分別寫明作者姓名，是目前最好的版本。

再次，其他參考書。《後漢書》的校補考訂之作，較重要的有清儒錢大昕《廿二史考異》中《後漢書》部分、錢大昭《後漢書辨疑》、周壽昌《後漢書補正》、李慈銘《後漢書札記》等。

《三國志》導讀

千古風流話三國

北京師範大學文學博士暨新亞研究所歷史學博士、
澳門大學教育學院副教授（文史教學）
張偉保

一、三國鼎峙

東漢末年政治黑暗，戚宦相爭、吏治腐敗、民不聊生，因而不斷發生大規模民變。其中，以一八四年張角與其弟張梁、張寶三人率領太平道信徒起義最為聲勢浩大，直接動搖了東漢政權的基礎。起義軍戴黃色頭巾作標誌，因而被稱為「黃巾軍」。雖然黃巾起義很快被鎮壓，但餘黨仍散佈各地。一八八年，漢靈帝採納劉焉的建議，制定了州牧制度，加強對地方的控管。一八九年，漢靈帝死，漢少帝劉辯即位，何太后臨朝稱制，外戚何進專政。袁紹向何進建議誅殺宦官，因何進猶豫不決，被宦官先發制人，殺了何進。袁紹繼而與袁術合力誅殺宦官。其後，董卓率兵入洛陽，控制了朝廷，袁紹及曹操紛紛逃離京師，最後董卓廢黜漢少帝劉辯，改立年僅九歲的劉協為帝，史稱漢獻帝。董卓掌握大權後，暴露他的兇殘本性，殺少帝、掘陵墓、搶珍寶，荒淫無道，專斷朝政。關東諸郡起兵討卓，董卓乃火燒洛陽，並挾持天子遷都長安，自為太師。由於董卓惡行昭彰，在一九二年，司徒王允與呂布合謀把他刺殺了。董卓雖死，但下屬李傕、郭汜等人挾持漢獻帝，專政四年。一九七年郭汜被部將伍習所殺，一九八年李傕又為曹操所誅殺。二〇〇年，曹操以少勝多，在官渡擊潰了袁紹軍團，袁氏勢力隨後被殲滅。之後，曹操更統一了北方。

在曹操擴展勢力、「北方多務」的同時，孫堅、孫策亦有相當的發展，終於成為江東的主宰者。孫權繼承父兄的基業，任用張昭、周瑜、魯肅等賢能之士，在江東擁有牢固的地盤。而漢景帝之子中山靖王的後裔劉備，經過不少歷練和挫折後，最終投靠了控制荊州的劉表，在新野招攬人才。由於得到關羽、張飛、諸葛亮的協助，逐漸擁有一些勢力。二〇八年，曹操親率大軍南下荊州，劉表病逝，次子劉琮繼任，並隨即向曹操投降。曹操不聽從謀士賈詡的勸説，冒進江東，企圖一統天下。劉備見形勢危急，派諸葛亮出使江東，尋求與孫權結盟，合力抵抗曹軍。孫權亦受到魯肅的鼓動，同意聯劉抗曹，最後決戰於赤壁。北方士兵多不諳水性，曹軍將船隻連接在一起以穩定船身。因此，周瑜決定採用火攻，不但火燒連環船，更焚及大量岸上的營寨，終於大敗曹軍。曹操被迫退回北方。劉備亦趁機佔據荊州西部地區，後來更獲得千載之機進佔益州，建立自己的根據地。孫權則繼續穩固江東，又積極開拓東南地區，勢力日益強大，終於形成天下三分的局面。

二二〇年，曹丕篡漢自立，定都洛陽，國號「魏」；次年，劉備在成都稱帝，國號「漢」。二二二年，劉備為了替關羽報仇，攻打東吳，反於夷陵之戰被吳軍陸遜擊敗，崩於白帝。諸葛亮與李嚴受命託孤，共同輔佐後主劉禪。二二九年，孫權在建業稱帝，國號「吳」，名實相符的三國鼎立正式開始。

其後四五十年間，三國之間不時發生戰爭，但都以發展經濟，恢復生產為主，出現一段較穩定的對峙局面。由於魏國佔據的北方是傳統農業區，當戰爭大致平息後，經濟恢復到一個階段，整體經濟實力便會遠遠優於東吳和蜀漢。因此，到了二六三年，掌控了魏國大政的司馬昭便派出鍾會、鄧艾攻打蜀國，迫使劉禪出降，蜀國滅亡。二六五年，司馬昭之子司馬炎篡魏自立，國號「晉」，魏國正式退出歷史舞臺。二八〇年，司馬炎派賈充、杜預、王濬等攻打吳國，孫皓出降，吳國滅亡，三國時代正式結束，天下回復短暫的統一。

二、三大戰役

中國歷史上，有數次以少勝多的著名戰役，其中兩次即發生於這個時期：官渡之戰和赤壁之戰，對三國鼎立有決定性影響。另一場奠定三國鼎立基礎的戰役是夷陵之戰，它決定了荊州永久歸屬於東吳。史家稱以上三場與三國鼎立有關的大戰為「三大戰役」。

（二）官渡之戰

官渡之戰是形成三國鼎立的第一場大戰役，亦是中國歷史上著名的以少勝多的戰役之一。東漢末年，黃巾軍雖被鎮壓了，但東漢政權已經岌岌可危，地方勢力迅速崛起，形成羣雄割據的局面，主要有河北的袁紹、兗州的曹操、豫州的陶謙、徐州的呂布、揚州的袁術、江東的孫策、荊州的劉表、幽州的公孫瓚、南陽的張繡等。在征戰連連中，袁紹與曹操兩大勢力日益壯大。

開始時，袁紹勢力比曹操強盛。袁紹兵力眾多，曹操則四面受敵。但後來局勢向着有利曹操的方向變化。曹操消滅呂布，袁術病死，張繡投降，劉表持觀望態度，孫策保守江東。再者，由於袁紹遲疑不決，失去與劉備夾擊曹操的良機，因此形勢變得對曹操有利。

二〇〇年二月，官渡之戰爆發，戰爭歷時九個月，約可分為三個階段。第一個階段：二月至六月，曹操採取「以退為進」的戰略，屢戰屢勝，士氣高漲；第二個階段：七月至九月，雙方於官渡相持，曹軍糧草將盡，但聽取荀彧的建議後，堅守待變；第三個階段：十月，曹操突襲袁軍烏巢糧倉，糧草全被焚毀，袁軍大潰。官渡之戰為曹操統一北方奠定了基礎。

（二）赤壁之戰

赤壁之戰是繼官渡之戰後，又一場以少勝多的戰役，更是奠定三國鼎立的大戰役。曹操統一北方後，於二〇八年大舉南下，欲先攻打劉表，再擊敗孫權，繼而一統天下。九月，曹軍進攻新野，劉表之子劉琮出降。曹操輕取荊州，野心大增，即率軍東向，兵鋒直指江東。劉備派諸葛亮遊說孫權，結盟抵抗曹軍。孫權任周瑜為孫劉聯軍的主帥，統率聯軍約五萬人到赤壁，與曹軍對壘，而自己則統率大軍殿後。北方士兵不諳水性，曹操下令用鐵鏈將船隻固定，但這樣船隻便失去機動性。周瑜利用曹軍這一弱點，派黃蓋佯裝投降，終於火燒曹軍連環船，最後曹軍大敗。戰後，曹操被迫退回北方，孫權為了抗曹，繼續與劉備聯軍，聽從魯肅的建議，將江陵一帶借給劉備，以鞏固雙方關係。

赤壁之戰後，曹操退守北方，向西面擴張，控制關中，又廣泛實行屯田制，穩定社會經濟；劉備則據荊州，後佔成都，趁機建立自己的根據地，擴張勢力；孫權則穩固江東，積極開闢東南地區，勢力也不斷壯大。自此，拉開了三分天下的帷幕。

（三）夷陵之戰

夷陵之戰是吳蜀為爭奪荊州而展開的戰役。南方政權如果要北伐中原，荊州是前進的最佳據點。北方南下統一江南，如不攻破荊州，便無法攻佔長江下游地區，正因荊州位處東西南北的中心，因而成為兵家必爭的地方。

二一九年，孫權派陸遜偷襲荊州，關羽被殺。孫權為避免兩線作戰，假意向曹魏稱臣。二二一年，劉備為奪回荊州並為關羽報仇，一意孤行，不顧羣臣反對，毅然發動夷陵之戰。

起初漢軍打着為關羽報仇的旗號，士氣高漲，屢戰屢勝，陸遜洞悉漢軍必會乘勢追擊，因而下令吳軍退至夷陵，伺機而動。二二二年二月，漢軍亦東移至夷陵，陸遜則死守夷陵。兩軍人馬對壘半年，漢軍已無心作戰，陸遜大舉反擊，火攻漢軍營寨，並封鎖江面，劉備被打得措手不及，幾乎全軍覆沒。劉備戰敗後退回白帝城。二二三年四月，劉備崩於白帝城。夷陵之戰後，吳蜀雙方言歸於好，又聯手共同抗魏。

三、陳壽《三國志》及裴松之注

《三國志》作者陳壽（二三三—二九七），字承祚，巴西安漢人（今四川南充北）人。少受學於史學家譙周。據《晉書》本傳記載，他在蜀漢時曾任衞將軍主簿、東觀祕書郎、散騎黃門侍郎。因不依附當權宦官黃皓而屢遭貶黜。入晉後，司空張華愛其才，薦為佐著作郎，又遷著作郎，出補平陽侯相。陳壽為蜀人，曾編纂《益部耆舊傳》和《諸葛亮集》，對蜀漢歷史十分熟悉。晉朝太康年間，陳壽參考了王沈的《魏書》、魚豢的《魏略》及韋昭的《吳書》等史籍，全面整理三國史事，終於完成編寫《三國志》共六十五卷的工作。**陳壽《三國志》是體系龐大的紀傳體史書，它的脈絡分明、文筆簡練，「時人稱其善敍事，有良史之才」**。據《新唐書》卷六十二〈藝文二〉記錄，《三國志》分列為《魏國志》三十卷、《蜀國志》十五卷、《吳國志》二十卷，說明當時三部書曾經獨立編目。

由於陳壽《三國志》內容較為精簡，引致部分讀者的批評。到了南朝劉宋時，裴松之（三七二──四五一）奉命為《三國志》作注。裴松之字世期，河東聞喜（今山西聞喜）人。東晉時，歷任殿中將軍、司州主簿、零陵內史、國子博士等。宋文帝元嘉初，充巡行湘州大使，轉中書侍郎，司、冀二州大中正。他利用了超過兩百種歷史文獻為《三國志》作補注，開創了注史的新例，大大豐富了它的內容。後來，《三國志》及裴松之注與《史記》的裴駰、司馬貞、張守節三家注及《漢書》的顏師古注、《後漢書》的韋賢注，成為「前四史」的標準注本，流傳至今。

陳壽以晉臣身份編撰《三國志》，以曹魏為正統，尚屬合理，但在行文時，卻不得不照顧歷史的真實，即魏、蜀、吳三國是互相抗衡的政治獨立實體。如何兼顧二者，陳壽可以做的不太多。結果是《三國志》表面上以曹魏為正統，內裏卻是各自獨立的著作。所以，形式上以曹魏政權為「紀」，如〈武帝紀〉〈文帝紀〉等，而蜀漢政權稱「傳」，如劉備稱〈先主傳〉，孫權稱〈吳主傳〉。形式上明顯是尊魏貶蜀、吳的事跡。

事實上，陳壽在撰寫蜀漢和東吳的歷史時，均按照「紀」的方式來處理兩國君主的事跡。例如，在編寫孫權的「傳」時，就採用傳統「本紀」體的寫法。它不但以吳國年號紀年，更在傳主個人歷史外，全面記載了吳國的內政與外交，這其實便是「本紀」體。陳壽也用同樣的方式處理劉備和劉禪的事跡，這應該是一種折衷方法。

歷史記錄必須真確，否則難以受到重視。三國對峙達四五十年之久，基本上都是獨立的政權。如果完全抹殺蜀、吳兩國的獨立性，必將受史家的唾棄。因此，為了兼顧現實限制和歷史真實性的矛盾，陳壽將名實二者予以區分。在名義上、表面上以魏為正統，並在蜀、吳兩國君主稱帝或嗣位時標明魏國年號；實際上卻是蜀、吳兩國各自稱帝、建號、改元，對曹魏沒有任何隸屬關係。誠如《新唐書．藝文二》所記，當時《三國志》是三部獨立的書。由於三書各自獨立，陳壽僅以「某主傳」代替「某帝紀」，但編寫方式卻完全按照「本紀」的體例撰寫。所以，劉知幾《史通．列傳篇》曾評說：「陳壽《國志》載孫、劉二帝，其實『紀』也，而呼之曰『傳』。」這種說法，一直以來都受到大部分史家的承認。

四、《三國志》的現代價值

自從五四新文化運動以來，人們對傳統文化日漸疏離，甚至有「全盤西化」「廢棄漢字」的極端主張。對於經典著作，多採取敬而遠之的態度。唐君毅先生在一九七六年出版的《説中國民族之花果飄零》（臺北：三民書局），恰似一個時代的真實寫照，難免讓人黯然神傷。

到了一九七八年，中國內地實行全面的改革開放，為中華大地送來無限生機，香港亦由工業城市轉型為以服務業為主的知識型經濟城市。隨着香港、澳門的回歸，以及新世紀的降臨，中華民族重新發出萬丈光芒，昂首闊步走向世界。重尋昔日的光輝，再踏征途，對傳統文化焉能視而不見，對經典著作又豈可繼續「東之高閣」呢！

然而，由於我們的教育必須面向新時代，知識結構亦日新月異，一般讀者，即使對傳統經典著作深感興趣，在閱讀這些體大思精、寓意深遠的作品時，往往會碰到不少文字上的障礙，需要一些深入淺出、富於時代精神的導引。中華書局（香港）有限公司出版的「新視野中華經典文庫」，正肩負起這個使命。

這些經典著作代表了五千年中華文化的精萃。其中，《三國志》所記載的是由統一到分裂、再由分裂重新統一的時代。在短短的一個世紀中，出現了無數可歌可泣、精彩絕倫的故事。大批家喻戶曉的軍政領袖、將帥、謀臣，紛紛在這個歷史舞臺上參與演出，激盪着歷代騷人墨客、市井小民、販夫走卒的心靈。

以唐代詩人為例，王勃的〈銅雀妓〉、劉希夷的〈蜀城懷古〉、張說的〈鄴都引〉、張九齡的〈讀三國志〉、李白的〈赤壁歌送別〉、杜甫的〈蜀相〉〈八陣圖〉〈詠懷古跡〉、杜牧的〈赤壁〉、李商隱的〈籌筆驛〉〈武侯廟古柏〉等大量作品，說明這些大詩人都受到三國故事與人物的影響而產生共鳴。其中，最能反映三國故事之廣受歡迎的，是李商隱的〈驕兒詩〉。詩中有兩句是「或謔張飛胡，或笑鄧艾吃」，說明唐代社會流行三國故事的傀儡戲。兒童看過傀儡戲便騎起竹馬來，學起戲中人的一言一行。

到了宋、元，民間流行說書，現存元《至治新刊全相平話三國志》是當時說書人的稿本，產生在十四世紀二十年代初。到了元末明初，羅貫中根據《三國志》和《三國志平話》等，以「文不甚深，言不甚俗」，雅俗共賞的特點，完成了《三國志通俗演義》，受到讀者的熱烈追捧。與《演義》不同，《三國志》是以人物傳記為中心，對認識三國人物自然更為完整和可靠。通過這些人物傳記，可以更深刻的了解這些風雲人物成長經歷、處事方式和心態。

事實上，我們正身處地球村的新世代，必須具備更寬廣的視野。三國故事在政治、軍事、經濟、社會等方面，都有大量真實的案例，可供讀者借鑒。古語說：「君子以多識前言往行，以畜其德。」多讀一些歷史典籍，自然可增長識見，積累人生經驗。三國故事廣泛流傳，內容饒有趣味，《三國志》正是適合我們閱讀的經典作品。

《貞觀政要》導讀

貞觀君臣為政安邦的核心思想

香港大學哲學博士、香港樹仁大學歷史學系副教授
羅永生

一、《貞觀政要》的作者及成書背景

《貞觀政要》一書輯錄了唐太宗李世民（五九八—六四九，六二七—六四九在位）與其大臣們，如魏徵（五八〇—六四三）、房玄齡（五七九—六四八）、杜如晦（五八五—六三〇）等數十人的對答、議論和奏疏，以及治國安邦的理論觀點和政策舉措，是一部政論性歷史文獻，也是研究中國古代政治典範以及相關思想的重要典籍。全書共十卷，四十篇，二百四十七章。

編著者吳兢（六七〇—七四九），唐汴州浚儀（今河南省開封市）人，是唐代以直筆修史著稱的史家。武則天（六二四—七〇五，六九〇—七〇五在位）時期，吳兢奉召進入史館工作，負責編修國史。至唐玄宗李隆基（六八五—七六二，七一二—七五六在位）開元年間，升任諫議大夫，兼修文館學士等職，繼續參與國史編撰工作。吳兢編撰史書，主張敍事簡要，如實記載歷史事實，以取信於後人。他曾與當時著名史家劉知幾等一同編撰《武后實錄》，然而現存史料並無明確記載《貞觀政要》的成書年月，不過根據吳兢在書中自序分別稱時任三省長官，具宰相身份的源乾曜（？—七三一）為侍中安陽公，張嘉貞（六六五—七二九）為中書令河東公，而源、張兩人一同任相的時間只有開元八年（七二〇），可以推斷《貞觀政要》大概在這時期定稿和進呈給唐玄宗。

在吳兢看來，唐初太宗貞觀時期，法良政善，「良足可觀」；而玄宗開元（七一三—七四一）、天寶（七四二—七五六）年間的政治面貌，已大不如前。當時李唐王朝表面雖呈現着興旺的景象，但危機已露端倪，熟悉歷史的吳兢已經感受到盛世背後，埋藏了衰頹的危機。**為了讓大唐王朝能長治久安，他深感有必要總結貞觀年間君臣相得、勵精圖治的成功經驗，為當時乃至後世的帝王將相樹立起施政的楷模，這就是《貞觀政要》的寫作動機。**基於這樣的背景，《貞觀政要》一書長期以來頗受歷代統治者的推崇和重視。傳統歷史上，唐太宗李世民被塑造成一位傑出的帝王。他協助父親李淵反隋興唐，統一天下，也曾親身經歷過隋王朝初期的繁榮興旺。然而，隋煬帝荒怠無道，短短數年間，曾經強盛一時的隋楊王朝在羣雄起事之中被推翻。李世民深深領略到以民為本的重要性，明確說出「君，舟也；民，水也。水能載舟，亦能覆舟」的道理。他透過「玄武門之變」登上帝位後，改年號為「貞觀」，執政二十三年，期間經常與房玄齡、魏徵、杜如晦、王珪、長孫無忌等諸臣反覆討論經國濟世的大計，最後逐漸形成了輕傜薄賦、勸課農桑、廉潔奉公、任賢納諫、獎優罰劣、平衡利害、駕馭羣僚、防患於未然等一整套治國興邦的策略。正因如此，才出現了建唐以來空前繁榮與安定的「貞觀之治」局面。

二、《貞觀政要》的核心思想

下面讓我們簡單歸納出《貞觀政要》一書中所蘊含的幾個貞觀君臣為政安邦的核心思想，與讀者分享一下：

（一）居安思危的憂患意識

「以史為鑒，可以知興替。」太宗登基後，常與大臣們論及前朝政治得失，斥責歷代惡弊，提倡以史為鑒，力戒重蹈亡國之轍。太宗親身經歷了隋朝自強盛走到衰亡的歷史，感慨尤深。所謂隋朝「宮中美女珍玩，無院不滿。煬帝意猶不足，徵求不已，兼東西征討，窮兵黷武，百姓不堪，遂致滅亡，此皆朕所目見」。由此及遠，太宗與大臣們推究夏桀、商紂、秦始皇、秦二世、北齊高緯、北周宇文贇等亡國之君，由盛到衰的致命弱點和帝王短祚的根本原因，從而得出結論：帝王「恣情放逸，勞役無度，信任羣小，疏遠忠正，有一於此，豈不滅亡」！「末代亡國之主，為惡多相類也。」如何治國安邦，永保李唐社稷千秋大業，這是太宗從即位至晚年常繫心頭、冥思苦索的重大問題。太宗在不同場合再三訓誨臣僚須時時刻刻居安思危，不可懈怠。居安思危的憂患意識，是中國自古以來政治思想的核心課題，先秦諸子百家一致認同，君臨天下者應具有「如臨深淵、如履薄冰」的憂患意識。憂患意識作為一種精神壓力，可能動地催發意識主體的鬥志，孜孜不已作用於客體，創造輝煌。貞觀年間，太宗所頒佈的一系列政綱國策，無一不是以滿懷憂思、力避重蹈亡國之轍為依據制定的，也正是這種憂患意識，才成就了太宗的帝王事業，開創了前所未有的貞觀盛世。

（二）休養生息的基本國策

貞觀君臣總結了隋朝及昔日王朝滅亡的歷史教訓，為政之時採取了三大舉措：

其一，清淨無為以為民。一方面，以史為鑒，注重了解民間疾苦；另一方面，審視歷史，着力探求「靜之則安，動之則亂」的客觀規律。太宗在位二十三年，基本上堅持實施清淨無為以安民的策略。不過，貞觀晚年用兵遼東，親征高麗與無為思想背道而馳，實是美中不足之處。

其二，發展生產以養民。太宗即位後，繼續推行均田，褒獎墾荒，不奪農時，鼓勵生產，並且規定住在戶口稠密之處的百姓可遷徙到人口稀少的地方。同時，還將農業發展狀況作為考核地方官員政績的依據：倘若轄區內戶口減少、鰥寡孤獨數目增加、不經常誘導農桑，有關官員一律降級降職。

其三，輕徭薄賦以恤民。太宗在位期間，大力倡導國以民為本的思想，嚴禁增設法外徭役賦稅，以減輕百姓負擔。貞觀時期，法定的賦役並不少於前代，所不同的是，除法定的項目外，絕不許再有增加。對於濫收苛捐雜稅而擾農傷民的官員，依法論處。相反，當遭逢蟲霜旱澇等災情時，朝廷即遣使和詔令地方政府賑災撫恤，免除當年租稅。如朝廷財政狀況有所好轉，又會減免部分徭役賦稅。貞觀元年（六二七），山東諸州發生大災，許多百姓為了生計被迫出賣兒女。次年，太宗拿出皇帝內府中的金銀財寶，幫助災區百姓收贖被賣的兒女，以示君主惻隱之心和仁義之舉。

貞觀君臣們以其遠見卓識，採取上述一系列舉措，在客觀上達到了鞏固統治政權的目的，有利於百姓休養生息，並有助社會經濟的恢復和發展。

（三）從善如流的民本觀念

《舊唐書》曾如此評價太宗：「從善如流，千載可稱一人而已。」太宗一生最耀眼和最為世人敬慕的，是他沒有把自己視為擁有無上權威的天子，反而克己不已，又持久不懈廣開言路，屈尊求諫，虛心改過，「力行不倦」做一代有道明君。《貞觀政要》描述，太宗容貌威武嚴肅，宮中進諫的人見到他都緊張得舉止失常，不知所措。太宗得知此事後，每逢有人奏本，總佯裝和顏悅色之貌，以此足見其求諫心之誠懇，情之真切。通覽《貞觀政要》，太宗求諫有「三不論」：一是不論時間，二是不論事大事小，三是不論諫言對錯。太宗不但主動求諫，更能虛心納諫，即使在大庭廣眾之下也不計較帝王之尊，坦然認錯。《貞觀政要》記載，由於大臣們所呈箴言甚多，太宗「總黏之屋壁，出入觀省，所以孜孜不倦者，欲盡臣下之情」。貞觀十一年（六三七），魏徵見太宗驕奢漸起，進呈〈諫太宗十思疏〉。奏章提出十個方面的問題，供太宗思考。第二年，再呈著名的〈十漸不克終疏〉。奏疏採取對比手法，歷數太宗不能善克始終的十大愆過，語言尖刻，詞鋒犀利。太宗收到奏章後，「反覆研尋，深覺詞強理直，遂列為屏障，朝夕瞻仰；又錄付史司，冀千載之下，識君臣之義」。

（四）任賢安邦的用人策略

貞觀二十年（六四六），太宗就他治國安邦總結了五條成功之道：一曰不嫉勝己之善，二曰能棄短取長，三曰敬賢而憐不肖，四曰不惡正直之士，五曰愛夷如華。這五條經驗中有四條涉及人才，可見所謂「貞觀之治」就是任賢致治。太宗主宰大唐江山後，將人才的選拔和任用作為舉國之綱，不拘一格，招攬四方賢才，薈萃八面精英。《貞觀政要》記載太宗身邊謀臣達四十餘人之多。太宗談及人才在治國安邦中的重要性時說：「為政之要，惟在得人」，「致安之本，惟在得人」，故而他強調要處理好從中央到地方各級官吏的選拔和管理。他重視人才，但並非亂選濫任，而是有一定準則。一是堅持標準，務求稱職。二是各級機構和大小官職「用人彌須慎擇」。地方刺史由他親自遴選，縣令由吏部五品以上官員會商確定。在選賢擇才時，他打破魏晉以來的門第之風，盡量拔擢貧寒之士，而對於那些好自矜大的舊族門閥則加以抑制。三是惟才是舉。貞觀名臣魏徵、王珪兩人，原屬太子李建成的心腹，也是謀害太宗的罪魁之一。可是太宗即位後，知魏徵有經天緯地之才，便捐棄前嫌，頻頻向他請教軍政要事，又屢屢擢升其官職，以致魏徵成了他須臾不可離的諫臣和顧問。魏徵死後，太宗在他靈前痛哭良久，親自為他撰寫碑文。太宗又曾委任王珪為侍中和太子少師等重要職位。太宗對昔日太子李建成和齊王李元吉麾下德才兼備的文武將官，都賞以爵位，封以高官。四是注重考核。太宗把各地都督、刺史等行政長官的名字寫在屏風上，在其名下記錄各自的功過善惡，「坐卧恒看」，權衡稱職與否；又按時派遣重臣依照為官標準，考核各地官吏。由於太宗講究誠信、不銜私利、求賢若渴、惟才是舉，故在位二十三年，文臣武將人才濟濟，且統治集團內部人心齊整、義同一體，大大提高了國家機器運行的效能。

（五）公正平允的賞罰機制

太宗治國安邦頗為重要的策略是懲惡揚善，恩威並舉，藉以增強大臣的責任感和緊迫感，在朝中營造人心思上、邪不敵正的氛圍。為了使眾多賢才脫穎而出，太宗制訂詳細而嚴格的選拔程序和考核制度，將各級官員應達到的德行和政績列為九等，每年責成吏部逐一考核京官和地方官，考績優者晉升，劣者貶斥。貞觀十七年（六四三），太宗特命畫家繪製了長孫無忌等二十四位功臣的畫像，懸掛於皇宮凌煙閣，用以表揚他們為大唐社稷所作出的貢獻，以激勵羣臣至誠奉國。太宗對善諫佳言者給予獎賞的例子不勝枚舉。

另一方面，太宗又公正懲惡。貞觀九年（六三五），鹽澤道行總管、由民州都督高甑生因犯罪而遭流放，有人以其往昔是秦王府的人，請求太宗寬恕。太宗卻說：「他為我出過力，的確不應忘記。然而，治固守法，上下必須劃一，朝中像他這樣有功的人很多，今赦免他，其他人都會抱以僥倖的心態犯法。」因而終未採納該人之議。

（六）依法行政的治國方略

太宗在大力推行賢能治國之時，也極為重視國家權力管理，以法安邦。首先，建立君臣一體、共治天下的管理機制。在這個問題上，太宗態度比較開明，他甚至認為，天下不是李家皇帝的天下，皇帝也非李氏家族的皇帝。他認為治國安邦，君臣務必榮辱與共，融為一體。太宗建立了一種君臣各行其是、各司其職的管理模式。在處理重大軍國政事時，太宗廣泛徵求官僚意見，決不獨斷專行。屬自己承擔的責任，決不推諉他人；屬主管部門和大臣定奪的具體事情，決不越俎代庖。太宗為了廣開言路，集思廣益，規範了諫官議事制度。在運用賞罰手段調動大臣積極性的同時，還在宮廷施行法與理相結合的教化制。

其次是建立相互制衡糾偏的辦事機構。貞觀年間，太宗完善和落實了中書省出令、門下省封駁、尚書省執行的權力運行機制。

此外，還有嚴格的審判制度，杜絕冤假錯案。唐初，並非無法可依，而是執法不嚴，尤其是在大案、要案和死刑的判決等方面往往有失偏頗，對此，太宗頒令：今後遇有死刑，都要交中書、門下兩省四品以上官員，以及尚書九卿議定，以避免冤獄濫刑。因此，到貞觀四年（六三〇），全國處以死刑的只有二十九人。貞觀五年（六三一），太宗因發生誤斬大理丞張蘊古事件，又一次詔令：凡已判死刑的案件，在處決之前，必須五次複奏，謹防冤案再度發生。

（七）正身修德的為君之道

太宗平生夙願依次是積德、累仁、豐功和厚利。不過，魏徵多次說他功利居多，惟德仁未臻於完美。太宗以為，欲治理好國家，首先要君王正身修德，以身垂範。

在這方面，太宗曾作過深入的論述：「若安天下，必須先正其身，未有身正而影曲，上治下亂者。」他善於擷取現實生活中的平淡小事，以闡明「下之所行，皆從上之所好」，富有相當的合理性。「君猶器也，人猶水也。方圓在於器，不在於水。」正是受到以上思想影響，太宗在治國安邦中，注重以德治為先，力爭從自己做起，從皇室做起。首先是自我節制。在太宗看來，人君的災禍，不是來自外部，而是生自本身。貞觀五年，太宗因各地旱災嚴重而自我貶抑，不僅在正殿聽政，減少膳食，而且還叫停百姓無償勞役。其次是加強皇室用度管理，躬行節儉，以奢為戒。三是不徇至親私情。太宗對宗室中沒有功勳而先封郡王的，一律降為縣公。在太宗的帶動下，杜如晦、房玄齡、魏徵、溫彥博等名相正人正己，為政清廉，且兩袖清風，去世後家無餘產，幾乎難以葬身。君臣如是，民風亦然。《貞觀政要》曾載曰：「（貞觀）二十年間，風俗簡樸，衣無錦繡，財帛富饒，無飢寒之弊。」

（八）華夷合一的民族政策

唐朝是中國統一多民族國家形成的重要歷史階段。貞觀年間，唐朝疆域日漸擴大，但這並非像漢武帝那樣運用軍事武力達致的，而是得益於太宗以柔克剛、寬大為懷的策略和「不勞而定，勝於十萬之師」的主張。太宗認為自古以來，窮兵黷武的人沒有不敗亡的，前代帝王往往致力於擴張，以求身後虛名，然而這並無益於當前，反而弄得國窮民困。太宗認為如果於己有益而百姓有損，他必定不為，何況是這種圖以虛名而損害百姓的擴張。他以兼收並蓄的廣闊胸懷，盡力施行偃武修文、懷柔服遠、華夷合一等政策，成功地實現了「中國既安、四夷自服」的戰略思想，使周邊部族國家竭誠歸附，年年朝貢。貞觀四年，唐軍大破突厥，降附者數十萬人，對於如何處理這些外夷，朝廷大臣眾說紛紜，莫衷一是。有的進言驅逐塞外，有的奏請改牧為農，當時就連魏徵也提出偏激的主張。最後，太宗堅持安民弭亂的思想，逐一妥善安置，有的給予高官厚祿，在周邊民族中建立了很高的威望，四方君長紛至長安朝拜太宗，稱臣於唐，尊太宗為「天可汗」。太宗對於周邊部族國家，無論是主動靠攏的，還是被征服的，都一律實行相對鬆散的民族區域自治政策，即不撤換當地民族所崇拜的部落首長，又不強迫他們改變固有的生活方式和風俗習慣，僅僅是就地駐軍，以維持民族地區的邊防安全和社會穩定。為了發展對外關係，使邊疆長久安寧、祥和，太宗採用與異邦首領和親的政策，將皇妹衡陽公主、皇室弘化公主、文成公主嫁給異邦首領。最值得稱道的是，太宗堅決摒棄歷代統治者貴中華、賤夷狄的傳統偏見，敢為人先，將少數民族的將領和賢士舉薦到中央和地方擔任官員。太宗在國勢強盛的貞觀年間大力推行華夷合一政策，對消除民族隔閡，促進民族融合，加強民族間經濟文化交流往來等，都具有重要意義，為中國這個偉大的多民族國家的形成和發展作出了貢獻。

由於太宗與大臣勵精圖治，唐王朝的發展達到了巔峰。史載貞觀年間「官吏多自清謹、制馭，王公妃主之家，大姓豪猾之伍，皆畏威屏跡，無敢侵欺細人。高旅野次，無復盜賊，囹圄常空。牛馬佈野，外戶不閉」，出現了「古昔未有」的繁華景象。雖然其中多有溢美之辭，但當時社會矛盾趨於緩和，吏治相對清廉，百姓安居樂業、國家繁榮昌盛是毋庸置疑的。太宗的許多思想、舉措和功業，不僅隋煬帝望塵莫及，某些治國方略和實踐效果甚至超越秦皇漢武。當然太宗晚年恃功驕矜，疏賢昵佞，好尚奢靡，勞弊百姓等不端行為有所滋長，虛心求諫、納諫作風未能克終，仍有可議處。但生活於一千三百多年前的唐太宗及其臣僚，以其巨大智慧和無限膽識，依靠廣大民眾，實現了史無前例的貞觀之治，使中國歷史進入了最治平、最強盛的時代。這也是他們奉獻給歷史最美麗的一頁。

《資治通鑑》導讀

一部經典的誕生

北京師範大學文學博士暨新亞研究所歷史學博士、
澳門大學教育學院副教授（文史教學）
張偉保

一、史家之絕唱：《資治通鑒》的編纂經過

（一）背景

司馬光（一〇一九—一〇八六年），字君實，陝州夏縣人。司馬光出生時，他的父親司馬池正擔任光州縣令，於是便取名「光」。年七歲，聞講《左氏春秋》，極為喜愛，從此便深嗜史學，手不釋卷。仁宗寶元元年（一〇三八），司馬光舉進士甲第，歷任奉禮郎、大理評事，入為館閣校勘、天章閣待制兼侍講、知諫院等職。英宗治平三年（一〇六六），司馬光撰成戰國迄秦八卷《通志》進呈，獲英宗皇帝的嘉許，特命設局續修。神宗即位，因其有益治道，故賜名《資治通鑒》。其後，王安石推行新法，司馬光竭力反對，強調祖宗之法不可變。復被命為樞密副使，堅辭不就。次年退居洛陽，以書局自隨，專心編纂《資治通鑒》，直至元豐七年（一〇八四）成書。哲宗嗣位，由高太皇太后聽政，召他入京主持國政，數月間盡罷新法。司馬光為相八個月病死，追封溫國公。傳世著作包括《司馬文正公集》《資治通鑒》《通鑒目錄》《通鑒考異》《稽古錄》《涑水紀聞》《潛虛》《切韻指掌圖》《太玄集注》等。

司馬光的《資治通鑒》兼具《左傳》和《史記》的優點，在中國史學上佔有非同一般的地位。而《通鑒》的編寫，雖也曾受帝王的鼎力襄助，卻無異是一本私家修

撰的巨著。這種情況，與歷代官修史籍大相徑庭。民國史學史專家金毓黻教授曾經指出：「試考（司馬）光自言及劉恕所述，其蓄志修史，非一日矣。及承英宗之命，乃得實踐其言；且官修諸史，皆取稟監修，任編纂者往往擱筆相視，含毫不斷，而光之修《通鑑》則無是也。編纂之役，統由自任，上無監修之牽制，下無同輩之推諉，二劉（恕、攽）一范（祖禹），則悉取光旨，其任助役，有相濟之美，無意見之差，故撰人獨署光名，而他人不得與。雖云近於官修，而與向來之官修者異矣。」[1] 因此，這部史書並不可以官書視之，其實是一部曠代巨著。即使後世不斷有續編和改寫，但直至今天，這部著作仍可稱為「前無古人，後無來者」的經典著作。

中國較早的敍事詳盡的編年體史學著作是《左傳》，它是魯國史官左丘明在孔子逝世後，因恐弟子們錯誤理解孔子編纂《春秋》的宗旨，遂利用史官的特殊角色，努力收集各國的歷史文獻，對《春秋》加上詳細的補充，終於完成了一部傑出的編年史——《左氏春秋》[2]。千餘年後，宋代歷史學家司馬光在年輕時已經非常喜歡和熟悉《左傳》，並立志要續寫一部自戰國至五代、繁簡適中的編年史。

1 金毓黻：《中國史學史》（上海：上海古籍出版社，二〇一三年），頁一八二。
2 按：又名《春秋左氏傳》，世人多稱之為《左傳》。

原來，自魏晉南北朝以後，史部典籍急劇增加。下及宋代，隨着文化知識的日趨普及，歷史典籍仍不斷膨脹。面對汗牛充棟的史籍，任何勤奮的讀者，即使終其一生，也難以完全通讀一遍。特別是自班固《漢書》出現以後，無論是紀傳體的歷代「正史」，或按時間順序撰寫的編年史，絕大部分都是「斷代為史，無復相因之義」。即使貫通數代的《南北史》或《十六國春秋》等史籍，也都只是局限於一個較長的時段，再沒有出現如司馬遷《史記》般貫通古今的歷史巨著。

(二) 創作動機和前期工作

今天看來，《通鑒》的讀者並不僅僅是帝王，一般的讀書人讀《通鑒》也會大有收穫。在司馬光的心中，當時讀書人的歷史知識極為貧乏。事實上，自南北朝以來，像《史記》一般貫串古今的著作已絕無僅有。同時，紀傳體正史在史事安排上，同一事件的記載往往過於分散，讓人難獲完整的印象。若要在其中總結出可以借鑒的經驗，十分困難。因此，一般的情況是只選讀「前四史」。對三國以後的歷史，學者往往茫然。部分人對唐史有較大的興趣，在當時已屬罕見。

對此，司馬光反覆思量，曾感慨地說：「《春秋》之後，《史記》至《五代史》，一千五百卷，諸生歷年莫能盡其篇第，畢世不暇舉其大略，厭煩趨易，行將泯絕。」

因此，「常欲刪取其要，為編年一書」。要完成這部偉大著作，在人力和圖書資料兩方面必須具備良好的條件。為了實踐其宿願，力求打破斷代史的局限，以便讀者能夠更有效地「以史為鑒」，司馬光在四十多歲時撰寫了上起戰國，下迄五代的《歷年圖》，並在治平元年（一〇六四）進獻宋英宗。這部書共有五卷，內容以大事年表形式展示，把中國千百年間的歷史變化加以簡明扼要的介紹。這是司馬光第一部歷史著作，也標誌着他的終身事業正式展開。在這個基礎上，司馬光開始撰寫了由周威烈王二十三年（前四〇三）到秦朝滅亡的歷史，名為《通志》。這本著作事實上便是《資治通鑒》的前八卷。到了治平三年（一〇六六），司馬光再向英宗進呈了《通志》八卷，並表示「自少以來，略涉羣史，竊見紀傳之體，文字繁多，雖以衡門專學之士往往讀之不能周浹。況於帝王，日有萬機，必欲遍知前世得失，誠為未易。竊不自揆，常欲上自戰國，下至五代，正史之外，旁採他書。凡國家之盛衰，繫生民之休戚，善可為法，惡可為戒，帝王所宜知者，略依《左氏春秋傳》體，編為一書，名曰《通志》」[3]，希望獲得英宗的支持。不久，英宗命司馬光設局於崇文院，自行選擇協修人員，進行其修史工作。稍後，神宗嗣位，司馬光多次為神宗講述《通志》，深得這

3　轉引自陳光崇：《中國史學史論叢》（瀋陽：遼寧出版社，一九八四年），頁一八四、二一〇—二一一。

位年輕皇帝的稱許，神宗認為司馬光這部書「有資治道」，特賜名為《資治通鑑》。他更預先寫了一篇序文，命令待全書完成後收入書內。

現在看來，**《通鑑》以編年史方式呈現繁複的史事，較紀傳體的史書有較多的優點**。首先，以時間為序，史事先後本末較紀傳體史籍為清晰。司馬光又參用《左傳》多元化的敘事方法，故讀者較易掌握事件的發展脈絡。有學者就《通鑑》編排特點特別指出：

> 本來有若干同一事情的材料，是分見於多處的，《資治通鑑》都依次把它們列在一起，而且有的相當集中。例如人所共知的「赤壁鏖戰」，這次戰役的記載，既有一些見於《後漢書・劉表傳》，又有好些散見於《三國志》的魏武帝紀，蜀先主傳，諸葛亮、關羽、張飛、趙雲以及孫權、周瑜、魯肅、張昭、黃蓋等傳，還有些雜見於其他著作。假如我們要了解這次戰役的本末，勢非遍讀上述的紀傳不可，而且就是都翻看過了，由於太亂太雜，也未必立刻能清清楚楚地知道它的詳細經過。但《資治通鑑》把這件傷腦筋的問題解決了，它不但把所有涉及「赤壁鏖戰」的記載都集中在一起，而且還加以剪裁、穿插、寫成一篇整潔而生動的故事，看起來既不覺得頭緒紛繁，也毫無厭煩之感。它這種

功夫，對於讀者節省翻檢的時間，幫助是很大的。[4]

因此，當《通鑒》順利完成後，便立即成為史學著作的典範，受到歷代學者的共同讚許。

（三）撰寫分工情況

司馬光是一位偉大的史學家、政治家。今人評論其政治立場多偏於保守，深致不滿。但是，若論及其撰寫的《資治通鑑》，則幾乎是眾口一詞加以極度的稱許，以為是史家的極則。[5]我們通過他所撰寫的兩篇奏章和其助手劉恕的〈通鑑外紀引〉追述其早年言論為例，以考察司馬光對《資治通鑑》的創作歷程的自述。這類自述式資料對了解《資治通鑑》的價值有所幫助，十分接近「口述歷史」的本質。

4 聶崇岐：〈《資治通鑑》和胡注〉，收於吳澤主編：《中國史學史論集（二）》（上海：上海人民出版社，一九八〇年），頁二八六。

5 對司馬光《資治通鑑》加以全面否定的著作，可以李則芬《泛論司馬光〈資治通鑑〉》（臺北：臺灣商務印書館，一九八六年）一書為代表。李氏主要不滿司馬光的政治觀點過於保守，引致不少弊端。

最早出現關於《資治通鑒》的材料是劉恕的〈通鑒外紀引〉，它雖寫於元豐元年（一〇七八），但其內容卻包含了宋仁宗嘉祐（一〇五六—一〇六三）初年關於司馬光的一則談話。劉恕首先評論宋代讀書人疏於史學。他說：

司馬遷始撰本紀、年表、八書、世家、列傳之目，史臣相續，謂之正史。本朝去古益遠，書益煩雜。學者牽於屬文，專尚《西漢書》，博覽者乃及《史記》《東漢書》。而近代士頗知《唐書》。自三國至隋，下逮五代，懵然莫識。承平日久，人愈怠墮（惰）。莊子文簡而義明，玄言虛誕而似理，功省易習，陋儒莫不尚之，史學寖微矣！

這段話可能是受到司馬光的影響，劉恕也自稱是「司馬公門生」。之後，他引述了一段司馬光的話，反映司馬光早在嘉祐初年已有志撰寫《通鑒》。司馬光對劉恕說：

春秋之後，迄今千餘年，《史記》至《五代史》，一千五百卷，諸生歷年莫能竟其篇第，畢世不暇舉其大略，厭煩趨易，行將泯絕。予欲託始於周威烈王命趙魏韓為諸侯，下訖（迄）五代，因丘明（《左傳》）編年之體，仿荀悅（《漢紀》）簡要之文，網羅眾說，成一家書。

這是有關司馬光準備編纂《通鑒》的一則珍貴資料。他的創作動機也很單純，是希望為讀書人提供一部長短合宜的史籍。過了差不多十年，即宋英宗治平三年（一〇六六），司馬光「以學士為英宗皇帝侍講」，遂以他初步完成的《通志》充當歷史教材，深受英宗的稱賞。隨即「詔修光編次《歷代君臣事蹟》，仍謂光曰：卿自擇館閣英才共修之」。司馬光引薦了劉恕，並稱「專精史學……惟劉恕一人而已」。司馬光又說：「共修書凡數年，史事之紛錯難治者則諉之，光仰成而已。」[6]

事實上，司馬光能夠完成這項宏大的工程，當然非單憑個人的力量。英宗除了表示支持外，更提出讓司馬光「擇史館英才共修之」，以繼續進行有關的編纂工作。但司馬光卻婉拒了英宗，並選用自己認為合適的青年史家劉恕（字道原）、趙君錫作助手（按：因適值趙氏喪父，未能入館，故改以精於漢史的太常博士、國子監直講劉攽（字貢父）代替）。

6 引文出自司馬光〈資治通鑒外紀序〉。按：司馬光的言論一方面反映其謙遜的態度，另一方面也說明劉恕對《通鑒》貢獻極大。

到了熙寧四年（一〇七一），攽因出為泰州通判，司馬光又薦用知資州龍水縣范祖禹（字純甫）代之。據資料顯示，劉攽其後仍繼續參與《通鑒》長編的隋代以前部分。[7]除劉恕外，兩漢部分主要由劉攽負責，二劉亦共同負責魏晉至隋代的長編工作，而唐代則由於史料繁多，由范祖禹總其成。

由於范氏乃後來加入者，故司馬光曾寫信指導其工作，反映《通鑒》長編的編纂安排。司馬光《答范夢得》書說：

> 附注（按：指叢目）俱畢，請從（唐）高祖起兵修長編，至哀帝禪位而止。其起兵以前、禪位以後事，於今來所看書中見者，亦請令書吏別用草紙錄出，每一事中間空一行許，素紙[8]。隋以前者與貢父，梁以後者與道原，令各收入長編中。蓋緣二君更不看此書，若足下止修武德（唐高祖年號，六一八—六二六）以後，天祐（唐哀帝年號，九〇四—九〇七）以前，則此等事盡成遺

7 王盛恩：《宋代官方史學研究》（北京：人民出版社，二〇〇八年），頁二七六—二七七。

8 原注：以備剪開黏綴故也。

> 棄也。二君所看書中有唐事亦當納足下處修入長編耳。

此書函詳細交待叢目和長編的具體編纂辦法，又寄去「貢父所作長編一冊」「道原廣本兩卷」供祖禹參考。

由此而言，此時三人的分工十分清晰。雖然三人是各有職分，其中以劉恕出力最多，全祖望作〈通鑑分修諸人考〉有云：「溫公平日服膺道原，其通部義例，多從道原商榷；故分修雖止五代，而實係全局副手。」

其後，劉恕逝世，分工略有調整。司馬光之子康（字公休）曾對晁說之言：

> 《資治通鑑》之成書，蓋得人焉。史記、前後漢則劉貢甫（父），自三國歷七朝而隋則劉道原，唐訖五代則范純甫。此三公者，天下之豪英也。我公以純誠粹識、不懈晝夜，不時飲食，而久乃成就之。庶幾有益於天下國家之大治亂，不自辜所志也。[9]

9 晁說之：《景迂生集》卷十七；轉引自王盛恩：《宋代官方史學研究》，頁二七八。

（四）獨任刪削全書的大權

除了最早完成並送呈宋英宗的《通志》為司馬光獨力完成外，自楚漢相爭以後的部分，也均由其獨任刪削工作。在與宋次道的信中他曾指出：

某自到洛陽以來，專以修《資治通鑒》為事，僅了得晉、宋、齊、梁、陳、隋六代以來奏御。唐文字尤多，託范夢得（祖禹）將諸書依年月編次為草卷，每四丈截為一卷。自課三日刪一卷，有事故妨廢則追補。自前秋始刪，至今二百餘卷，至大曆末年耳。向後卷數又須倍此，共計不減六七百卷，更須三年，方可粗成編。又須細刪，所存不過數十卷而已。[10]

誠如孔子作《春秋》，「子夏之徒不能撰一言」。司馬光著《通鑒》也極相似，雖然長編由各助手負責，但最後的刪訂全由司馬光一人負全責。劉義仲（劉恕之子）《通鑒問疑》曾說：

10 馬端臨：《文獻通考》（北京：中華書局，一九八六年），卷一九三，頁一六三四。

先人在局，止類事蹟，勒成長編，其是非予奪之際，一出君實筆削。[11]

全書的初稿（長編），基本上由各協修人員負責，再由司馬光總其成，包括「對於全書的體例、書法，以致史料的考訂，文章的剪裁」等方面。此外，更以「臣光言」對重大事件加以評論，讓其歷史觀貫串全書。（按：這是繼承了《左傳》的「君子曰」、《史記》的「太史公曰」的方式，凸顯出作者難以替代的地位，亦即史遷所說的「成一家之言」。）這種做法，完全避免了前代官修史書「責任不明，互相推諉」的毛病。

除了受到宋英宗的支持外，《通鑑》的完成和流傳也是宋神宗賜予的恩寵。神宗在「治平四年（一〇六七）十月初開經筵，（光）奉聖旨讀《資治通鑑》。其月九日，臣光初進讀，面賜御製序，令候書成日寫入」。這就是著名的〈資治通鑑序〉。〈序〉文說：

11 劉羲仲：《通鑑問疑》；轉引自陳光崇：《通鑑新論》（瀋陽：遼寧教育出版社，一九九九年），頁一五五。

朕惟君子多識前言往行以畜其德，故能剛健篤實，輝光日新。……《詩》《書》《春秋》，皆所以明乎得失之跡，存王道之正，垂鑒戒於後世者也。……英考（按：宋英宗）留神載籍，萬機之下，未嘗廢卷。嘗命龍圖閣直學士司馬光論次歷代君臣事跡……起周威烈王，訖於五代……其所載明君、良臣，切摩治道，議論之精語，德刑之善制，天人相與之際，休咎庶證之原，威福盛衰之本，規模利害之效，良將之方略，循吏之條教，斷之以邪正，要之於治忽，辭令淵厚之體，箴諫深切之義，良謂備焉。……博而得其要，簡而周於事，是亦典刑之總會，冊牘之淵林矣。荀卿有言：「欲觀聖人之跡，則於其粲然者矣，後王是也。」……《詩》云：「商鑒不遠，在夏后之世。」故賜其書名曰《資治通鑒》，以著朕之志焉耳。[12]

司馬光視神宗賜〈序〉為個人極大的榮譽，遂上〈謝賜資治通鑒序表〉，自述其早年立志修史的志趣，並獲得英宗皇帝的支持。他說：

12 按：序文據說是王珪的手筆。王珪，字禹玉，慶曆二年（一〇四二）進士，曾任知制誥、參知政事等，外孫女為著名詞人李清照。

臣性識駑鈍，學問空淺，偶自幼齡，粗涉羣史。嘗欲芟去蕪雜，發揮精雋，窮探治亂之跡，上助聖明之鑒。功大力薄，任重道悠，徒懷寸心，行將白首。伏遇先皇帝若稽古道，博采徽言，俾摭舊聞，遂伸微志。尚方紙墨，分於奏御之餘；內閣圖書，從其假借之便。

未幾，英宗歿，神宗繼位。由於是奉詔編纂的作品，故司馬光隨即將經修訂的《通志》八卷[13]送呈御覽，再獲神宗稱讚，「命之進讀，而又序其本原，冠於篇秩」，對此書高度讚賞。神宗〈序〉讚此書「博而得其要，簡而周於事，典刑之總會，冊牘之淵林」。司馬光認為這種殊榮，即使「周之南、董，漢之遷、固，皆推高一時，播美千載。未有親屈帝文，特紆宸翰，曲蒙獎飾，大振輝光。如臣樸樕小才，固非先賢之比；便蕃茂澤，獨專後世之榮」。事實上，《通鑒》因獲神宗親自賜序，後來才能避過新黨的攻擊和免於燬版之災。

13 按：根據神宗序文內容，此八卷大概即為今本《資治通鑒》的首八卷。

二、貫串百代的巨著

今天看來，這部書的讀者並不僅僅是帝王，即使是一般的讀書人也需要《通鑒》。正如司馬光所說，《通鑒》這部貫串上下千百年的巨著，一方面力求刪繁削簡、上下連貫，以讓人君在日理萬機之餘，也能夠廣泛閱讀歷史，並「以史為鑒」，豐富其治國經驗；另一方面，他更期望借用歷代史事，幫助帝王學習「致治之道」。其中，司馬光多次指出，治國之道不外以下三者：「曰任官；曰信賞；曰必罰」[14]。而德行為統治者所必須具備的素質，故提倡「人君之德三：曰仁；曰明；曰武」。通過不同的歷史經驗，以了解「治亂存亡安危之本源」。

由治平三年（一〇六六）到元豐七年（一〇八四）十二月，上起戰國，下迄五代，共一千三百六十二年的巨著終於完成。在〈進書表〉中，司馬光詳細追述此部經

14 陳光崇：《通鑒新論》，頁一九二。

歷二十多年[15]的作品的撰寫經過和內容重點。他說：

伏念臣性識愚魯，學術荒疏，凡百事為，皆出人下。獨於前史，粗嘗盡心，自幼至老，嗜之不厭。每患遷、固以來，文字繁多，自布衣之士，讀之不徧，況於人主，日有萬機，何暇周覽！臣常不自揆，欲刪削冗長，舉撮機要，專取關國家盛衰，繫生民休戚，善可為法，惡可為戒者，為編年一書。使先後有倫，精粗不雜，私家力薄，無由可成。伏遇英宗皇帝，資睿智之性，敷文明之治，思歷覽古事，用恢張大猷，爰詔下臣，俾之編集。臣夙昔所願，一朝獲伸，踴躍奉承，惟懼不稱。……不幸書未進御，先帝違棄羣臣。陛下紹膺大統，欽承先志，寵以冠序，錫（賜）之嘉名，每開經筵，常令進讀。臣雖頑愚，荷兩朝知待如此其厚，隕身喪元，未足報塞，苟智力所及，豈敢有遺！……以衰疾不任治劇，乞就冗官。……前後六任，仍聽以書局自隨，給之祿秩，不責

15 一般以治平三年到元豐七年（一〇六六—一〇八四）為《資治通鑒》的編寫時期，共十九年。其實，若計算《通志》八卷初稿的編寫時間，本書寫作歷時二十多年，甚至可能在嘉祐（一〇五六—一〇六三）初年已開始，即前後合約三十年。《通志》乃司馬光以一人之力去完成，故需時較久。

職業。臣既無他事，得以研精極慮，窮竭所有，日力不足，繼之以夜。徧閱舊史，旁采小說，簡牘盈積，浩如煙海，抉擿幽隱，校計毫釐。上起戰國，下終五代，凡一千三百六十二年，修成二百九十四卷。又略舉事目，年經國緯，以備檢尋，為《目錄》三十卷。又參考羣書，評其同異，俾歸一塗，為《考異》三十卷。合三百五十四卷，……臣今骸骨癯瘁，目視昏近，齒牙無幾，神識衰耗，目前所為，旋踵遺忘。臣之精力，盡於此書。伏望陛下……時賜省覽，鑒前世之興衰，考當今之得失，嘉善矜惡，取得捨非，足以懋稽古之盛德，躋無前之至治。俾四海羣生，咸蒙其福，則臣雖委骨九泉，志願永畢矣！謹奉表陳進以聞。臣光誠惶誠懼，頓首頓首。

他如實地說：「臣之精力，盡於此書。」這部堪與《史記》匹敵的《資治通鑒》終於完成了，所謂「雖委骨九泉，志願永畢矣」。古人著述，死生以之，觀兩司馬在完成其巨著後，均曾發出相似的聲音。《老子》所說「大器晚成，大音希聲」，大概正是這個道理。

三、高超的敍事方法和「以史為鑒」的歷史哲學

《通鑒》在流傳過程中，在敍事方面受到極高的推崇。《左傳》《史記》《漢紀》等史學名著善於敍事的優良傳統，在司馬光手中得到充分的發展，讓《通鑒》在某種程度上突破了編年體史書的限制。事實上，《通鑒》雖然是編年體裁，但「並不是把史事作流水賬式的記載；它往往用各種敍事的方法，把一件事的前因後果和背景材料，較為集中地予以敍述，從而使編年史的寫作達到了一個新的高度」。學者曾把司馬光的敍事方式歸納為四個方法：

提綱法：即「先提其綱而後原其詳」，後來朱熹《通鑒綱目》發展了這個方法，創造了「大書為綱，分注為目」的綱目體。

追敍法：此法仿自《左傳》，如〈隱公元年〉「鄭伯克段於鄢」即以此法追述鄭伯母子惡劣關係的前因為「寤生」。司馬光在追敍本事時，多用「初」「先是」等筆法，追溯它的由來，使事件的始末一覽而知。

連類法：為整合不同時間發生但又相關連的史事，逐一分敍恐太繁瑣，司馬光會仿效《左傳》《漢紀》的連類敍事法，把同料的事和人連類有及，如關於建寧二年第二次黨獄後，連敍郭泰的免禍，張儉的逃亡，以及袁閎、申屠蟠的遁世，而又旁及汝

南袁氏的富盛，為後來袁紹、袁術起事張本。

帶敍法：這是指人物而言。史書必載人物，但編年史多不載其邑里世系，學者頗費稽考。司馬光於行文中，多帶敍其邑里世系。例如，貞觀十年提及「命太僕少卿蕭銳運河南諸州糧入海」。蕭銳在此為初見，也不知名。司馬光順帶提及：「銳，瑀之子也。」原來他是唐初重臣蕭瑀的兒子，其家世和邑里便很清楚了。[16]

通過運用以上各種不同的敍事方法，「採紀傳之長，補編年之短」，《通鑑》的敍事成為後世史家的楷模。

當然，由於敍事基本以時間先後為序，故一些前後牽連數十載的重大史事，如武帝征伐匈奴、東漢宦官與外戚衝突事件等，往往難以獲得完整的印象。毋庸置疑，編年史也有一定的局限性，但與當時甚為流行的紀傳體史書相比較，其優點仍是十分明顯的。

國史大師錢穆先生曾在一通給嚴耕望的信中論及《通鑑》，對人們認識此書的價值很有幫助。錢先生說：

16 陳光崇：《通鑑新論》，頁一五二—一五三。

古人治學，本無文史哲之分。如讀溫公《通鑒》，於兩書[17]外多增入小說筆記，不僅有關史事，其間有甚深蘊蓄、屬於義理方面者。溫公書實已文史哲三者兼顧。專論文與史，班不必不如馬；若論義理，則所差遠甚。穆教人治理學，須從年譜、詩文集入手，再及其語錄，則易於啟發也。悔翁詩能化，中年後極少理學氣味。陽明早年曾刻意吟詠，而中年以後反多理學氣。兩家高下，於斯可見。東萊《古史》，一見便是史；溫公《通鑒》，史中兼融文哲。弟試從此兩義參入，學問必可更上一層。[18]

錢先生是史學界巨匠，這封信寫於一九七二年二月二十日。其時嚴先生已是譽滿天下的大師，年約五十七歲，兩年前已當選中央研究院院士。師徒二人論學，甚可觀。信中錢先生提及如何讀《通鑒》使學問能「更上一層」，真讓人感受到學無止境的真正意義，也是我們所說的「生命與學問」的結合。《通鑒》非一般史書，更不是

17 按：指《新唐書》和《舊唐書》。

18 嚴耕望：〈錢先生致作者書信手蹟選刊〉（六通之三），收於《錢賓四先生與我》（臺北：臺灣商務印書館，二〇〇八年）。

一部資料書，看過這通書函，大家對《通鑑》的學術價值應更深思！

四、《資治通鑑》的現代意義

中華民族正邁向全球化的今天，帝制早已結束，我們是否仍需要《通鑑》呢？這樣的一部經典，對我們今天是否仍具參考意義？這個課題，實在值得讀者深思。必須肯定的，是人類社會異常複雜。一個民族的發展，也必然受到歷史的制約。《通鑑》一書，以善於敘事為世所稱許，它的內容包含了極為豐富的經驗。無論從「多識前言往行」以作為日常行事的指南，或增加對本國民族的了解，《通鑑》的內容皆有高度的價值，值得現代讀者關注。

《通鑑》上起戰國，下迄五代，記載了一千三百六十二年的歷史，合共二百九十四卷[19]。中國疆域遼闊、人口眾多。在眾多的歷史事件中，它記了些什麼？是否都需要我們有所把握？根據司馬光對歷史的獨特眼光，**《通鑑》選擇史事基本上**

19 另有《考異》三十卷，有單行本，而胡三省注本已將《考異》附入注中。兩者合共三百二十四卷。司馬光又有《目錄》三十卷，單行。《通鑑》三百餘萬言，胡三省注亦近三百萬言。

只關注以下四點：國家盛衰；生民休戚；善可為法；惡可為戒。符合這個標準的便記錄，不符合這個標準的便捨棄。由此而言，這部書對今天中學或以上文化水平的讀者仍然具有極大的價值。

專制時代既結束，人民便是國家的主人翁。以往限於統治階層的歷史知識，現在卻成為一個合格公民的基本常識。我們既要當家作主，對本國的歷史發展便需要有一定程度的了解。《通鑑》記載了「國家盛衰、生民休戚」的種種因由，對我們參與國家的建設發展、促進國家的繁榮安定、防止國家的衰敗滅亡，都有借鑒意義。至於在行事上，那些「善可為法、惡可為戒」的言行，當然也有足資借鏡和反省的地方。古書上說，「君子以多識前言往行，以畜其德」，《通鑑》正可以幫助我們多識前言往行，以蓄積學問，培養識見，開闊胸襟。

地理經濟等

《山海經》導讀

論《山海經》與中西神話的比較

香港大學哲學博士、
香港大學中文學院助理教授
黃正謙

一、《山海經》一書及其相關問題

《山海經》一書，分為〈山經〉及〈海經〉兩部分。〈山經〉包括〈南山經〉〈西山經〉〈北山經〉〈東山經〉〈中山經〉五篇，亦稱〈五臧山經〉。〈山經〉以外的十三篇，則統稱為〈海經〉。〈海外南經〉至〈海外東經〉四篇，稱為〈海外四經〉；〈海內南經〉至〈海內東經〉合稱〈海內四經〉；〈大荒東經〉至〈大荒北經〉合稱〈大荒四經〉；而最後一篇是〈海內經〉。

《山海經》是一部奇書。其中一「奇」，是關於此書的問題，既多且雜，難有定論，例如作者、書名、成書年代、成書地域、篇目及其牽涉之地域範圍，所記載之山川、神人、動植物等等。因材料本身內容駁雜，容有多種詮釋，學者之間，眾說紛紜，各有所見。對上述問題的考證，大部分都持之有故，言之成理，卻未必有決定性的證據，足以排除他說。

山海經
海經
山經／五臧山經
海內經
大荒四經
海內四經
海外四經
大荒北經
大荒西經
大荒南經
大荒東經
海內東經
海內北經
海內西經
海內南經
海外東經
海外北經
海外西經
海外南經
中山經
東山經
北山經
西山經
南山經

《山海經》的卷目結構

（一）《山海經》的成書背景

《山海經》並非出於一人之手，亦非出於一時一地。〈山經〉與〈海經〉屬於不同的系統：〈山經〉行文有一套獨特的格式，井然有序，文氣一貫；〈海經〉則多為散見之段落，敍事有首無尾，當是不同材料之雜湊，且錯簡不少，故有重複及矛盾之處。

一般而論，〈山經〉是以洛邑為中心描述山川地理及動植物的書，而〈海經〉所牽涉的地域在〈山經〉之外圍（並非沒有例外）。不過，〈海經〉中〈海外四經〉〈海內四經〉〈大荒四經〉及〈海內經〉所描述的，並不是一個簡單的、漸次向外的同心圓體系，四者成篇的年代其實並不相同，內容互有重複。東晉郭璞《山海經傳》的目錄說〈大荒四經〉及〈海內經〉本皆「進在外」（一作「逸在外」），指古本此五篇原皆在外，與經別行，為西漢劉秀（即劉歆）校經時所補入（清代郝懿行《山海經箋疏敍》）。有學者視〈海內四經〉及〈海外四經〉為「異域方國」，而〈大荒四經〉則屬於「神域」。[1] 但〈海外四經〉與〈大荒四經〉之所載，重複之處既多，則不宜視此二者所涵蓋的地域為全不相干（如〈海外北經〉與〈大荒北經〉同載燭陰〔燭龍〕、禹殺共工之臣相

1 邱宜文：《山海經的神話思維》（臺北：文津出版社，二〇一〇年），頁三六。

柳（相繇）、夸父逐日、帝顓頊與九嬪俱葬、一目國（一目民）、深目國（深目民）等）。[2]〈海經〉是因圖而作文，先有圖畫，後有文字，此可見於〈海經〉原文及郭璞的注釋，陶淵明詩亦有「泛覽周王傳，流觀山海圖」之句。惜此圖已然散佚。[3]日本學者松田稔在《山海經比較的研究》指出，〈海外經〉與〈大荒經〉皆含有圖畫的敍述（即因圖而作文），〈海外經〉將一幅巨大的地圖順次序地「文章化」，而〈大荒經〉所根據之圖畫，很可能是一幅一幅單獨的神人或動物等等的繪圖。[4]

〈五臧山經〉的材料大概可遠溯於夏代，但《山海經》之成書，則在戰國晚期至西漢之間。《隋書．經籍志》曾說「漢初，蕭何得秦圖書，故知天下要害。後又得《山海經》，相傳以為夏禹所記」。元代吾丘衍《閒居錄》指出：「《山海經》非禹書，其間言鯀入羽淵及夏后啟等事，且又多祭祀鬼神之說，中間凡有『政』字，皆避去，

2 據郭世謙統計，〈大荒四經〉重見於〈海外四經〉的，有五十一節。參郭世謙：《山海經考釋》（天津：天津古籍出版社，二〇一一年），頁五九。

3 袁珂：《山海經校注》（成都：巴蜀書社，一九九三年），頁二二六。

4 「兩者共に繪畫的敍述を含むが、海外經が大きな繪地圖の內容を順に文章化したものと見られるのに對して、大荒經の基づいた繪畫は單獨の一つ一つの神格や動物などの繪であった可能性が高い。」參松田稔：《〈山海經〉の比較的研究》（東京：笠間書院，二〇〇六年），頁一九二－一九三。

則知秦時方士無疑。」法國漢學家馬伯樂（Henri Maspero）《古代中國》（*La Chine antique*）認為，〈五藏山經〉的作者必定是洛邑人，活躍於約公元前四世紀末。[5] 沈海波指出，〈山經〉成書於戰國晚期，因〈山經〉記載出鐵之山很多，而《呂氏春秋》引〈山經〉之文不少，故下限當在戰國末年。至若〈海經〉，學術界普遍認為亦在戰國，惟〈海內四經〉多秦漢地名，當為後人所羼。[6] 其他異說尚多，不能具引。寫定《山海經》者，大多數學者認為是楚人。據蒙文通考證，《山海經》可能是巴蜀地域所流傳、代表巴蜀文化的典籍。[7] 蕭兵則推測，此書很可能是東方早期方士根據雲集於燕齊的各國人士所提供的見聞及原始記載編纂整理而成的。[8]

5 “L’auteur était certainement un homme de Lo-yi, l’importance de la description des environs de cette ville, et de ce qui constituait le domaine propre des rois des Tcheou, le prouve, et il vivait, à ce qu’il semble, vers la fin du IVe siècle.” See Henri Maspero, *La Chine antique*, (Paris: Imprimerie Nationale, 1995), p. 507.

6 沈海波：《山海經考》（上海：文匯出版社，二〇〇四年），頁六五－六八，八五－八六。

7 蒙文通：〈略論《山海經》的寫作時代及其產生地域〉，《巴蜀古史論述》（成都：四川人民出版社，一九八一年），頁一四六－一八四。

8 蕭兵：〈《山海經》：四方民俗文化的交匯——兼論《山海經》由東方早期方士整理而成〉，《山海經新探》（成都：四川省社會科學院出版社，一九八六年），頁一三三。

（二）《山海經》的性質

關於《山海經》一書的性質，自來有不同的說法。《漢書．藝文志》歸之於〈數術略．刑法〉類，與《國朝》《宮宅地形》《相人》《相寶劍刀》《相六畜》諸書同科，但卻為後世學者所批評。清代章學誠《校讎通義》卷二說：「《山海經》與相人書為類，《漢志》之授人口實處也。」西漢以後，《山海經》長期被視為地理書。例如東漢明帝永平十二年，王景治水，明帝賜景《山海經》《河渠書》《禹貢圖》及錢帛衣物（見《後漢書．循吏列傳》）。《隋書．經籍志》冠《山海經》為地理書之首，其次則為《水經》。至明代胡應麟《少室山房筆叢》卷十六〈四部正譌〉始提出質疑，認為《山海經》是「古今語怪之祖」，「其文體特類《穆天子傳》，故余斷以為戰國好奇之士，取《穆王傳》，雜錄《莊》《列》《離騷》《周書》《晉乘》以成者。」謂此書為地理書，着眼點當在〈山經〉；謂此書為語怪之書，則〈山經〉〈海經〉兼而有之。五四時代，魯迅《中國小說史略》提出著名觀點，即《山海經》（尤指〈五臧山經〉）「所載祠神之物多用糈（精米），與巫術合，蓋古之巫書也」。[9]

9 魯迅：《中國小說史略》，收入《魯迅全集》（香港：香港文學研究社，一九七三年），第八卷，頁一一三。

《山海經》雖多涉神怪，但其內容不可能完全為向壁虛構，尤其是〈五臧山經〉部分，而《山海經》本身亦不是純粹的神話著作。有人說此書是古代的百科全書，雖略嫌誇張，但書中可考的山川江河、動植物、礦物、藥材等等，不在少數，現代不少學者即致力考證《山海經》的科技史料。法國學者馬蒂厄（Rēmi Mathieu）則視《山海經》為尚未定型的《百科全書》。馬氏指出，此書的作者並非有意撰寫這種類別的著作，但書中所寫的，正正反映了那個時代的必要知識。[10]《山海經》所載諸怪物，雖多數為幻想虛構的，但據今人考定，亦有相當的現實根據。徐顯之《山海經探原》認為《山海經》是一部最古的方志。其中〈山經〉部分是以山為經的方物志，〈海經〉是以氏族為經的社會志，而〈海內經〉則具有製作發明的科技志性質。[11]無論如何，言《山海經》所載皆為信史，或言其所載皆荒誕不經，都失之偏頗。

10 "Pour ma part, je le considère comme une sorte d'encyclopédie avant la lettre. Non que la volonté de ses auteurs ait été d'en faire un ouvrage de cette espèce, mais parce que ce que l'onyécrit est le reflet de l'essentiel du savoir d'une époque." See Rémi Mathieu, *Étude sur la mythologie et l'ethnologie de la Chine ancienne*, traduction annotée du *Shanhai jing*, (Paris: Collège de France, Institut des Hautes Études Chinoises, 1983), Tome 1, p. C.

11 徐顯之：《山海經探原》（武漢：武漢出版社，一九九一年），頁一五。

（三）《山海經》的命名

《山海經》一名最早見於《史記．大宛列傳》：

> 太史公曰：「〈禹本紀〉言：『河出崑崙。崑崙其高二千五百餘里，日月所相避隱為光明也。其上有醴泉、瑤池。』今自張騫使大夏之後也，窮河源，惡睹〈本紀〉所謂崑崙者乎？故言九州山川，《尚書》近之矣。至〈禹本紀〉、《山海經》所有怪物，余不敢言之也。」

東漢王充《論衡．談天》及班固《漢書．張騫李廣利傳》引《史記》此文只稱〈山經〉，遂引起學者的猜測與考辨。有人認為〈山經〉即《山海經》，略寫而已；有人認為〈山經〉指今《山海經》的〈五臧山經〉，不包括〈海經〉在內。何幼琦〈《海經》新探〉提出，〈海經〉當即〈禹本紀〉，因《史記》所引〈禹本紀〉文字，內容大抵與〈海內西經〉相合。劉向父子將〈山經〉及〈禹本紀〉合編為一，改題為《山海經》。這是《山海經》書名首見於《漢書．藝文志》，而〈藝文志〉不復著錄〈山經〉

及〈禹本紀〉的原因。[12]按太史公所引〈禹本紀〉文字，並不見於今本〈海經〉。《史記．五帝本紀》〈正義〉說：「本者，繫其本系，故曰本；紀者，理也，統理眾事，繫之年月，名之曰紀。」《史記．太史公自序》〈索隱〉引應劭說：「有本則紀，有家則代，有年則表，有名則傳。」《史記》以前的「本紀」，其體例固然無法詳考，若《史記》因襲前人體例而成「本紀」，則〈禹本紀〉當是以禹為中心的記述。即非如此，亦當與禹有相當大的關係。今讀〈海經〉文字，為異域方國及神話材料之雜湊，很難說是專言「禹」的記述吧？且上文已說，〈海外四經〉多緣圖畫而作，與《逸周書．王會篇》《淮南子．墬形訓》等多有關連，與〈禹本紀〉關係不大。〈西次三經〉說「崑崙之丘」，亦有「河水出焉」一語，即〈五臧山經〉亦有太史公所謂「河出崑崙」之義，但太史公將《山海經》與〈禹本紀〉並列，此處當然不可能指〈五臧山經〉。

《山海經》的「經」字當作何解，有不同說法。〈五臧山經〉末段說：「禹曰：『天下名山，經五千三百七十山，六萬四千五十六里，居地也。』」郝懿行箋疏云：「經，言禹所經過也。」袁珂《山海經校注》據此力證《山海經》之「經」字，當訓為「經

12 何幼琦：〈《海經》新探〉，《山海經新探》（成都：四川省社會科學院出版社，一九八六年），頁七三。

歷」之「經」，並提出四個內證。[13] 張春生《山海經研究》以為袁珂之說「可稱卓識」，並進一步指出，天下名山既為禹所經，其里數又為禹所步，則「經」除了「經過」「經歷」外，當含「推步」之意。[14] 但陳成在《山海經譯注》的〈前言〉中，則提出嚴正反駁。[15]

「經」之為「書」或「書名」，於戰國時代並不一見，不必是儒家的《六經》，未必能劃入後世的「經部」。《墨子》固然有〈經〉及〈經說〉，《莊子．天下》說「南方之墨者苦獲、已齒、鄧陵子之屬，俱誦《墨經》」，《荀子．解蔽》說「故《道經》曰：『人心之危，道心之微』」，《孝經》亦當成書於《呂氏春秋》之前，為漢初學者所徵引。由此可知，成書於戰國晚期至西漢之間的《山海經》稱「經」，並非異事。誠如陳成所說，《山海經》的「經」若訓為「經歷」，則「山海經」三字於文法上扞格難通，古今未見其例。[16] 其實，即使只是「山經」二字，亦同樣如此。第二，劉秀

13 同注3，頁二二二—二二五。
14 張春生：《山海經研究》（上海：上海社會科學院出版社，二〇〇七年），頁三。
15 陳成：《山海經譯注》（上海：上海古籍出版社，二〇一二年），頁七—一〇。
16 同上，頁九。

是否增〈南山經〉〈海內南經〉等標題，改「南次二山」為「南次二經」、改「西次二山」為「西次二經」等等，我們無法明確考定。袁珂引〈山經〉「右西經之山，凡若干山，若干里」，「右東經之山，凡若干山，若干里」之文，認為所謂「西經」「東經」，決當是「經歷」之義。[17] 此一說很有道理。然而，雖《山海經》中不少文句的「經」字，可訓為「經歷」，但不等於《山海經》（或〈山經〉）一書書名的「經」字，可同樣訓為「經歷」。《山海經》一名，亦不可能源於「天下名山，經五千三百七十山」這一整體觀念。且如〈海外四經〉之所載，是因圖畫而作文，內容可與《逸周書．王會篇》及《淮南子．墬形訓》互相印證，則無由有「經歷」之義。意大利學者弗拉卡索（Riccardo Fracasso）認為，袁珂所提出之新義，明顯地將引起一定的困惑，但肯定不能說言之無據。而「經歷」「路線」，似乎是「某次某經」（例如「南次二經」「西

17　同注 3，頁二一二三。

次三經」等）此一公式中「經」字惟一可行的翻譯。[18] 其實，正如上文所引，袁珂以為「某次某經」的公式，為劉秀所改，原當作「某次某山」。另一方面，郭世謙認為，《山海經》之書名及篇名皆以「經」名之，而「經」「徑」古通，故〈南山經〉即南方之山徑。[19] 若「經」當訓為「徑」，則「南次二經」「海外南經」等說法，似乎便很難說通了。

（四）《山海經》的研究及流播

《山海經》一書，於十九世紀已開始為西方漢學家所注意。正如弗拉卡索所說，

18 "Ciascuno dei 18 'libri' dell' opera riporta peculiarmente nel titolo (come fa anche lo SYJ) il carattere *jing* ('classico' ; 'canone') , a cui YZ 181-2 propone di attribuire il significato alternativo di 'percorso' o 'itinerario' . La proposta può chiaramente suscitare una certa perplessità, ma non si può certo dire che manchi di fondamento; … 'itinerario' sembra essere l'unica traduzione possibile per la formula '*mouci moujing* 某次某經' , che introduce 21 delle sottosezioni del WZSJ." Fracasso, *Libro dei monti e dei mari (Shanhai jing) : cosmografia e mitologia nella Cina Antica* (Venezia: Marsilio, 1996) , "Introduzione," p. XIII.

19 同注 2，頁七七。

西方對《山海經》的認識，很大程度上當歸功於「法國學派」。[20] 杜波依（Nicolas-Auguste Dubois）於其《新神話學完全手冊》（*Nouveau manuel complet de mythologie*）中，有五頁論及中國神話，當中不少實與佛教有關，一條提及「黃帝」，認為他是中國神話史中伏羲的第二位繼承者，為中原帝國的創始人。[21] 漢學家巴贊（Antoine Pierre Louis Bazin）〈《山海經》概述〉（Notice du *Chan-haï-king*）一文認為，在公元前四世紀，一羣道士作家想博取頭腦單純之人的「輕信」，便藉大禹及伯益的大名，傳播神話，發表了一部宇宙志。[22] 著名東方學家波蒂埃（Guillaume Pauthier）稱中國人將河源置於著名之崑崙山的湖，崑崙山是中國神話的奧林匹斯山。[23]〈西山經〉於

20 "La conoscenza dello SHJ in Occidente deve moltissimo alla scuola francese." 同注 18，"Premessa," p. 3.

21 Dubois, *Nouveau manuel complet de mythologie* (Paris: A la Librairie Encyclopédique de Roret, 1836），pp. 280-284, esp. p. 280.

22 Bazin, "Notice du *Chan-haï-king*, cosmographie fabuleuse attribuée au grand Yu," *Journal Asiatique* (Nov., 1839），pp. 338-339.

23 "Les Chinois placent sa source dans un lac situé sur le célébre mont Kouen-lun, l'Olympe de la mythologie chinoise." Pauthier, *Chine ou Description historique, géographique et littéraire de ce vaste empire* (Paris: Firmin Didot Frères, 1838），Première Partie, p. 12.

一八七五年由法國東方學家布爾努夫（Émile-Louis Burnouf）翻譯成法文，是《山海經》最早被譯成外文的部分。此譯本的注釋大量翻譯郭璞的《山海經傳》（*Comm. de Koh*）及清代吳任臣的《山海經廣注》（*Comment. de Jin-Tchin*）。布爾努夫指出，此文很可能是世界現存最古老的地理論著。對《山海經》本文作更深入的研究，證實此為「地理學聖書」無疑。在神話故事之中必藏有遠古的產物，並且包含明確的科技消息。學術界可利用之，以認識中華帝國的古老時代。[24] 德羅斯尼（Lēon de Rosny）於一八九一年出版的《山海經：中國古代地理》（*Chan-hai-king: antique gē ographie chinoise*）是西方第一部〈山經〉的全譯本。除郭璞及吳任臣外，此書亦參考了郝懿行（I-hing）的注釋。德羅斯尼認為，如此重要的一部著作，漢學家竟然遺忘了，沒有翻譯其全文，無疑是因為書中充滿虛構及神怪的記述，但若以此為標準，則幾乎所

24 "... un traité de Géographie qui est, très-probablement, le plus ancien qui existe au monde ... Un examen plus approfondi du texte original du Chan-haï-king démontra, sans doute, que ce «Livre sacré de la Géographie» ..." Burnouf, *Le Chan-Haï-King. Livre des Montagnes et des Mers. Livre II: Montagnes de l'Ouest* (Paris: Imprimerie de Madame Veuve Buchard-Huzard, 1875), p. 138.

有希臘及拉丁的經典著作，亦當擱置一旁了。[25] 一八九二年，俄國學者格奧基耶夫斯基（Sergei Georgievskii）撰有《神話觀與中國神話》（***Мифическія воззрѣнія и мифы китайцевъ***）一書，是第一部討論中國神話的專著，並不以《山海經》為專門研究對象。他在序言中指出，中華民族將「閃電」比喻為「鞭子」，將 Milky Way 比喻為「河」。因對大自然現象缺乏理解，人類以為萬事萬物皆有「靈性」。作者認為，這種「靈性」不當理解為泛神論，或整個自然世界都充滿了「精神」，而是自然界的每一件事物，都視作分別被「靈性化」，各自擁有自己的心靈和精神，如同獨立的、有生命的東西一般。[26]

值得留意的是十八世紀法國東方學家德金（Joseph de Guignes）於一七六一年

25 "Cet oubli peu explicable vient sans doute des nombreux récits fabuleux et fantastiques qui fourmillent dans l'ouvrage que nous publions aujourd'hui." See Léon de Rosny, *Chan-hai-king: antique géographie chinoise* (Paris: J. Maisonneuve, 1891), pp. 2-3.

26 "Эта одухотворенность должна быть понимаема не въ смыслѣ пантеизма или проникновенія всей природы мiровымъ духомъ, а въ томъ смыслѣ, что каждый предметъ природы считается отдѣльно одухотвореннымъ, обладающимъ своею собственною душою и духомъ, какъ самостоятельнымъ существамъ." See Сергѣй Георгiевскiй, *Мифическія воззрѣнія и мифы китайцевъ* (С.-ПЕТЕРБУРГЪ: Типографiя И. Н. СКОРОХОДОВА, 1892), с. v-vi.

在〈中國人在美洲附近的航行及亞洲極東地區的一些民族之研究〉一文中，根據《南史》卷七九所記「扶桑國者，齊永元元年，其國有沙門慧深來至荊州，說云扶桑在大漢國東二萬餘里」等文字，斷定扶桑國當在美洲，中國人於公元四五八年即得知美洲了。[27] 德國東方學家克拉普羅特（Heinrich Julius von Klaproth）於一八三一年撰文反駁，首先批評此文的題目不準確，德金眼前所見的中文原材料，並沒有涉及中國駛往扶桑之航海事業。[28] 又說扶桑國有葡萄樹及馬，已足證此國並非在美洲的某一處，此二物皆哥倫布於一四九二年發現美洲之後由西班牙人帶過去的。[29] 韋寧（Edward Payson Vining）在一八八五年出版一部更全面的考證著作，題作《湮沒無聞的哥倫布：慧深及一羣僧侶於公元五世紀從阿富汗發現美洲的證據》（*An Inglorious*

27 "... j'ai conclu de-là qu'ils avoient connu l'Amérique l'an 458 de J. C." Joseph de Guignes, "Recherches sur les navigations des chinois du côté de l'Amérique, et sur quelques peuples situés à l'extrémité orientale de l'Asie," in *Mémoires de littérature, tirés des registres de l'Académie Royale des Inscriptions et Belles-Lettres*, tome 28 (Paris: De L'imprimerie Royale, 1761）, p. 520.

28 Klaproth, *Recherches sur le pays de Fou Sang mentionné dans les livres chinois et pris mal à propos pour une partie de l'Amérique* (S.l.: s. n., 1831?）, p. 1-2.

29 同上，p. 8.

Columbus, or, Evidence that Hwui Shan and a Party of Buddhist Monks from Afghanistan discovered America in the Fifth Century, A.D.）。其實，德金的文章，重要證據在《南史》所言的「扶桑」，而非《山海經》的「扶桑」，但後世學者則試圖結合《山海經》，考證中國先民早已遠徙美洲，例如默茨（Henriette Mertz）在一九五三年出版的《褪色的墨水：中國人美洲探險的兩份古代紀錄》（*Pale Ink: Two Ancient Records of Chinese Exploration in America*）。其他學者如衞聚賢、胡遠鵬等，皆贊成此說。此種說法，當然不能說是無根之談，但始終欠缺堅實而周密的證據。先不論當時的航海技術，中國古代先民遠徙美洲，將美洲的山川地理及動植物等資料記錄下來，而此等記錄又輾轉在中國流傳，本身已經難以置信。何況如此驚人的旅行及發現，於先秦乃至兩漢，只有《山海經》一書記載，其他典籍未置一言，豈非怪事？

二、《山海經》及中西神話比較

近百年以來，受歐美及日本影響，中國神話學的研究風行，碩果纍纍，學者奉《山海經》為中國神話之祖。西方的人類學家、宗教學家及神話學者如弗雷澤（James George Frazer）、馬淩諾斯基（Bronisław Kasper Malinowski）、繆勒（Friedrich Max

Müller）、卡西勒（Ernst Cassirer）、坎貝爾（Joseph John Campbell）、克拉克洪（Clyde Kluckhohn）、伊利亞德（Mircea Eliade）、柯克（Geoffrey Stephen Kirk）等等，對神話學有不同的詮釋，建構不同的理論，在西方學術界影響很大。「神話」一詞，二十世紀初由日本傳入中國。當代的日本神話學者包括伊藤清司、御手洗勝、鐵井慶紀、松田稔、小南一郎等等。臺灣著名神話學專家王孝廉，即為御手洗勝的學生。

西方很早便發展出「神話學」。荷馬（Homer）的《伊利亞特》（*Iliad*）、赫西俄德（Hesiod）的《神譜》（*Theogony*）、偽阿波羅多洛斯（Pseudo-Apollodorus）的《書庫》（*The Library*）等，固然是希臘神話的淵藪，而古希臘的學術界，早已對「神話問題」開展熱烈的討論，包括歷史學家希羅多德（Herodotus）、詭辯家普羅迪科斯（Prodicus）、哲學家柏拉圖（Plato）、「神話理性化」理論家帕萊法托斯（Palaephatus）等，至文藝復興更有《異教徒諸神系譜》（*Genealogia deorum gentilium*）及《神話學的神學》（*Theologia mythologica*）等經典著作。中國古代當然有神話，但始終沒有發展出一套神話學，古人只討論「神怪不神怪」「荒誕不荒誕」的問題。當代學者稱《山海經》為「神話之淵府」（袁珂）、「神話的故鄉」（李豐楙），惟《山海經》一書在神話方面的影響，在古代的中國是微不足道的。中國人對神話的反思，始於五四時代。

有一點必須留意。西方古希臘的神話文獻，早於公元前八世紀便已寫定，中國神話文獻的出現，大約始於春秋末年至戰國時代，相隔二百年以上。這一點，如下文所說，可能是周代的人文精神及史官傳統，令十口相傳的神話故事不能在早期以文字形式保存下來。商人尚鬼，但今天所看到的甲骨文，仍然缺乏商代或商代以前的神話故事。除非有新出土的文物證據，否則現在我們只能承認，中國神話的文字記載，確實遠較西方為遲。

（一）神話學與儒家思想

中國神話不比西方發達，或中國古代神話故事沒有系統的保存下來，近現代神話學者一般歸咎於儒家思想。魯迅《中國小說史略》指出：

> 孔子出，以修身齊家治國平天下等實用為教，不欲言鬼神，太古荒唐之說，俱為儒者所不道，故其後不特無所光大，而又有散亡。[30]

30　同注9，頁一六。

袁珂《中國古代神話》則說：

世界上的幾個文明古國：中國、印度、希臘、埃及，古代都有着豐富的神話，希臘和印度的神話更相當完整地被保存下來；只有中國的神話，原先雖然不能說不豐富，可惜中間經過散失，只剩下一些零星的片段，東一處西一處的分散在古人的著作裏，毫無系統條理，不能和希臘各民族的神話媲美，是非常抱憾的。[31]

袁珂指出，神話轉化為歷史，大都出於「有心人」的施為，「儒家之流要算是作這種工作的主力軍」，「深一點的發掘，就可以知道這原來是符合統治階級的利益的」。[32]最著名的例子，當推「夔一足」及「黃帝四面」的故事。〈大荒東經〉說「東海中有流波山，入海七千里，其上有獸，狀如牛，蒼身而無角，一足，出入水則必風雨，其光如日月，其聲如雷，其名曰夔，黃帝得之，以其皮

31 袁珂：《中國古代神話》（上海：商務印書館，一九五七年），頁一六－一七。
32 同上，頁一七－一八。

為鼓，橛以雷獸之骨，聲聞五百里，以威天下」，而《韓非子．外儲說左下》載孔子說，「夔非一足也，一而足也（一個便足夠了）」。《禮記．仲尼燕居》載孔子曰：「達於禮而不達於樂，謂之素；達於樂而不達於禮，謂之偏。夫夔，達於樂而不達於禮，是以傳此名也，古之人也。」南宋羅願《爾雅翼》卷十八說：「夔自以達樂而不達於禮，若夔獸一足然，蓋有所不備，是故以為名，謙之至也。」又《太平御覽》卷七九引《尸子》說：「子貢云：『古者黃帝四面，信乎？』孔子曰：『黃帝取合己者四人，使治四方，不計而耦，不約而成，此之謂四面。』」似乎都將神話「歷史化」或「合理化」了。

事實上，「黃帝四面」一語本身容有多重詮釋，而無論是《尸子》、《呂氏春秋．本味》（「故黃帝立（位）四面」）、《淮南子．天文訓》（「其帝黃帝，其佐后土，執繩而制四方」）之所述，都未必一定是神話。有學者結合出土文獻馬王堆帛書《老子》乙本卷前古佚書《十六經》（《十六經．立命》說：「昔者黃宗質始好信，作自為象（像），方四面，傅一心。四達自中，前參後參，左參右參，踐立（位）履參，是以能為天下宗。吾受命於天，定立（位）於地，成名於人。」）及歷史文獻之所載，對「黃帝四面」試作一歷史的詮釋。[33]

儒家思想立足於人文界，對思想史的發展有重大的意義。我們固然可以斷定，儒家重理性重實際的傾向，使中國神話學的發展不及西方，但我們卻不能因此而責難歷史上的儒家。古代的儒家學者，並沒有保存神話的意識，沒有保存神話的責任，更沒有當代「神話研究」的反思。若出於世界各大文明皆有但中國獨無的心態而感到非常可惜，是可以理解的，但批評儒家故意消滅神話，則似乎是不能以歷史論歷史了。

謝選駿《神話與民族精神》認為，中國神話的「歷史化」較西方更深一層：化天神為人王，化神話為歷史。這「歷史神話體系」，首先被春秋戰國時代的《堯典》記錄在案。《堯典》中受信用的樂官「夔龍」，由雷獸而成為樂師，而十日之母「羲和」，則成為曆法的主管。是以謝選駿認定，《堯典》的出現，宣告「神話歷史化」運動的完成。[34]法國漢學家馬伯樂早於一九二四年《亞洲學刊》中發表〈書經中的神話傳說〉一文，以「羲」「和」傳說、洪水傳說及重黎「絕地天通」之例，追溯《尚書》中「神

33 鄭先興：〈「黃帝四面」神話的歷史學闡釋〉，《河南師範大學學報（哲學社會科學版）》，第三十五卷第二期，二〇〇八年三月，頁一三七－一三九。

34 謝選駿：《神話與民族精神》（濟南：山東文藝出版社，一九八六年），頁一九七－一九九。

話歷史化」的部分。[35]徐復觀將《書》與《周書》《穆天子傳》相比較，發現《書》之神話最少。[36]然《尚書》中部分故事起源於神話，例如「絕地天通」，當然是沒有疑問的。

謝選駿指出，孔子否定超自然信仰（如神話、宗教、夢占、預兆等）的「理性態度」並不徹底。例如《論語》載孔子說「鳳鳥不至，河不出圖，吾已矣夫！」（〈子罕〉），又說「丘之禱久矣」（〈述而〉），「獲罪於天，無所禱也」（〈八佾〉）。《左傳．哀公十四年》載：「西狩於大野，叔孫氏之車子鉏商獲麟，以為不祥，以賜虞人。仲尼觀之，曰：『麟也。』」故謝氏認為，孔子是一個徬徨於社會大分化、民族大融合時代的矛盾人物，在許多方面，他不像後人想像的那樣理性。[37]潛明茲《中國神話學》同意謝選駿的觀點，認為孔子在神話問題上的態度確有矛盾。[38]按孔子之

35 Henri Maspero, "Légendes mythologiques dans le *Chou King*," *Journal Asiatique* 204 (1924), pp. 1-100.

36 徐復觀：《中國經學史的基礎》（臺北：學生書局，一九八一年），頁四九。

37 同注 34，頁三四四－三四六。

38 潛明茲：《中國神話學》（銀川：寧夏人民出版社，一九九四年），頁一五。

「理性」，是相對而言的。他根本不是唯物主義者，亦從未否定鬼神或天命之存在，更不可能從今天的科學尺度，論鬼神有無之問題。因此孔子亦說「天生德於予」，「天之未喪斯文也，匡人其如予何？」「死生有命，富貴在天」等等。孔子只以鬼神之說，於實無徵，多說無用，是以不願多談。這當然是他個人對超自然論說所採取的態度，當中無所謂「徬徨」與「矛盾」。學者以為孔子完全否定鬼神等無由證驗之說，其理性態度一以貫之，實屬誤解。事實上，春秋戰國為人文精神興起的大時代，不獨儒家為然。除墨子外，諸子百家都不強調鬼神之為實有。《經典釋文．敍錄》稱《莊子》「言多詭誕，或似《山海經》，或類占夢書」，惟《莊子．寓言》說「寓言十九，重言十七，卮言日出，和以天倪」，莊子處混濁之世，喜以謬悠之說、荒唐之言，以為論辯之資，故《莊子》亦保留了不少神話故事。但莊子本身是一個智慧型的思想家，則是毫無疑問的。正如謝選駿所認為的，「神話歷史化」的發生，在殷末周初，至春秋戰國形成高潮。[39]這一點可以取信。果然如此，則大量神話之散亡，亦未能以孔子為罪魁禍首。中國文化本身的早熟，巫史分家甚早，具有強烈的歷史保存意識，歷史學在古代已經相當發達。先秦時代已出現大量史著，孔子作《春秋》固不必說，至西漢

39 謝選駿：《空寂的神殿》（成都：四川人民出版社，一九八七年），頁一五八。

而出現一部震古鑠今的《史記》，此與古希臘所走的方向完全不同。相對而言，希臘人並不太重視歷史學[40]，亞里士多德《論詩》（*Poetics*）第九章曾說，「詩」較「歷史」更為哲學、更為重要，因為「詩」所說的是普遍的，而歷史所說的是個別的。[41]中國歷史學的發達，亦是神話學不發達、沒有長篇史詩的重要原因。[42]論者謂《詩經》中的〈大雅〉（例如〈文王〉〈大明〉〈緜〉〈思齊〉〈皇矣〉〈文王有聲〉〈生民〉〈公劉〉）、〈商頌〉（例如〈烈祖〉〈玄鳥〉），或是某些漢賦（例如〈蜀都賦〉〈西都賦〉〈東都賦〉〈西京賦〉〈東京賦〉），都可算是史詩，但嚴格而論，與西方及印度的史詩相較，則始終不同。中國抒情的作品在「詩」，記事的作品在「史」，較少以「詩」的形式來敘述整段歷史，更不必說當中竟然有浪漫的神話成分。要注意的是，中西方如此的差

40 “The Greek failure to grant supremacy to history may also be discerned in some of the results of theoretical inquiry.” Carlo Brillante, “History and the Historical Interpretation of Myth,” in Lowell Edmunds, ed., *Approaches to Greek Myth* (Baltimore: Johns Hopkins University Press, 1990), p. 104.

41 **“... διὸ καὶ φιλοσοφώτερον καὶ σπουδαιότερον ποίησις ἱστορίας ἐστίν ἡ μὲν γὰρ ποίησις μᾶλλον τὰ καθόλου, ἡ δ' ἱστορία τὰ καθ' ἕκαστον λέγει.” (*Περὶ ποιητικῆς*)** *Aristotelis Opera Omnia*, Græce et Latine (Parisiis: Editore Ambrosio Firmin Didot, 1848), vol. 1, p. 464.

42 楊牧輯：〈佛觀先生書札〉，收入徐復觀：《儒家政治思想與民主自由人權》（臺北：學生書局，一九八八年），頁三六五－三六八。

異，似乎沒有什麼優劣可言。

（二）神話「歷史化」與歷史「神話化」

謝選駿《神話與民族精神》指出，「在中國古代，對神話的『歷史化』處理不僅僅是一種『解釋』，而且深刻滲入神話本身的結構之中：神話被當作古史處理掉，神話本身被化為古史傳說。這種現象為各國神話所罕見。」[43] 五四以還，以顧頡剛為首的古史辨學派，力倡上古史為後世所編造，與神話學者的觀點雖不盡相同，但亦有相通之處。趙沛霖《先秦神話思想史論》指出，「我國神話思想史上任何一種思潮都不可能與神話的歷史化相比擬」，又謂古希臘歐赫邁羅斯（Euhemerus）的觀點，構成神話歷史化的濫觴。[44] 所謂「神話歷史化」，例如「堯」本為天帝，《山海經・中次十二經》載「洞庭之山，帝之二女居之」，「帝」指堯，而「二女」即為「娥皇」「女英」，但在《尚書・堯典》中，堯卻是一位明君；「羿」本為神話中的英雄，其後化

43 同注 34，頁三三七。

44 趙沛霖：《先秦神話思想史論》（臺北：五南圖書出版有限公司，一九九八年），頁六七－六八。

為二人：其一是帝堯時代的壯士，一說為帝嚳的射官（《說文解字．弓部》）；其二是夏朝東夷部落有窮氏的首領，稱「帝羿有窮氏」。如斯例子，不一而足，凡女媧、炎帝、黃帝、蚩尤、少昊、顓頊、舜、禹、夔等等，皆同樣從神話人物演變成歷史人物。

然而，僅從以上的文獻證據，我們亦未嘗不可反其道而觀之，理解為「歷史神話化」。上文引趙沛霖所言，古希臘歐赫邁羅斯的觀點，構成「神話歷史化」的濫觴。其實，「歷史神話化」，方為近於歐赫邁羅斯的觀點。

二十世紀初的德國學者維普雷思特（Friedrich Wipprecht）已經指出，神話的理性詮釋（rationalistische Mythendeutung）有兩重意義：第一，是「比喻的理解」：「神話並非完全等同其表面上的意思。在傳說人物及其奮鬥、成長及死亡的背後，實有一些想法及觀念，潛藏在掩飾的衣服之中。所有這些，都必須用比喻以理解」。[45]第

45 "Die Mythen bedeuten ja gar nicht das, was sie zu sagen scheinen. Hinter diesen Sagengestalten und ihren Kämpfen, ihrem Werden und Vergehen liegen Vorstellungen und Begriffe, die in einer verschleiernden Einkleidung vorgeführt werden. Alles dies ist allegorisch aufzufassen." Friedrich Wipprecht, *Zur Entwicklung der rationalistischen Mythendeutung bei den Griechen*, I (Tübingen: H. Laupp Jr., 1902), SS. 8-9.

二，是神話的歷史化：「所有精彩的神話敘述，必然與某些事實及真實事件相符，或已然相合。荷馬、赫西俄德及所有其他古代詩人所講述的，不可能全部是虛構的。問題只在確定一個神話有何客觀的真實為其根據，並查明其歷史的核心。」[46] 歐赫邁羅斯的觀點當屬後者。他認為，神話實有其歷史根據，其《聖史》（*Sacred History*; Ιερά Αναγραφή〔直譯當作《神聖的記錄》，羅馬作家恩紐斯（Quintus Ennius）的拉丁譯本一般題作《歐赫邁羅斯或聖史》（*Euhemerus, sive Sacra historia*），故一般稱為《聖史》〕）一書中敘述自己到達印度洋潘凱亞（Panchaea）一島，發現宙斯神廟中刻有文字的石碑，記有宙斯生前的事跡，由此知道奧林匹斯諸神，皆原為被神化的國王。據西西里的狄奧多羅斯（Diodorus Siculus）《歷史叢書》（*The Library of History*）所引述，「祭司們講述神話，說他們家族（諸神）起源於克里特，在宙斯的帶領下來到

46 "Allen wunderbaren Mythenberichten müssen irgendwelche Thatsachen, wirkliche Geschehnisse entsprechen oder entsprochen haben. Homer, Hesiod und alle die andern alten Dichter können doch nicht alles, was sie erzählt, aus der Luft gegriffen haben. Es handelt sich also lediglich darum festzustellen, was als objektive Wahrheit einem Mythos zu Grunde liegt, seinen historischen Kern zu ermitteln." 同上, SS. 10-11.

潘凱亞島，當時與人類共處，為人類所居住世界的國王。」[47]這部書的殘卷中亦載：「關於諸神，這位最有學問的狄奧多羅斯於其文章中亦說，諸神生來便是人，人類稱他們為不死，如此認定，因其所作善事之故。」[48]由希臘文「善事」（**εὐεργεσία**）而派生出德文的「善事主義」（Euergetismus），希臘文所謂「行善事的國王」（**βασιλεὺς εὐεργέτης**）。[49]維尼阿楚克（Marek Winiarczyk）《美西納的歐赫邁羅斯：生平及著作〈聖史〉》（***Euhemer z Messeny. Życie i dzieło Święta historia***）指出，「善事主義的觀念」（koncepcja euergetyzmu）是帝王崇拜的重要條件，對歐赫邁羅

47 **"μυθολογοῦσι δ΄ οἱ ἱερεῖς τὸ γένος αὐτοῖς ἐκ Κρήτης ὑπάρχειν, ὑπὸ Διὸς ἠγμένοις εἰς τὴν Παγχαίαν, ὅτε κατ΄ ἀνθρώπους ὢν ἐβασίλευε τῆς οἰκουμένης." Diodorus of Sicily, *The Library of History* [Ιστορική Βιβλιοθήκη]**, Book V, 46 (Cambridge, Massachusetts: Harvard University Press, 1939）, p. 224.

48 **"Περὶ ὧν (θεῶν) ἐν ταῖς συγγραφαῖς αὐτοῦ λέγει καὶ ὁ Διόδωρος ὁ σοφώτατος ταῦτα, ὅτι ἄνθρωποι γεγόνασιν οἱ θεοί, οὕστινας οἱ ἄνθρωποι ὡς νομίζοντες δι' εὐεργεσίαν ἀθανάτους προσηγόρευον."** 同上, Fragments of Book VI, 1, p. 336.

49 Marek Winiarczyk, *Euhemeros von Messene: Leben, Werk und Nachwirkung* (München; Leipzig: K. G. Saur, 2002）, SS. 43-50, 63.

斯有相當的影響。[50] 古羅馬基督教作家拉克坦提烏斯（Lactantius）《神聖教育原理》（*Divinae Institutiones*）亦稱述歐赫邁羅斯的觀點：「然則誰人如此愚昧，以為在天國統治，即不當曾在地上統治？」[51]「我認為，一位神明為最原始時代的統治者，而另一位神明則是下一個時代的統治者。」[52]「古代作家歐赫邁羅斯從美西納城而來，他搜集宙斯及被認為是其他諸神的事跡，從極古老的廟宇所存有的銘刻及神聖的碑文，編成歷史。」[53] 當代學者大多斷定，《聖史》是一部烏托邦小說。安吉利斯（Franco de Angelis）及格斯塔德（Benjamin Garstad）指出，西西里的希臘人有向希臘本土「朝聖」的習慣，尤其是德爾菲（Delphi）和奧林匹亞（Olympia），此令他們想到宗教的

50 Winiarczyk, *Euhemer z Messeny. Życie i dzieło Święta historia* (Wrocław: Wydawnictwo Uniwersytetu Wrocławskiego, 2012）, s. 46.

51 "Qvis est igitur tam excors, qui hunc in caelo regnare putet, qui ne in terra quidem debuit?" Lactantius, *Divinae Institutiones*, Liber I, Cap. XI (Lvgdvni: Apud Ioannem Tornæsium, 1567）, p. 37.

52 "Video alium Deum regem fuisse primis temporibus, alium consequentibus." 同上, pp. 37-38.

53 "Antiquus auctor Euhemerus, qui fuit ex ciuitate Messene, res gestas Iouis, & ceterorum qui dij putantur, collegit, historiam que contexuit ex titulis, & inscriptionibus sacris, quae in antiquissimis templis habebantur." 同上, p. 43.

起源處及諸神的居所都在非常遙遠的地方，而歐赫邁羅斯正是如此。[54]然而，學者認為，嚴格而論，歐赫邁羅斯主義並不等同「神話的理性詮釋」，歐赫邁羅斯處於希臘化時代初期，帝王崇拜蔚然成風。他參加討論，着意於提出宗教的起源而已。[55]維尼阿楚克斷言：「將歐赫邁羅斯主義定義為神話的理性詮釋，必然是錯誤的。在神話中看出歷史，肯定不是歐赫邁羅斯主義。」[56]維尼阿楚克的見解，與通說不同。

我們知道，神話時代當然較歷史時代或哲學時代出現得更早，筆者當然不否定「神話歷史化」的觀點，但先民也可憑其「神話思維」，將歷史說成神話。上古歷史故事口耳相傳，真假混雜（徐旭生稱為「傳說時代」），何者為純粹的神話，何者為神話式歷史，在西周時代已有所檢別。神話中當有歷史成分，上古至殷商時代十口相傳的，不可能是純粹的神話，否則在商代以前，便完全沒有歷史故事流傳了。神話本身當然並非史實，但亦非完全沒有歷史在其中的。今天，要追溯何者為純粹的神話，

54 Franco de Angelis and Benjamin Garstad, "Euhemerus in Context," *Classical Antiquity*, vol. 25, no. 2 (Oct., 2006), p. 217.

55 "Euhemer chciał przedstawić genezę religii." 同注 50, s. 100.

56 "… zdecydowanie błędne jest określanie mianem euhemeryzmu racjonalistycznej interpretacji mitów. Dopatrywanie się historii w micie na pewno nie jest euhemeryzmem." 同注 50, s. 114.

何者為摻雜歷史的神話，是相當不容易的，因為神話「歷史化」後，哪些原來為真正的歷史人物，而潛藏於神話之中；哪些原來是虛構的角色，「歷史化」後則成為歷史人物，我們都無法明確考定。但純粹的神話及摻雜歷史的神話同時流傳了下來，是比較合理的說法。一般以為，西方神話中的烏拉諾斯（Uranus）、蓋亞（Gaia）、克洛諾斯（Cronus）等，固然是純粹神話中的神，而即使是較審慎的學者，仍然相信特洛伊戰爭（Trojan War）有其「歷史核心」（historical core）。[57]《山海經》中的陸吾、泰逢、長乘、英招、計蒙、帝江、形天（刑天）、貳負、不廷胡余、冰夷、天吳等，仍然是純粹神話中的神祇或怪物，而炎帝、黃帝、顓頊、堯、舜等，則成為歷史人物了。

徐旭生認為古代部族的分野，可分為華夏、東夷及苗蠻三個集團。西北方的華夏集團分為黃帝與炎帝兩大支派；近東方則有混合華夏及東夷兩文化而自成單位的顓

57 Manfred O. Korfmann, "Der wahre Kern des Mythos: Die moderne Troiaforschung geht über die Suche nach dem historischen Kern des homerischen Epos weit hinaus," *Antike Welt*, vol. 36, n. 6 (2005), SS. 59-68; Dieter Hertel, "The Myth of History: The Case of Troy," in Ken Dowden and Niall Livingstone, eds, *A Companion to Greek Mythology* (Chichester, West Sussex; Malden, Mass.: Wiley-Blackwell, 2011), pp. 425-441.

項、帝舜及商人；南方則又有出自北方的華夏集團，而其中一部分深入南方，與苗蠻集團有極深的關係。[58]

雖有其他學者提出異說，但徐旭生寫定的框架，對學術界影響很大。夏代的考古研究，例如西安半坡遺址，雖未有文字的發現，但殷商以前尚有其他文明存在，已是無可置疑的。今天已陸續有學者根據考古的發現，探討《山海經》與夏代文化的關係，並指出《山海經》的神話及其所描述的神人怪物，可從出土的圖畫加以比較印證。[59]希臘神話中的諸神，學者大多論定不是俗世的歷史人物，而中國的黃帝、鯀、禹等等，亦人亦獸，徘徊在歷史與神話之間。

其實，《山海經》之所載，是否都是上古的原始神話，並不是毫無疑問的。早於二十世紀二十年代，蒙文通《古史甄微》指出，述古史者，皆起於東周。他從傳世文獻總結出，述古史者有「鄒魯」「三晉」及「南方」三個系統：以孟子所說為宗，上合六經，即為「鄒魯」說古史的系統；以韓非為宗，上合《汲冢紀年》，即為「三

58 徐旭生：《中國古史的傳說時代》（桂林：廣西師範大學出版社，二〇〇三年），頁四。

59 例如黃懿陸：《〈山海經〉考古：夏朝起源與先越文化研究》（北京：民族出版社，二〇〇七年）；王克林：《〈山海經〉與仰韶文化》（太原：山西人民出版社，二〇一一年）。

晉」說古史的系統；以屈原、莊子為宗，上合《山海經》，則為「南方」說古史的系統。[60] 春秋至戰國是人文精神發揚的大時代，但楚地仍然流行大量巫說。我們固然認同「神話先於歷史」的發展觀念，然《山海經》之所載，部分亦可能獨出於楚地或巴蜀地區巫師方士之言，尤其是傳世文獻及出土文獻皆未有可互為印證的傳說，即獨出於《山海經》的傳說。

今天出土的文獻證明，南方所說的古史，未必與鄒魯所說的古史截然不同。例如堯舜禪讓，楚地出土的竹簡亦有此說。郭店楚簡《唐虞之道》說（只抄錄學者考釋出來的今字，不抄錄古字或假借字）：「古者堯之與舜也，聞舜孝，知其能養天下之老也；聞舜弟，知其能嗣天下之長也……堯禪天下而受之，南面而王天下而甚君。故堯之禪乎舜也，如此也。」上海博物館楚竹書《容成氏》說：「昔堯處於丹府與藋陵之間。堯賤施而時時賞，不勸而民力，不刑殺而無盜賊，甚緩而民服……堯有子九人，不以其子為後，見舜之賢也，而欲以為後。」

60 蒙文通：《古史甄微》（成都：巴蜀書社，一九九九年），頁一四。

（三）中國神話「道德化」的問題

一些學者以為，中國神話重視道德，而西方希臘神話將不道德的行為「合理化」。[61]又說中國體系神話與希臘體系神話，分別代表世界神話的「倫理化」和「非倫理化」的極端。中國形成尊崇有德者的歷史傳統，希臘形成尊崇有力者的神話傳統。[62]若以古希臘神話與中國歷代神話相較，這些說法不無道理，惟將古希臘神話與先秦神話比較，則未必然，尤其是《山海經》一書。《山海經》沒有「倫理化」的傾向，亦並未特意「尊崇有德者」。〈五臧山經〉所載諸山水及動植物，固然無所謂道德與不道德的問題，〈海經〉中的「結匈國」「羽民國」「交脛國」等奇國，燭龍、禺彊、夸父、天吳、雨師妾、貳負、窫窳、西王母等神人異物，俱與道德無關。即使牽涉歷史式神話，如羿與鑿齒戰於壽華之野、形天與帝爭神、應龍殺蚩尤與夸父、帝令重獻上天、令黎邛下地、夏后開上三嬪於天、禹湮洪水並殺相繇、鯀竊帝之息壤以堙洪水、帝令祝融殺鯀於羽郊等等，有何特別「倫理化」或宣揚道德可言？帝王譜系

61 Wang Xiangyun, *A Comparative Study of Chinese and Greek Mythology* (Jinan: Shandong University Press, 2000), "Abstract" and "Chapter 2", pp. 1, 40-82.

62 同注34，頁一九一。

的記載，更不必論。只是希臘神話明顯多有不道德的行為，相形之下，中國先秦神話算是有「道德」了。有西方學者指出，基督教的辯教者強調傳統神話的兩大特徵：即其「不道德」及其「荒謬」（The apologists insist on two features of traditional myths: their immorality and their absurdity）。古希臘哲學家色諾芬尼（Xenophanes）痛斥希臘諸神「過度發展的人格化」（overdeveloped anthropomorphism of Greek gods）。[63] 其實，所謂「不道德」，諸如好色、強姦、謀殺、偷盜、貪婪、嫉妒、毀滅等，我們還可以理解，但希臘神話的「不道德」，有時甚至到達非人性、「前文明」（pre-civilized）的地步，例如「同類相食」（cannibalism）。烏拉諾斯的妻子蓋亞慫恿其子克洛諾斯閹割其父，篡奪王位，是弒父之一例。當克洛諾斯得悉自己將重蹈其父之覆轍，為兒女所打敗，竟然先下手為強，將數個親生兒女活生生吃掉，包括著名的得墨忒耳（Demeter）、赫斯提亞（Hestia）、赫拉（Hera）、哈迪斯（Hades）和波西頓（Poseidon）。赫西俄德的《神譜》載：「因他（克洛諾斯）從蓋亞及星星之天聽到，

63 Fritz Graf, "Myth in Christian Authors," in Ken Dowden and Niall Livingstone, eds, A *Companion to Greek Mythology* (Chichester, West Sussex; Malden, Mass.: Wiley-Blackwell, 2011), p. 323.

他命中注定為子女所征服……他伺機行動，將他的子女吞下。」[64]那是徹頭徹尾的「同類相食」了。希臘神話多有強姦，不分同性異性，例如宙斯之於歐羅巴（Europa）及伽倪墨得斯（Ganymede）、底比斯（Thebes）國王拉伊俄斯（Laius）之於克呂西波（Chrysippus）等。至若人類時代（Ages of Man）的神話，則更不必說，充滿權力、暴力、欺詐、貪婪，這是赫西俄德等作家反映公元前八世紀希臘統治階級的實況。[65]我們常常批評中國神話的「道德化」，以西方神話之「不道德」為尚，符合浪漫主義者及當代自由主義者的價值標準。但仔細觀察《山海經》等先秦兩漢神話著作的所謂「道德」，及希臘神話的「不道德」，則我們固有的常識，似乎不是完全準確的。

論者又說中國神話反映對權威的忠誠，舉先秦時代的感生神話為例。[66]《山海

64 **"πεύθετο γὰρ Γαίης τε καὶ Οὐρανοῦ ἀστερόεντος, οὕνεκά οἱ πέπρωτο ἑῷ ὑπὸ παιδὶ δαμῆναι, … ἀλλὰ δοκεύων παῖδας ἑοὺς κατέπινε."** (463-467) *Hesiod* (Cambridge, Mass.: Harvard University Press, 2006), I, p. 40.

65 David Bellingham, *An Introduction to Greek Mythology* (London: New Burlington Books, 1989), p. 6; Christoph Ulf, "The World of Homer and Hesiod," in Kurt A. Raaflaub and Hans van Wees, eds., *A Companion to Archaic Greece* (Chichester, U.K.; Malden, MA: Wiley-Blackwell, 2009), p. 97.

66 同注61，"Abstract" and "Chapter 1"，pp. 1, 14-15.

經》沒有感生神話，此處不論，而通讀《山海經》，亦無所謂「對權威的忠誠」。相對而論，古希臘宙斯控御諸神，支配整個宇宙，有無上的權威，我們能否說古希臘神話反映對帝王權威的忠誠？根據古典作家之所述，古希臘的小國，多有奉帝王為神明的例子，包括呂山德（Lysander）、西西里島敘拉古的大狄奧尼西奧斯（Dionysius I of Syracuse）、克利阿科斯（Clearchus）、馬其頓的菲利普二世（Philip II of Macedon）、亞歷山大大帝（Alexander the Great）等等。儘管當代學者對當中的一些問題存有質疑，但基本可信的是，薩摩斯島（Samos）在呂山德生前已奉其若神；克利阿科斯自稱宙斯之子；馬其頓的菲利普二世生前已積極建立自己的個人崇拜，可惜他於公元前三三六年突然去世；亞歷山大大帝更不消說，他生前模仿神話英雄海格力斯（Heracles），並以宙斯為父。他三十三歲英年早逝，科林斯同盟的城邦對他奉若神明。學者指出，於公元前四世紀，希臘人越來越依靠偉大的統治者，因此給統治者如神明一般的崇拜。[67] 然則從神話說到歷史，古希臘人亦未嘗不崇拜權威。

67 “…… w ciągu IV w. stawały się one coraz bardziej zależne od wielkich władców i dlatego zaczęły oddawać im taką cześć jak bogom.” 同注 50, s. 56-57.

（四）中西神話的內容比較

中西神話內容之不同，俯拾皆是。不過學者多以西方神話常見的母題，在《山海經》中找尋對應的故事。此反映世界神話有其普遍性（universality），甚具意義。然而，神話並沒有必然的普遍性，這一點必須強調。學者常常以西方神話為參照系，以說明中國神話的涵義。這在原則上沒有問題，但具體例子則仍可商榷。茲引數例略作討論。

第一是英雄神話。古希臘神話的英雄，以普羅米修斯（Prometheus）、海格力斯、提修斯（Theseus）及阿喀琉斯（Achilles）為犖犖大者。普羅米修斯違抗神聖權威，為人類從奧林匹斯（Olympus）偷取火種，宙斯因而大發雷霆，將普羅米修斯鎖在懸崖上，每天派一隻惡鷹去吃他的肝，而他的肝每天又會重生，那隻惡鷹天天去吃，令他苦不堪言；海格力斯力大無窮，驍勇善戰，智慧非凡，為了贖罪而替歐律斯透斯（Eurystheus）完成十二項苦差（原定為十項），又射死折磨普羅米修斯的惡鷹等等，一直為人津津樂道；提修斯逃出克里特國王米諾斯迷宮（Labyrinth of the King Minos of Crete）、聯合阿提卡（Attica）部落，建立雅典王國，並提出改革，成為雅典民主的英雄。

中國神話的英雄，一般以「羿」為最大代表。〈海內經〉一句「帝俊賜羿彤弓素矰，以扶下國，羿是始去恤下地之百艱」，已足以反映其為民除害的英雄形象。「羿與鑿齒戰於壽華之野，羿射殺之」，「崑崙之虛，方八百里，高萬仞……在八隅之巖，赤水之際，非仁羿莫能上岡之巖」，皆可見「羿」的勇武及超凡的能力。然而，希臘神話中的英雄崇拜，性質與先秦神話不能相提並論。從現在所能看到的資料中，《山海經》最顯赫的英雄「羿」，在民間的感染力仍然是有限的。

近現代學者以為，夸父神話也是英雄神話，是「與神爭霸的象徵」。[68] 一說夸父的故事，代表對光明及真理的追求。[69] 陶淵明〈讀山海經〉詩說：「夸父誕宏志，乃與日競走，俱至虞淵下，似若無勝負。神力既殊妙，傾河焉足有！餘跡寄鄧林，功竟在身後。」（《陶淵明集》卷四）詩人亦盛稱夸父的「宏志」。不過，〈大荒北經〉本身已明說「夸父不量力」，《列子》卷五亦說「夸父不量力，欲追日影，逐之於隅谷之際」，唐代釋皎然《杼山集》卷六有詩說：「夸父亦何愚，競走先自疲……空留鄧林在，折盡令人嗤。」（〈五言效古〉〔天寶十四年〕）在近代西方神話學引入以前，夸父的故事很少為學者所歌頌。首先指出，「逐日」本身並不等同「與神爭霸」，因

68 茅盾：《中國神話研究初探》（南京：江蘇文藝出版社，二〇〇九年），頁五七。

69 袁珂：《中國神話通論》（成都：巴蜀書社，一九九三年），頁一〇一。

為人類日常起居，無必要追逐太陽，此與普羅米修斯為人類從奧林匹斯偷取火種不同。至若說對光明及真理的追求（「比喻的理解」），似乎也不太恰當。中國神話時代的先民日出而作、日入而息，是否真的有追求真理的慾望，而太陽是否即為真理的代表，是不無疑問的。根據《山海經》，夸父與蚩尤屬同一派系，雖不必然是負面形象，也很難說與「羿」同科，屬英雄人物。夸父居於北方的黑暗世界（〈海經〉記「夸父」之事於〈海外北經〉及〈大荒北經〉），「逐日」神話可能與此有關。王孝廉說「夸父逐日」，其原始意義為太陽與黑夜之爭，而「夸父之死」，代表光明的勝利。[70]其說大抵與《山海經》之所述相符。

有學者引〈海內經〉末句「洪水滔天。鯀竊帝之息壤以堙洪水，不待帝命。帝令祝融殺鯀於羽郊」，認定鯀也可與普羅米修斯相比。[71]李豐楙以為，鯀竊帝之息壤，是叛逆的英雄。[72]首先指出，在先秦古籍中，除《韓非子》外，鯀的形象大多數是負

70　王孝廉：《中國神話世界（下編）中原民族的神話與信仰》（臺北：洪葉文化，二〇〇五年），頁二五七。

71　同注69，頁二五四。

72　李豐楙：《神話的故鄉：山海經》（臺北：時報文化出版公司，一九九六年），頁一三八－一三九。

面的。《墨子．尚賢中》說：「曰若昔者伯鯀，帝之元子，廢帝之德庸，既乃刑之於羽之郊，乃熱照無有及也，帝亦不愛。」《國語．周語下》載：「其在有虞，有崇伯鯀，播其淫心，稱遂共工之過，堯用殛之於羽山。」《尚書．堯典》載堯找人治洪水，堯說：「吁！咈哉，方命圮族。」（《史記》：「鯀負命毀族，不可。」）《尚書．洪範》：「我聞在昔，鯀陻洪水，汨陳（亂陳）其五行。帝乃震怒，不畀洪範九疇。」從〈海內經〉那一句看，我們只知道鯀竊帝之息壤以堙洪水，不待帝命，其他細節，則不得而知，《山海經》亦沒有褒貶之詞。屈原《離騷》有「鮌婞直以亡身兮，終然殀乎羽之野」一句，〈天問〉又有「咸播秬黍，莆雚是營。何由並投，而鯀疾修盈？」一問，皆對鯀的遭遇表示同情，但對於鯀治洪水，〈天問〉卻說「鴟龜曳銜，鮌何聽焉？」又問「順欲成功，帝何刑焉？」王逸說：「言鮌治水，績用不成，堯乃放殺之羽山。」洪興祖說：「此言鮌違帝命而不聽，何以聽鴟龜之曳銜也？」姜亮夫認為「聽」當讀為「聖」，即問鯀有何聖德？[73] 黃靈庚根據馬王堆漢墓帛書，認為「鴟龜曳銜」為玄冥之象，意即屈原問鯀，治水何以聽從玄冥？[74] 無論如何，屈原對鯀之治水方法，仍

73 姜亮夫：《屈原賦校注》（香港：中華書局，一九七二年），頁二八八。

74 黃靈庚：《楚辭與簡帛文獻》（北京：人民出版社，二〇一一年），頁二三八。

然有一點保留。整體而論，古人對鯀的評價，有褒有貶，而以貶者居多。尤其重要的是，在治水的問題上，連屈原亦未敢肯定鯀的方法和態度。若只憑〈海內經〉「鯀竊帝之息壤以堙洪水」，即將鯀比之於普羅米修斯，未免太急於從中國神話中找出西方的影子了。

當然，神話的詮釋是開放的，我們只是尋求接近現存材料內容的詮釋而已。研究歷史與研究神話的學者，在方法及態度上多有不同。神話學者想像力較豐富，對基本材料多作較大程度的引申和發揮，並多以建構理論及比較體系為目的。於此，在原則上並沒有「對」或「不對」的問題，我們只能從文獻的證據及個人的批判思考，看看推論是否合理。

第二是創世神話。謝選駿指出，中國神話的歷史化，最後形成中國式的體系神話，即「少典氏帝系」傳說。[75] 我們今天稱中國人為炎黃子孫，炎帝與黃帝就是同出於少典氏，即所謂「少典氏帝系」。王獻唐《炎黃氏族文化考》開篇即以文獻證據，反駁黃帝炎帝同出少典之說。[76] 無論如何，中國的體系神話只涉及政治上的關係，而

75 同注34，頁一九〇。

76 王獻唐：《炎黃氏族文化考》（青島：青島出版社，二〇〇六年），頁一一七。

未能上推到最高的天帝。希臘的「神譜」則不同，希臘的神祇可說同屬一個大家庭，當中以宙斯最具權力。此很可能與古希臘重視創世有關。雖然希臘神話並沒有惟一的創世神，蓋亞只是從「混沌」而出，但諸神同屬一家，各自管理世間的某事某物，後世解釋者以為有比喻的意義，於是整個世界便同出一源，真理便成為一個整體，因而成就其後哲學上「宇宙論的思考」（cosmological speculation）。趙沛霖認為，中國很早便流行祖先崇拜，故始終沒有形成一個內在統一的普遍神系，以及處於核心地位的主神。[77]這一點頗有參考意義。不過，中國最少在殷周之交，即有「天」「上帝」的觀念，見之於《詩經》及《尚書》，絕非止於祖先崇拜而已。丁山指出，甲骨文有「上帝」，有「帝」，帝即天神的最古尊號。[78]徐復觀舉出例證，說明至少在殷周兩代，祖先崇拜與「天」「上帝」的崇拜是分開的。[79]〈九歌〉之首是〈東皇太一〉，太一是楚人的至尊神，與祖先無關。至若何以古代中國沒有將諸神與天帝扯上關係，或建構以上帝為最高神的神譜，則似乎只有跳出西方神話，甚至「普遍神話」的框架，方

77 同注44，頁三六五。

78 丁山：《中國古代宗教與神話考》（上海：上海文藝出版社，一九八八年），頁一八〇—一八一。

79 徐復觀：《兩漢思想史》卷一（臺北：學生書局，一九八五年），頁三八七—三九〇。

能尋求其解釋。

《山海經》的西王母、帝俊、羲和、黃帝、顓頊等，都無法解釋為創世神話。有學者認為，燭龍有創世神的特徵，是宇宙天地之化身，因晝夜、四季、風雨，甚至冥間，都在其管轄範圍之內。[80]但以《山海經》兩處描述觀之，燭龍只管理北方的黑暗世界，無所謂「創造」，似與創造整個世界仍然有一段距離。誠然，燭龍與盤古的形貌和神通很像，認為盤古可能由燭龍演變而來，是合理的，但論定《山海經》中的「燭龍神話」為創世神話，則難以成立。〈大荒四經〉及〈海內經〉將「帝俊」置於非常崇高的地位，在先秦典籍中找不到第二部。帝俊的角色非常特殊。他是東方殷民族的上帝，與鳳鳥相關，是「鳳」圖騰的最高神。[81]近現代學者結合出土文獻及傳世文獻，多認為帝嚳與帝舜，是帝俊一人之分化。[82]何新根據長沙楚帛書所載「日月夋生」「帝夋乃為日月之行」之文，及《山海經》所載其為羲和及常羲丈夫的身份，認

80 李川：〈《山海經》神話記錄系統性之研究〉，廣西師範大學碩士學位論文（二〇〇六年），頁三三—三四。

81 同注72，頁一二四—一二五。

82 關於此一問題的總結，參安京：〈帝俊考〉，《山海經新考》（北京：中央編譯出版社，二〇一〇年），頁二三六—二四九。

定帝俊為上古之太陽神。[83] 這是合理的推測。然而，若進一步將帝俊比之於希臘的宙斯，則不太恰當，因為他們除同為最高神之外，無論形貌、性格、事跡等等，幾無類同之處。而儘管為最高神，帝俊在《山海經》中除了生育及娶妻外，都沒有實質的動作，即沒有實在的事跡。

學者稱中國沒有創世神話，指創世故事沒有「人格神」參與其中。《周易．繫辭傳》的「易有太極，是生兩儀。兩儀生四象，四象生八卦」，《老子》的「天下萬物生於有，有生於無」，《莊子．大宗師》的「今一以天地為大鑪，以造化為大冶」，皆屬「宇宙論的思考」，不是神話。《莊子．應帝王》所謂「日鑿一竅，七日而渾沌死」，也只能視之為莊子所編造的諧趣故事。既然說「人皆有七竅，以視聽食息，此獨無有，嘗試鑿之」，即知非原始的人類起源神話了。有西方學者認為，道家的宇宙論背後，當有一個古老的創世神話故事。道家哲學與宗教神話並不對立，因而否定「中國特例」（China as a special case）之說。[84] 我們當然可以如此假定，而這假定亦相當合

83 何新：《諸神的起源——中國遠古神話與歷史》（臺北：木鐸出版社，一九八七年），頁四〇－四一。

84 Norman J. Girardot, "The Problem of Creation Mythology in the Study of Chinese Religion," *History of Religions*, vol. 15, no. 4 (May, 1976), pp. 312-315.

理，只是文獻不足徵而已。

中國古代有至高無上的「上帝」，但「上帝」並不是創造世界的。明末利瑪竇（Matteo Ricci）以《尚書》《詩經》中的「上帝」附會《聖經》所說的陡斯（Deus），惟二者最大的不同之處，即在於此：《聖經》有人格神創造天地萬物之說，而中國的創世神話及人類起源神話，在傳世文獻之中很遲才正式出現。盤古開闢天地，見於《藝文類聚》卷一引三國時代徐整的《三五曆記》及《繹史》卷一所引徐整的《五運曆年記》；女媧摶土作人，見於《太平御覽》卷七八引東漢應劭的《風俗通義》。《山海經》曾提及「女媧」，但只有「有神十人，名曰女媧之腸，化為神，處栗廣之野，橫道而處」之句，沒有說到摶土作人。不過，先秦時代已有「女媧造人」之說。《楚辭‧天問》謂「女媧有體，孰製匠之？」意即若女媧造人，則女媧之身體復為誰人所造？屈原之所說，必有所據，惟這個故事在傳世文獻並沒有完整的流傳下來。有學者認為，「媧」與「娃」音通，仰韶文化遺址所出土的蛙紋寫實圖畫，是女媧氏族的圖騰標誌。[85] 長沙子彈庫〈楚帛書‧甲篇〉言及伏羲（雹戲）生於混沌，娶妻（一說為

85 陶陽、鍾秀：《中國創世神話》（上海：上海人民出版社，一九八九年），頁五〇。

女媧）並生子四人。此證明在戰國時代，中國已有類似的創世神話。[86]只是這個創世神話的規模及影響，難以與古希臘的相提並論。

今天，中國創世神話的研究，多指向中國少數民族的創世史詩，尤其以西南民族最為突出，如彝族及傣族的《開天闢地》、納西族的《人祖利恩》、苗族的《創世記》等。[87]然而，我們無法確定少數民族創世史詩的創作年代。[88]現代學者從民間所收集的材料，大多數皆由白話中文轉寫而成。此與現在所談先秦時代的文獻較為不同。中國文明起源於黃河流域，諸子百家之傳世經典，加上已發現的甲骨文、金文及簡帛文獻，方能成就中國先秦時代的文明。當然，筆者決不否定少數民族文獻的內容價值及其意義。

86 高莉芬：〈神聖的秩序——《楚帛書・甲篇》中的創世神話及其宇宙觀〉，《中國文哲研究集刊》第三十期（二〇〇七年三月），頁一—四四。饒宗頤：《長沙楚帛書研究》（甲篇），收入《饒宗頤二十世紀學術文集》（臺北：新文豐出版股份有限公司，二〇〇三年），第五冊，卷三，頁二三三—二五五。

87 谷德明編：《中國少數民族神話》（北京：中國民間文藝出版社，一九八七年），頁二九〇—二九二，三四一—三四五，四一五—四一八，五四五—六〇三。

88 文日煥、王憲昭：《中國少數民族神話概論》（北京：民族出版社，二〇一一年），頁四一—四九。

三、結語

筆者提出以上諸問題，與當代神話學者的主流意見未必相合，並非存心立異，只希望刺激一下讀者的思考，不為常識及直覺所牢籠而已，錯誤則在所難免。我認為，中西神話的比較，亦與文化比較一樣，有一定的基本原則，例如必須以古論古，從古史的角度論古史，並以年代相若的中西神話相比較（上文已說，中國神話文獻較遲出現，這篇引論只集中於中西方遠古的神話）。理論的建構，也不能距離史料太遠。以外國神話為參照系，以尋找中國神話的對應例子，在人類學的研究上有重大的意義，但詮釋必須審慎，以免流於穿鑿附會。民族與民族之間，必然有共通的神話，而某些民族又有其特殊的神話內容及神話模式，不必強求統一。

《山海經》的神話只限於描述，幾乎沒有完整的故事或深刻的性格描寫，更沒有史詩式的敍述。此與古希臘神話大相徑庭。上文已說，中國史學的發達，亦為神話故事不興盛的重要原因。《山海經》一書有關神話的部分，大概是上古傳說的殘存文字。即使在散文甚為興盛的春秋末年乃至戰國時代，亦沒有知識分子將古代神話加以整理，編寫成像《左傳》《國語》一般的書。這是相當可惜的。

限於體例與篇幅，「新視野中華經典文庫」之《山海經》的注釋及譯文力求簡潔。

注釋部分，主要參考郭郛、郭世謙、袁珂的研究成果，並雜以己見，而譯文部分亦曾參考方韜的《山海經》（中華經典藏書系列）。《山海經》有宋尤袤池陽郡齋本、儀徵阮氏瑯環仙館刻郝懿行《山海經箋疏》本等等。今以袁珂《山海經校注》本為底本，並參考方韜注本。為免繁瑣，凡錯字、衍字、異體字、錯簡等等，已一併校改，不復逐一列出異文及各家校訂的意見。〈海內東經〉末自「岷三江」至「東注渤海，入章武南」一段，當為〈水經〉文，故「新視野中華經典文庫」之《山海經》中不載。

《鹽鐵論》導讀

干預主義與反干預主義：《鹽鐵論》中的經濟思想

香港明愛專上學院通識教育及語文學系助理教授
趙善軒

一、武帝新政　經濟改革

讀《鹽鐵論》，就得先了解其書的時代背景。

漢武帝（前一五六—前八七）在位時，積極用兵四夷，他好大喜功，泰山封禪又虛耗了一大筆經費，導致國家財政入不敷支，為了滿足他無窮無盡的慾望，故不得不推行新經濟政策，以增加收入，內容大抵如下：

政策	負責人	推行年份
號召募捐	眾官員	公元前一二〇年
算緡錢（財產稅）	眾官員	公元前一一九年
鹽鐵專賣	孔僅、東郭咸陽	公元前一一八年
告緡錢（告發瞞稅）	楊可	公元前一一七年
平準、均輸（物流統管）	桑弘羊	公元前一一五年

新經濟政策始於漢武帝元狩三年（前一二〇），當時下令號召商人自願募捐[1]，在欠缺經濟誘因的情況下，反應不太理想，政府只好再想其他方法開源，故第一招是擴闊稅基。元狩四年（前一一九）開徵新稅，類近於現代的資產稅，名為「緡錢」。[2]元狩六年至元鼎四年（前一一七－前一一三）更全面推行「告緡令」[3]，鼓勵百姓主動告發「瞞稅」的商人，告發者可分得被告者一半的家產，造成「文革式」的告密風潮。由於沒有對私有財產的保障，商人便失去了追求財富的動力，對商業發展產生前所未有的打擊。

另一方面，政府沒收全國以億計的物資、成千上萬的奴婢、每縣田地以百頃計。自此以後，政府的收入大大增加，解決了用度不足的困難。楊可的「告緡令」，鼓勵

1 司馬遷：《史記・平準書》（香港：中華書局香港分局，一九六九年），頁一四二五：「其明年，山東被水菑，民多飢乏，於是天子遣使者虛郡國倉廥以振貧民。猶不足，又募豪富人相貸假。尚不能相救，乃徙貧民於關以西，及充朔方以南新秦中，七十餘萬口，衣食皆仰給縣官。數歲，假予產業，使者分部護之，冠蓋相望。其費以億計，不可勝數。於是縣官大空。」

2 班固：《漢書・武帝紀》（北京：中華書局，一九六二年），頁一七八：「有司言關東貧民徙隴西、北地、西河、上郡、會稽凡七十二萬五千口，縣官衣食振業，用度不足，請收銀錫造白金及皮幣以足用。初算緡錢。」

3 宋敍五：《西漢的商人與商業》（香港：新亞教育文化有限公司，二〇一〇年），頁一三一。

商人身邊的人主動告發，最奇怪的是，告發者可分得被告者一半的家產。如此一來，就會誘使家人爭相告發，甚至胡亂舉報，奴婢告主人，家人鄰里互相告發等情況也是不難想像，大部分商人因此而破產，商人不願再投資工商業，據司馬遷記載：

卜式相齊，而楊可告緡徧天下，中家以上大抵皆遇告。杜周治之，獄少反者。乃分遣御史廷尉正監分曹往，即治郡國緡錢，得民財物以億計，奴婢以千萬數，田大縣數百頃，小縣百餘頃，宅亦如之。於是商賈中家以上大率破，民偷甘食好衣，不事畜藏之產業，而縣官有鹽鐵緡錢之故，用益饒矣。[4]

同時，漢武帝又推行專賣政策，以解決國家用度不足的困難，這導致工商時代從此萎頓，資本主義也被消滅於萌芽之中。初稅緡錢打開了新經濟政策的序幕，此後一年，即元狩五年（前一一八），打破了商人子弟不得為官的傳統，馬上任命鹽鐵巨賈東郭咸陽、孔僅為大農丞，領鹽鐵事務，儼如招安政策，負責鹽鐵的官員多數是商賈

4　同注 1，頁一四三五。

出身[5]，把最大的反對勢力納入建制之內，實行以商制商，由他們推行專賣政策，司馬遷說：

於是以東郭咸陽、孔僅為大農丞，領鹽鐵事；桑弘羊以計算用事，侍中。咸陽，齊之大煮鹽，孔僅，南陽大冶，皆致生累千金，故鄭當時進言之。弘羊，雒陽賈人子，以心計，年十三侍中。故三人言利事析秋豪矣。[6]

同書又記載了孔僅、咸陽之言：

「山海，天地之藏也，皆宜屬少府，陛下不私，以屬大農佐賦。願募民自給費，因官器作煮鹽，官與牢盆。浮食奇民欲擅管山海之貨，以致富羨，役利細民。其沮事之議，不可勝聽。敢私鑄鐵器煮鹽者，釱左趾，沒入其器物。郡不出鐵者，置小鐵官，便屬在所縣。」使孔僅、東郭咸陽乘傳舉行天下鹽鐵，作

5 同注1，頁一四二九：「吏道益雜，不選，而多賈人矣。」

6 同注1，頁一四二八。

官府，除故鹽鐵家富者為吏。[7]

在政府的設計中，是「民製官賣」的經營模式，一改漢初以來，民間自由賣買的做法，人民必須使用官方提供的製鹽工具，由政府收購、運輸、出賣，並以嚴刑懲罰私鑄鐵器煮鹽的人。鐵的經營則全由政府壟斷，採礦、冶煉、製作、銷售都是由官員一手包辦，中央由大司農直接統領，地方則設置鹽官、鐵官，再於無礦山的縣內設小鐵官，由上而下管理全國鹽鐵事務。鹽鐵是生活的必需品，需求彈性極低，官營以後，供應減少勢必使價格上升，即等於增加了間接稅收，大大加重人民的負擔。

另外，《史記．平準書》又記載漢武帝於元鼎二年（前一一五）孔僅、桑弘羊推行平準、均輸。[8]

置均輸官五年之後，即元封元年（前一一〇），桑弘羊獲提升至大農，執行新經濟政策，太史公又說：

7　同注1，頁一四二九。

8　同注1，頁一四三二。

元封元年……桑弘羊為治粟都尉，領大農，盡代（孔）僅筦天下鹽鐵。弘羊以諸官各自市，相與爭，物故騰躍，而天下賦輸或不償其僦費，乃請置大農部丞數十人，分部主郡國，各往往縣置均輸鹽鐵官，令遠方各以其物貴時商賈所轉販者為賦，而相灌輸。置平準于京師，都受天下委輸。[9]

經過五年的試行，漢武帝終於決定在全國設置均輸官員，全面推行均輸政策。當時，各地郡縣不時要向中央上貢土產，但長途運輸導致運輸成本高昂，又因路途遙遠，貨品易於變質，而物品亦未必是京師所需，故全國性推行均輸法，本意是為了調節不同地區在空間上物價不平的現象。[10]值得注意的是，數十年來教科書上說均輸律是始於武帝之時，但出土文獻顯示，在漢初亦有均輸律，只是武帝時才推行至全國。[11]

至於平準之法，司馬遷接着說：

9 同注1，頁一四四一。
10 同注3，頁一五八。
11 張家山《二年律令》「均輸律」二二七簡。

> 召工官治車諸器，皆仰給大農。大農之諸官盡籠天下之貨物，貴即賣之，賤則買之。如此，富商大賈無所牟大利，則反本，而萬物不得騰踊。故抑天下物，名曰「平準」。[12]

平準法設立是為了平抑物價，原意是政府在價低時收購一些必需品，待市場價高之時沽出，以干預增加供應的手段改變需求彈性來平衡物價。惟司馬遷一矢中的地指出，實行了平準、均輸後，國家忽爾增加了財政收入，史書載：

> 天子以為然，許之。於是天子北至朔方，東到太山，巡海上，並北邊以歸。所過賞賜，用帛百餘萬匹，錢金以巨萬計，皆取足大農。[13]

由此觀之，平準、均輸不只是平抑物價與運輸的政策，客觀上還令政府財政收入大大增加，政府官員涉足財產支配，不少官員以增加財政收入為目標，而傷害了市場

12　同注1，頁一四四一。
13　同注1，頁一四四一。

的正常發展[14]，否則司馬遷不會說武帝接納此法後，能夠四方遊歷，賞賜羣臣，花費巨萬金錢，這反映了司馬遷對此等干預政策所帶來的效果作了公正的記載，實有良史直書不諱之風範。

事實上，鹽鐵會議中的民間人士指出，均輸、平準之法推行的後果，不單是官侵民權，好使官員從中取利，而且官員強迫人民收買，極之擾民，也與原來的設計意圖相違背。[15]儘管鹽鐵會議很可能是由霍光（前一三〇？—前六八）藉賢良、文學來打擊桑弘羊的政治手段，賢良等人的言論或有既定立場，惟他們的說法與司馬遷的論調基本上相同，可見此多少反映了一定的事實。總言之，新經濟政策因執行上的種種弊

14 同注3，頁一六〇。

15 桓寬著，王利器校注：《鹽鐵論校注．本議第一》（北京：中華書局，一九九二年），第五頁：「文學曰：……今釋其所有，責其所無。百姓賤賣貨物，以便上求。間者，郡國或令民作布絮，吏恣留難，與之為市。吏之所入，非獨齊、阿之縑，蜀、漢之布也，亦民間之所為耳。行姦賣平，農民重苦，女工再稅，未見輸之均也。縣官猥發，闔門擅市，則萬物并收。萬物并收，則物騰躍。騰躍，則商賈侔利。自市，則吏容姦。豪吏富商積貨儲物以待其急，輕賈姦吏收賤以取貴，未見準之平也。蓋古之均輸，所以齊勞逸而便貢輸，非以為利而賈萬物也。」同章又曰：「文學對曰：『竊聞治人之道，防淫佚之原，廣道德之端，抑末利而開仁義，毋示以利，然後教化可興，而風俗可移也。今郡國有鹽、鐵、酒榷，均輸，與民爭利。散敦厚之樸，成貪鄙之化。是以百姓就本者寡，趨末者眾。夫文繁則質衰，末盛則質虧。末修則民淫，本修則民愨。民愨則財用足，民侈則飢寒生。願罷鹽、鐵、酒榷、均輸，所以進本退末，廣利農業，便也。』」

端，反而導致物價上漲、貨殖混亂，原來的目標可算是徹底失敗。

漢武帝為了增加國家收入，可真是不惜一切，今檢《漢書．酷吏傳．義縱》：

義縱，河東人也……後會更五銖錢白金起，民為姦，京師尤甚，乃以縱為右內史，王溫舒為中尉。溫舒至惡，所為弗先言縱，縱必以氣陵之，敗壞其功。其治，所誅殺甚多，然取為小治，姦益不勝，直指始出矣。吏之治以斬殺縛束為務，閻奉以惡用矣。縱廉，其治效郅都。上幸鼎湖，病久，已而卒起幸甘泉，道不治。上怒曰：「縱以我為不行此道乎？」銜之。至冬，楊可方受告緡，縱以為此亂民，部吏捕其為可使者。天子聞，使杜式治，以為廢格沮事，棄縱市。[16]

現代新自由主義者一般相信，凡是在專制下的官僚干涉到商業經濟，則弊端叢生，當時也是商賈出身的卜式也察覺到問題所在，並進言說：

16 班固：《漢書．酷吏傳》，頁三六五四—三六五五。

式既在位，見郡國多不便縣官作鹽鐵，鐵器苦惡，賈貴，或彊令民賣買之。而船有算，商者少，物貴，乃因孔僅言船算事。上由是不悅卜式。[17]

現實的經驗告訴我們，凡是官僚直接主管經濟事務，則容易濫用權力，當時就有官員強迫人民購買鹽鐵器物，官員不是為求功績就是要從中取利。[18]當時名臣卜式看到此種情況，立即指出新經濟政策的種種弊端，漢武帝為人剛愎自用，向來不容許別人質疑他的經濟政策。自此以後，漢武帝逐漸疏遠他一向重用的卜式。卜式本來位列三公，任御史大夫，不久後更被貶官，遠離權力中心，此後不再有任何政治上的影響力。[19]

據《史記．平準書》所記，其時「商賈中家以上大率破」，商人大多破產，人民

17 同注1，頁一四四〇。

18 桓寬著，王利器校注：《鹽鐵論校注．水旱第六十三》（北京：中華書局，一九九二年）頁四二九：「議者貴其辭約而指明，可於眾人之聽，不至繁文稠辭，多言害有司化俗之計，而家人語。陶朱為生，本末異徑，一家數事，而治生之道乃備。今縣官鑄農器，使民務本，不營於末，則無饑寒之累。鹽、鐵何害而罷？」

19 班固：《漢書．公孫弘卜式兒寬傳》（北京：中華書局，一九六二年），頁二六八二：「元鼎中，徵式代石慶為御史大夫。式既在位，言郡國不便鹽鐵而船有算，可罷。上由是不說式。明年當封禪，式又不習文章，貶秩為太子太傅，以兒寬代之。式以壽終。」

也生活不下去，惟有靠偷竊為生。同時，政府又把「民之所依」的山林池澤納入國家體制中，限制民間自行開發，嚴重衝擊人民的生計。許多人不能再從事相關產業，令社會經濟嚴重收縮。當時朝廷舉行了鹽鐵會議，當中的民間學者指出平準、均輸推行後，有官員利用權力強迫人民收買貨物，使之成了擾民之法，此與原來的設計相違背，致使人民怨聲載道。後來漢昭帝（前九四－前七四）繼位，政府不得不正視這個嚴重的社會問題，遂出現了新經濟政策存廢的激烈爭論。

二、中西學說　殊途同歸

現代西方經濟學大抵可分為兩大主流，一是主張市場力量主導社會發展，國家應減少經濟干預行為，讓市場自主發展，而國家只須為商人提供良好的營商環境。經濟不景氣時，他們主張通過減稅等措施來刺激消費，而非利用國家機器來干預經濟。另一派主張以政府行為帶動經濟發展，特別是通過增加公共開支來刺激經濟。兩個學派在戰後數十年來，主導了歐美日的經濟政策。

東方的馬克思主義者則主張一切經濟活動最終都應在國家嚴密監管下進行，完全扼殺民間自由市場，他們認為市場經濟造成的貧富懸殊是階級矛盾的根源，故應當消除。上述理論不是紙上談兵，當經濟學一旦落實到現實之中，那就不再是學術的討論，而是涉及國民福祉的實際問題。故此，為政者在制定經濟政策之時，不得不小心謹慎，須以民為先，而非以既得利益者或在位者的喜好為依歸。

當代經濟學人，言必稱歐美，只因他們不知道在中國歷史上，絕不乏偉大的經濟思想學家及傳世著作，而《鹽鐵論》可謂當中的佼佼者。先秦至西漢年間，是中國經濟思想最發達、最旺盛的時代，當時學風開放，百家爭鳴，思想多元，名家輩出，造就了許多偉大的學人學說，而最令人驚歎的莫過於「史家絕唱」的司馬遷（前一四五或前一三五—前八六）。百多年前，西力東漸，中國面臨「兩千年未有之變局」（李鴻章語），國勢日衰，中國不少學人欲以經濟救國，他們試圖從古書上找出歷史根據，說明中國傳統文化不弱於人，而梁啟超（一八七三—一九二九）與胡適（一八九一—一九六二）早就認識到司馬遷的經濟思想之重要性，他們指出，司馬遷有不少見解與西方古典經濟派學人的思想是不謀而合的。[20]經濟思想史學者趙靖在《中國經濟思想通史（二）》中說：「中國古代在西漢中葉形成了兩種國民經濟管理

20 王明信、俞樟華：《史記研究集成・卷十・司馬遷思想研究》（北京：華文出版社，二〇〇六年），頁二五七。

模式：平均主義的輕重論和放任主義的善因論。」[21]桑弘羊（前一五二？—前八〇）是前者的代表，司馬遷就是後者的代表，鹽鐵會議的民間學者則介乎兩者之間。近年，西方學術界也認為司馬遷的自由經濟思想學說足可與古典經濟學之父阿當·史密（Adam Smith，一七二三—一九七〇）的「看不見的手」（invisible hand）相提並論。幾篇學術論文在西方極具份量的學術期刊發表後[22]，引起中外學人的激烈討論，可見司馬遷的思想啟發性之大，竟令兩千多年後的今人獲益良多。當然，中國的經濟思想注定不能與西方經濟學同日而語，因為中國的經濟學者被長期忽視，學問無人繼承，不似西方開宗立派，成不朽之學問，這實在與中國長期大一統歷史下，缺乏競爭，又加上大一統下，為求穩定，推行一元意識形態等因素，有莫大的關係。

21 趙靖：《中國經濟思想通史（二）》（北京：北京大學出版社，二〇〇二年），頁七九。

22 Young, L. "The TAO of Markets: SIMA QIAN And The Invisible Hand", *Pacific Economic Review*, Vol. 1, Issue 2 (1996), pp.137-145, Chiu, Y. S. & Yeh, R. S., "Adam Smith versus Sima Qian: Comment on the Tao of markets", *Pacific Economic Review*, Vol. 4, Issue 1 (1999), pp.79 - 84, McCormic, K. "Sima Qian and Adam Smith" *Pacific Economic Review*, Vol. 4, Issue 1 (1999), pp.85 - 87.

三、學術思想　多元並存

《鹽鐵論》是我們了解漢代學術思想的重要作品，書中的民間學者（賢良與文學），一如司馬遷般，也是在老百姓的生計上考量，批判國家的干預行為，痛斥政策導致民不聊生，言語中或多或少地傾向反干預主義。他們追憶文帝的無為而治，認為政府應減少管制以及干預行為，反對官營工商業，提倡國家應減少不必要的管制，強調不應與民爭利，以此譏諷當朝的干預主義。不同之處是，司馬遷是以黃老思想為本，而賢良與文學則是典型的儒家信徒。雖然如此，在討論中，賢良與文學仍不時流露緬懷漢代初年無為而治的痕跡，欲藉此建構心中理想的經濟模式，從而批評漢武帝以及當代（漢昭帝始元六年（前八一））的經濟政策，其言論顯示了絕不妥協於建制的文人風骨。難得的是，雖然他們大力抨擊國家政策，但朝廷在鹽鐵會議後，仍拜他們為「大夫」，足見其胸襟，是真心締造真正的「和諧社會」。雖然雙方言辭激烈，但頗有「和而不同」之氣氛，絕非像今天那些「同而不和」，只懂拍掌的官式會議，知識分子也不是用來裝飾的擺設，如此開明的論政風氣，容許士人在公開場合大膽非議朝政，事後亦沒秋後算賬，這在大一統歷史下鮮見，亦足以使後世的獨裁者汗顏。

若說司馬遷是代表戰國以來黃老思想的集大成者，那麼《鹽鐵論》中的賢良、文學就代表新興的士人階層，是次共有六十餘人參加會議，這些「文學」是地方選拔得來的書生，而「賢良」則是在京輔選拔出來的讀書人。從《鹽鐵論》中可見，這些知識分子不時引用道家、儒家、陰陽家之言來反駁政府高層代表，反映了在漢武帝獨尊儒學不久，學人仍受上一世代的教育（黃老主導，卻百家爭鳴的漢初）影響，學術思想仍未走向一元化。從他們的言論可見，其思想既有道家哲學成分，也有儒家特色，絕非如後世不少學人般，只懂跟着國家的「主旋律」走，只為政府推銷意識形態，缺乏學人應有的「獨立之思想，自由之精神」。

簡言之，《鹽鐵論》一書，為春秋戰國以來受黃老學說影響的反干預主義經濟思想與主張國家主導的干預主義兩大流派作了深刻的總結，也為我們留下了豐富的思想遺產，是研究古代社會經濟的寶貴材料。

四、錯推政策　民不聊生

新經濟政策推出以來，民多疾苦，百姓對鹽、鐵、酒專賣感到厭惡。政府一改漢初容許民間自由買賣的做法，改為「民製官賣」的經營模式，其時人民被迫使用政府提供的製鹽工具，鹽由政府收購、運輸及出售，而私鑄鐵器煮鹽的人則會受到嚴刑懲罰。此外，鐵器全由政府壟斷，由採礦、冶煉、製作到銷售，都由官員一手包辦，中央由財政大臣（大司農）直接統領，地方則設置鹽官、鐵官，再於無礦山的縣內設小鐵官，由上而下管理全國鹽鐵事務。鹽鐵是生活的必需品，需求彈性極低，官營以後，供應減少勢必使價格上升，這等於增加了間接稅收，直接加重人民的負擔。

當時人民對平準、均輸、告緡等政策多有不滿，政府希望多聽他們的意見，以作檢討。年僅十四歲的漢昭帝下旨，召集郡國所舉的賢良、文學，徵詢他們的意見。是次會議實由大將軍霍光在背後推動，命丞相田千秋（？—前七七）主持「經濟會議」，由賢良、文學為一方，「對決」漢武帝留下的輔政大臣御史大夫桑弘羊等人組成的政府代表團，重點討論當代社會經濟發展，也旁及國家的發展方向、用兵匈奴的合理性、王道與霸道的取捨、禮治與法治的高下，以及古今人物評價等重大議題。桑弘羊本是商人之子，理應是反對新經濟政策的最大力量，但他與孔僅、東郭咸陽等富商在武帝朝先後獲引入建制核心，成了新經濟政策中的推手，此可見兩千年前，時人已懂得以「行政吸納政治」的手段。另一方面，我們不能像改革開放前的中國內地學者般，輕率地把桑弘羊等人視為法家信徒。從《鹽鐵論》一書可見，大夫等人一時引用法家，一時徵引儒學經典，一時採用道家之言來支持己說，但同時又批評孔子（前五五一—前四七九）為人頑固，不識時務，又不同意儒生所強調的今不如昔。由此可知，他們並沒有固定的思想信仰，而是不折不扣的機會主義者。桑弘羊等人從國家財政的角度出發，力主干預行為有助增加國家收入，以支持軍事擴張，大興土木，以壯國勢，主張「大政府，小市場」。他們以國家利益為最大考慮，堅持應先國家而後個人。桑弘羊更指基層貧窮是因為他們懶惰，完全與政府無關；又認為官僚生活奢侈是天經地義的，把貧富懸殊的現象合理化。桑弘羊等人又認為身無長物的賢良、文學，連父母也供養不起，沒有資格討論國家大事。這類人認為必要時可犧牲人民幸福以成全國家的繁榮，為經濟增長而破壞百姓生計，無視民為天下之本，背離人民，忽視個體乃社會的基礎單位。其實，只有保障個人，才能確保社會真正的穩定，因為每個人都有可能在不同議題下成為小眾，若以顧全大局為由，而放棄小眾之利益，他日當自己淪為小眾，則必自食其果，故絕不應提倡為國家而犧牲個體利益。

司馬遷在《史記・平準書》中借用了當時積極反對干預行為的名臣卜式之言，以「亨（烹）弘羊，天乃雨」為全文總結，他又在《史記・貨殖列傳》[23]說：「故善者因之，其次利道之，其次教誨之，其次整齊之，最下者與之爭。」學者宋敍五解釋為：「政府經濟政策的最善者，是順其自然，對人民的經濟生活不加干涉。其次是因勢利

23 司馬遷：《史記・貨殖列傳》（香港：中華書局香港分局，一九六九年），頁三二五三。

導。再次是用教育的方法説服人民，再次是用刑罰規限人民，最差的方法是與民爭利。」[24]由此可見，當時已有干預與自由經濟概念，而在司馬遷等自由主義者眼中，不管干預政策為國家帶來多少財政收益，都是不義之舉，因它使天怒人怨，司馬遷甚至對桑弘羊欲殺之而後快。儘管司馬遷對桑弘羊等人口誅筆伐，但《鹽鐵論》中，政府代表不時引用司馬遷的文字，來支持發展經濟的合理性，所以説研讀《鹽鐵論》是了解西漢諸家經濟思想的重要途徑。

在反干預主義者心目中，國家官員直接經營經濟活動，就是與民爭利，直接打破了老百姓的飯碗，影響人民生活，是極不合理的，故必須加以痛斥。長遠而言，這亦使中國的工業受到抑壓，國學大師錢穆於《中國文化史導論．第六章》説：「中國社會從秦、漢以下，古代封建貴族是崩潰了，若照社會自然趨勢，任其演變，很可能成為一種商業資本富人中心的社會。這在西漢初年已有頗顯著的跡象可尋。」[25]本來中國的商業發展形勢大好，但如歷史學家唐德剛所言：「那在西漢初年便已萌芽了的中

24 宋敍五：〈從司馬遷到班固——論中國經濟思想的轉折〉（*Working Paper Series*, 2003）頁四。

25 錢穆：《中國文化史導論》（臺北：臺灣商務印書館，一九九三年），頁一一八。

國資本主義，乃被一個輕商的國家一竿打翻，一翻兩千年，再也萌不出芽來。」[26]

賢良、文學不像司馬遷般鼓勵奢侈消費，也不肯定追求利益（「天下熙熙，皆為利來；天下攘攘，皆為利往」《史記．貨殖列傳》）的自由主義信徒，他們是傾向「躬親節儉，率以敦樸」的儒家學者，這些否定奢靡生活的傳統儒生，同時也深受漢初以來黃老思想的影響，這是漢初多元意識形態並存的結果，在往後大一統的歷史中，是難以復見的文化盛世。文學一般認為國家官員從事經濟活動雖可增加政府收入，有利國家的擴張，但最終難免出現官員舞弊或以權謀私的情況，導致政策變質，物價飛漲，把人民推向無底的深淵。即使像平準、均輸等有利民生的政策，在實際執行之時，官員往往會濫用權力，以權謀私，終使良方變為惡法。至於鹽鐵專賣的主事官員，更往往動用公權力，強迫人民以超出合理價格的價錢買賣；此外，官製鐵具品質低下，不利於農民耕作，影響他們的生計。

有趣的是，當賢良、文學指斥新法例極之擾民時，桑弘羊等人沒有加以否認，只強調政策的好處。他們又把貪污腐化歸咎於基層官員質素低下，並認為與政府高層無關。他們更認為貪婪是人類的本性，慨歎基層官員的道德水平不高。對於這些情況，

26 唐德剛：〈論國家強於社會〉，《開放》，一九九一年五月號。

身處二十一世紀的我們應該不會感到陌生，因為在上世紀有許多國家都以不同的手法（或共產主義、或社會福利主義、或國家官僚主義）引證了在專制政權下，沒有足夠的制衡，由政府主導經濟所帶來種種負面影響的嚴重性。

五、路徑依賴　成就千年傳統

鹽鐵會議中，文學指出專賣政策造成了經濟嚴重萎縮，專賣制令到某些必需品成為完全壟斷行業，由於缺乏競爭，導致價格昂貴，品質下降，百姓生計受到沉重打擊。據鹽鐵會議所述，專賣制推行以後，原本發達的商業盛況不再，而朝廷在會議後一度廢止了新經濟政策，不過很快把專賣制度恢復過來，而東漢一朝亦嚴格執行，從而開啟了後漢直至初唐，數百年工商業蕭條的「中古自然經濟」時代。眾所周知，專賣制會傷害社會經濟，又影響百姓生活，為何政府不早早廢止它，反而一直保留，甚至不斷內在強化，一直到了現當代中國，成為中國兩千年的傳統呢？

對於上述現象，筆者認為，可以經濟學上新制度學派的「路徑依賴」（Path Dependence）理論解釋。當固有的交易費用不斷上升，人們往往懼怕放棄原來已投入的成本，令原有投資變得一文不值，即成為經濟學上的「沉沒成本」（Sunk cost），即是說明知改革有機會帶來更巨大的效益，也因為不願放棄已付成本，作出合理的「止蝕」。同時，亦因原有交易費用高昂，放棄更合理的選擇。一九九三年諾貝爾經濟學獎得主，諾思（D.North）認為，路徑依賴近於物理學中的「慣性」，一旦進入了某種路徑，歷史發展會對此路徑產生依賴，因習性形成了許多既得利益以及利益團體，制度變遷的交易成本逐漸增加，而維持路徑的既定方向反而費用更低，最終會使路徑得到自我強化。

自漢武帝的新經濟政策推行以來，它一直支撐着政府龐大的開支，如漢武帝泰山封禪，多年來的南征北伐等非經常性開支。東漢以來，士人政府日漸成熟，官僚架構變得愈來愈龐大，士人階層更成了巨大的利益集團，使得經常性開支大幅增加；加上專賣制為官僚權貴貪污提供便利，又可應付沉重的軍費，東漢也恢復了經營西域，所費不菲。故此，雖然開明的知識分子屢屢提出發展工商業雖然可使百姓生活改善，而早就明白，開放市場可促進市場發展，但因為放棄專利制的成本增加，而政府從不願放棄沉沒成本，專賣制度的路徑便變得更堅固，執政者愈加沒有改革的意志。到了宋代，甚至連茶葉也被納入專賣制之內。至於食鹽專賣，至二〇一六年的中國，仍未完全廢止，可見這條路徑發展兩千年而不絕。

六、「雞蛋」「高牆」 字字鏗鏘

《鹽鐵論》的前半部分，即從卷一的〈本議第一〉到卷七的〈取下第四十一〉，是鹽鐵會議的對話紀錄，主要討論社會經濟問題；而後半部分，即由卷七的〈擊之第四十二〉到卷十〈大論第五十九〉，則是會議後賢良、文學拜別桑弘羊之時，對於應否用兵匈奴所起的辯論。民間的知識分子主張用和親、教化、德治來解決邊境衝突，而桑弘羊等則指他們過於理想化，只懂古是今非，認為實行霸道，積極擴張才是硬道理。這十分值得「講霸道而不講王道」，認為「強權即公理」的現代人反思反省。當年，漢武帝為了用兵匈奴，強推新經濟政策，令百姓陷入水深火熱之中（〈輪臺罪己詔〉武帝說：「是重困老弱孤獨」），這又何嘗不是歷史的重演？諷刺的是，桑弘羊在會議後一年，因權鬥而被政敵大將軍霍光殺死，惟新經濟政策並沒因人亡而政息，此與歷史上多數改革不同，它在漢元帝（前七四—前三三）時暫停了三年，旋即恢復，終西漢一朝也沒有廢除，更成為歷代的傳統。

這兩場辯論被人用文字記錄留傳了下來，在漢宣帝（前九一—前四九）時，桓寬（生卒年不詳，《漢書》記他在漢昭帝時，官拜廬江太守丞）作了全面的整理。**桓寬本是治《春秋》公羊學的儒生，也是建制的中級官吏，但他沒有唯唯諾諾奉承國家。他**

一方面忠實地記載了官民兩派激烈的辯論，「推衍鹽鐵之議，增廣條目」，同時又本着「亦欲以究治亂，成一家之法焉」撰寫此書，可見他要藉此表達一己之見，非純粹的文字整理。桓氏的立場明顯傾向賢良、文學反建制的一方，文字中處處顯露同情之意，又故意描繪政府代表的醜態，並多次描寫大夫等人被迫得默然不語。限於篇幅，「新視野中華經典文庫」之《鹽鐵論》選取了前七卷，後三卷要義多與前同，故暫且刪去。

桓寬在結語卷十〈雜論第六十〉中直指政府代表目光短淺，不講仁義，與他所認識的大道有所不同。他為各篇章起標題時，偏向了文學一方，其中一篇為「禁耕」，內容本是討論專賣政策的利弊，而「禁耕」一詞的「禁」是損害之意，即他認為專賣政策損害了農業發展，而漢代人普遍認為農為天下之本，可見他藉標題來闡述個人的主觀意志，而書中許多章節，大多有這樣的取向。這大概是作者對「雞蛋」而非「高牆」的一種表態。

總言之，《鹽鐵論》是了解中國古代經濟思想必讀的經典，也是讓今人反思的一面鏡子。

《人物志》導讀

且讓駿駒馳大漠，莫教駑馬騁沙場：從管理學與哲學角度看《人物志》

香港明愛白英奇專業學校講師
關瑞至

要判斷一本書的高下，其中一種方法，就是看該書有多少角度或有多少層次容許我們閱讀，角度、層次越多，其水平越高。以《人物志》一書為例，至少可以從兩個角度或者層次來加以欣賞，一個是管理學，另一個是哲學。[1]

一、從管理學角度看

（一）總論

二十世紀管理學人才輩出，但當中彼得．杜拉克（Peter Drucker，一九〇九－二〇〇五）無疑是大師中的大師，影響之巨，很少有人能與他相比。他在不同場合裏多次強調，所有企業歸根到底只有一個問題，就是如何用人。所謂管理，一言以蔽之，就是一系列如何開發、如何選拔、如何配置、如何調動人力資源，以至獲取最大產出

1 這不是說只有此二角度，否則我用「至少」二字便無解。事實上，不同學者所採角度不一，反映了《人物志》的豐富。如牟宗三先生那篇廣受徵引的鴻文，就認為《人物志》是中國學術史上，從美學角度探索人性的奠基者。見牟宗三：〈人物志之系統的解析〉，載《牟宗三全集——才性與玄理》（臺北：聯合報系文化基金會，二〇〇三年），頁三七－五六。

的行為。可惜的是，世上大多數管理人員，所做的人才決策並不理想。有研究顯示，成功率低至三成，換言之，企業用人，每十次就有七次出錯。[2]

到底問題出在哪裏？

首先，人很複雜。被用的是人，用人的也是人。所以，用人的問題可說一開為二。被觀者表裏不一，其實力、心態、性格難以窺探；即使表裏一致，但人如其面，各不相同。所以怎樣觀人而能準確無誤，本身就足以令人頭痛。觀者又如何？觀人的人，受自身的性格、教養、學識、能力、眼光、才情、經驗、心態，以及社會環境、文化背景、政法制度等等極度複雜糾結的因素所限制，結果，由觀人到知人，由知人再到用人，往往偏差很大，鮮有客觀。碌碌庸才，竟可竊居高位；有能之士，偏偏懷才不遇。最可憐的，莫過於後者要聽命於前者，明知在高位者的號令、政策等等，對大家有害而無益，仍需忍氣吞聲，即使悖逆己意仍須惟命是從，個體被矮化成一件沒有個人意志的工具，最終導致雙輸局面。職場上此等現象，屢見不鮮。

其次，管理人即使立志於用人為才，極力規避主觀意志的干擾，但說到底，用人問題始終不是沒有主觀影響即能成功之事。相反，它需要一套全面、深入並且到位的

2 〈讓對的人，做對的事〉，載《經理人月刊》（臺北：巨思出版社）。

理論，系統地對人才的本質作出切實的剖析、歸類，藉以指導如何將人力資源，不偏不倚地配置到最適當的崗位中，把該崗位應有的產出發揮到極致。這一道理，乍看簡單，但當中牽涉的知識水平、洞察深度、用人膽識等等，都是極專業之事，非專家不能為之。

正是這些淺顯不過的道理，讓我們不得不欣賞《人物志》。《人物志》的創作，當然是以國家政府的用人方針為服務對象。但國家也者，不就是一巨大的企業？所以，全書每句每字，對國家、對企業，甚至對在職場工作的「你我他」，或對只對觀人有興趣的人都切膚相關，其作用廣矣大矣。[3] **此書雖成於一千八百年前，但為我們提供的，正是有關用人、觀人的大學問，其剖析之深與範圍之廣，恐怕在中外過去二千年都屬罕見，發人深省處與警句策語，幾乎篇篇有之，甚或段段有之，真是五步一樓，十步一閣。**更為難能可貴的，是此書論證之嚴謹、細緻、周詳與其環環相扣所顯示的系統性，在中國學術史中，殆無出其右。所以此書對任何領域的管理人員，都極具重要參考價值，實在不容不看，看了相信亦難以輕言放下。

在對《人物志》展開全面討論前，我想先說明一個簡單的問題。有讀者可能會以

3 原版本「左馮翊王三省」的後序有言：「修己者得之以自觀，用人者持之以照物」，說得十分恰當。

為，有關人才的研究，必定能夠幫助我們從所有人中辨識出具才能的人。於是，讀者或會問，對於作者劉劭（生卒年月大約在漢靈帝建寧年間，即公元一六八——一七二，至魏齊王正始年間，亦即二四〇——二四九，生平見下文）而言，什麼人會具有才能，什麼人不會；亦即是問，如何把具有才能之人與不具才能之人區別開來？答案或許會令你詫異，且容許我弔詭一點：就是人人皆具有才能，亦可說人人皆不具才能，所以沒有所謂具才者與無才者之別。

為什麼這樣說？因為所謂才能，是相對於具某類才能者所身處的崗位而言。清代詩人顧嗣協有詩〈雜興〉：「駿馬能歷險，犁田不如牛。」套用於此，就是說沒有絕對標準決定誰有才能，誰缺才能，就像能履險如夷的駿馬，若給配置到田間耕作，則連速度慢如黃牛者也比不上。明了作者這種觀點，對掌握全書的核心思想是十分重要的。

這有兩個含義：其一，不論賢或不肖，所有人皆具才能，分別只在於才能的種類與強弱程度；其二，一個人的才能與他的崗位有一對應關係，亦即必待他被安置到能發揮才能的崗位上，他才可以把內在的才能發揮到極致。能發揮到的在他人眼中便被認為有才能，反之，即使有天縱之資，恐將被誤為庸碌之輩。以此觀點來看，管理人——不，是所有人——應提出的問題，不是什麼人具有才能，而是什麼人具有什麼才能；以英文表述，該是 Who has talents 與 Which talents has one got 之別。當然，在劉劭看來，後者才是應考慮的問題。不過，順帶一說，將人才譯做 talents 其實亦不盡符劉劭原意，因為 talents 在多人心中有特殊資質含義，常用以指優於泛泛眾生之輩，亦因此意味着只有一小撮人具 talents，而剩下的大多數卻付之闕如。然而，上文剛剛指出，此並非劉劭本意，所以在劉氏心中，人才當近英文中的 natural ability，而遠於 talents。[4]

當我們明白了上述的道理，亦即人是以「才類」而分，而不應以「是否具才」而別，並且才能必待與崗位配合才會表現出來之後，接下來的問題便至少應有兩個：

人才是以什麼原則來分類的？

各類人才如何跟不同崗位配對？

4 關於「人才」一詞的英譯問題，可參〈人才學核心術語英譯探研〉，載《武漢工程大學學報》，二〇〇九年〇八期，頁一四－一八。

這兩個問題正是《人物志》所要解決的。[5]

為方便讀者對全書有一系統的或稱作鳥瞰式的掌握，上述兩個問題我權且稱為「母問題」，所衍生出的當然就是「子問題」。「子問題」有一大堆。以第一個問題為例，分類原則的基礎、人才有哪些類型、如何認識人才以方便分類、認識人才的常見錯誤、觀人者本身的情操等等。以第二個問題為例，哪類型的人才應與哪類崗位相配合？配合的原則應如何釐定？

事實上，各項子問題復可再細分。以「如何認識人才以方便分類」（即第一項母問題的子問題）為例，由於人的天賦才能是不可以被直接觀測的，所以人的外顯行為，在什麼意義下可以反映出內在的才能？哪類外顯行為反映了哪類型的才能？人才的心理質素、道德修養等等又應如何去衡斷？再舉一例，當思考「認識人才的常見錯誤」（也是第一項母問題的子問題）時，自然會問，為什麼會有這些通病？到底是與

5 事實上，《人物志》書名中的「物」字，就有「分類」的意思。成語中「物以類聚」「言之有物」「辨物區方」「物以羣分」「物傷其類」，甚至詞語如「物色」等，都帶有或可以引申出「類別」的意思。因此，以「人物志」三字為書名，本身就有將「人」分類，以方便考察各類人才的實質之意。此亦錢穆先生謂「物是品類的意思」。見錢穆：《中國學術思想史論叢（三）》（臺北：東大圖書有限公司，一九八一年）。

觀人者有關，還是與被觀者有關？這些通病又如何分類？當然，最後要問如何避免？始終，斷症之後，還得開藥嘛。

對此，《人物志》不但提問，而且解答得非常周全，問題與問題之間，答案與答案之間，往往互為印證，互相發明。此即我在上文說過的，《人物志》一書，處處顯示了環環相扣、極具系統的特徵。

(二) 分論

以下想就上述兩個「母問題」展開較詳細的討論。讓我們再重述一次：

人才是以什麼原則來分類的？
各類人才如何跟不同崗位配對？

1人才是以什麼原則來分類的

談到人才分類，其目的當然是為了選拔適當的人以配置到適當的崗位。現今企業，人才的需求甚巨，但選拔方法往往不出三種：面試、背景審查及心理性向測試。面試旨在篩選，背景審查則重在將不合資格的候選人剔除，而心理性向測試的目的，在於以客觀之姿，將候選人的能力、性格、性向、行為傾向、心理特徵等，加以量化。這一系列的方法無疑十分客觀，但以深入、周全而論，則仍未能望《人物志》之項背。其間分別，在於《人物志》透過由形象到心理行為等外顯特徵，來探尋人才的本質，這一點讀者只需稍讀此書即可體會。

《人物志》全書共十二章，對人才的考察，散見各篇。有以外觀（相貌、表情、聲音、情緒）而審之的〈九徵篇〉，有從個性特徵（不同人才有不同的強項與弱點）而觀之的〈體別篇〉，有以議論時的心態而察之的〈材理篇〉，有以於具體情境中的行事風格而評之的〈八觀篇〉，亦有從與人相爭時所表現的氣度而鑒之的〈釋爭篇〉。總之，觀察品評人才的方法層出不窮，極盡周全深入之能事。為方便閱讀，現列簡表如下：

表一：《人物志》考察人才的各種方法

方法	篇章
從外觀	九徵篇
從個性特徵	體別篇
從議論時的心態	材理篇
從具體情境中的行事風格	八觀篇
從與人相爭時所表現的氣度	釋爭篇

雖以多維度觀察人物，《人物志》並沒有將人才的種類過度割裂，支離難解。反之，作者劉劭發揮以簡御繁的優點，把人才分為兩類，即聖人與非聖人。

但聖人具天縱之資，萬中無一，且聖人以無方為方、以無勢為勢（下文「從哲學角度看」有較詳細分析），天下間任一崗位都可讓他點鐵成金，因此反而不需要研究他與崗位之間的匹配問題，亦因此聖人一類人物，不是《人物志》一書關注所在。[6]於是，全書要討論的、亦即我們要了解的，當然是非聖人一類，此為一大類，當中復可分為兼材及偏至之才（簡稱偏材）；後者再依職業類別，分為十二型：清節家、法家、術家、國體、器能、臧否、伎倆、智意、文章、儒學、口辯及雄傑。不過，若按才能分，劉劭又把人才歸為八類，即清節之材、治家之材、術家之材、智意之材、遺讓之材、伎倆之材、臧否之材及豪傑之材。

現依次表列如下：

6 牟宗三先生認為《人物志》中的所謂聖人，是在討論框架內，設定一個最高的標準，以方便探討非聖人的特質而已。見牟宗三：〈人物志之系統的解析〉，載《牟宗三全集——才性與玄理》，頁六一。

表二：《人物志》人才的分類

人才	聖人		（兼具所有才與德並發揮極致的人）
	非聖人	兼材	（擁有超於一種偏才能力的人）
		偏材：按職業分	清節家、法家、術家、國體、器能、臧否、伎倆、智意、文章、儒學、口辯、雄傑
		偏材：按才能分	清節之材、治家之材、術家之材、智意之材、遺讓之材、伎倆之材、臧否之材、豪傑之材

如此分類，不可謂不細緻。但讀者隨之而來的問題或會是，如此區分有什麼根據？答案可以在「偏材」的「偏」字裏找。所謂「偏」，早在全書首章「九徵」中，已被定義為「勝體為質」（〈九徵〉：「偏至之材，以勝體為質」）。意思是偏材以其發揮極致的突出能力為其界定性特徵，但一個人若有一種能力發揮極盡，而他又只有一種能力（這已隱含在「偏材」的定義中，亦即若多於一種則已為兼才而非偏材），則意味着他在其他領域中，能力薄弱。即是說，在凸顯他強項的同時，其弱項、缺失

等等，自然暴露於人前。劉劭就是抓住此一強一弱或一強多弱，來作人才的分類。[7]書中〈八觀〉及〈體別〉兩篇，就提到偏材的得失。

〈八觀〉篇指出，偏材，其失往往與其得呈現一種類似「共生」的關係：

> 夫偏材之人，皆有所短。故：直之失也訐，剛之失也厲，和之失也懦，介之失也拘。

又說：

> 訐也者，直之徵也；厲也者，剛之徵也；懦也者，和之徵也；拘也者，介之徵也。

剛直的人，一旦看見缺失，便即起而攻之，彷彿條件反射，但卻易招人厭煩。又

7 當然可以再追問，以「偏」來作分類判準的根據，其本身根據又是什麼。對此，劉劭採用了當時流行的陰陽五行學說作先天根據，我在下面「從哲學角度看」一節有簡略討論。

或像性情溫和的人，對人一味和順，遇到小人時卻反成懦弱的態度。一直一和，雖似相反，但共通的地方，就是有其得「必然」有其失，所以他才說「偏材之性，不可移轉」（〈體別〉）。於是，我們就可從其強弱得失，將之在人才矩陣中歸類。〈體別〉篇的分析更加詳細，但原理與〈八觀〉相同。

2 各類人才如何跟不同崗位配對

由於「偏材之人，皆有所短」（〈八觀〉），所以把人才配置到不同崗位時，不得忘記「人才不同，政有得失」（〈材能〉）的後果，亦因此用人時不得不考慮其優勢與弱點。除此之外，劉劭亦提出了崗位與性格的關係。下面將分別討論兩者。

第一，人物的能力與任免的關係。

〈材能〉篇中，劉劭分析八種才能的人的優劣後，指出了各人相對於不同崗位的宜與不宜。與此相同，〈流業〉篇則區分了十二種行業者所對應的特質。深入交代前，我必須要指出，所謂八種、十二種，不應耽溺於具體數字，事實上，古代的官職崗位與今天社會的工作體系在質、量上都不能相比擬，所以我們要吸收的是其原則，而不是其具體分類。

〈材能〉篇甫始即依能力形態，區分了兩種基本人才，一種能力較大的適合郡國的治理，另一種能力較小的，適合當地方官。從劉劭把兩者之異的焦點放在「總成其事」及「事辦於己」而言，我認為以今天的語言來解讀，可將兩者理解為「政務人才」及「行政人才」之別，亦即類似英式文官制度中的「政務官」(administrative officer)與「行政主任」(executive officer)的區分。「總成其事」有讓部屬辦具體之事，自己則制定總的方向或政策的意思；而「事辦於己」則從具體之事由自己辦理一點來看，實為行政實務人才無疑。政務人才不能與行政人才相混淆，因前者着眼於長遠大局的策略性部署，而後者則微絲細眼，心細如塵，事務縱然繁瑣，仍給他處理得井井有條。但若要他制定策略性計劃，恐將導致現代管理學的所謂「彼得定律」(The Peter Principle)，即把有特殊表現的人不斷擢升，直至不能勝任的地步，結果適得其反，資產變成負資產。[8] 當然，政務人才可調任至行政崗位，但卻有大材小用之嫌。

以此作基礎，劉劭便從不同角度分析人才的能力與其適合的崗位。首先，依據〈材能〉篇，能力有八種：

8 Laurence J. Peter; Raymond Hull (1969). *The Peter Principle: why things always go wrong*. New York: William Morrow & Company.

表三：八種能力

八種能力	能力特點
自任之能	自覺力與自發性強，能當大任
立法使人從之之能	制定規範、標準、辦事程序的人
消息辨護之能	善於溝通，解難能力強
有德教師人之能	仁德典範，可為表率
行事使人譴讓之能	調解衝突的高手
司察糾摘之能	善於查找不足，將隱藏的錯誤找出來
權奇之能	頭腦靈活，具創意的解難高手
威猛之能	具威武勇猛、殺敵制勝的能力

那麼，具有這些能力的人適宜派遣到什麼崗位呢？在〈流業〉篇中，劉劭把職業分為十二類，部分與上面八種能力的區分有重疊，由此可以看出不同能力的人能勝任哪些職位：

十二流業（職業類型／崗位）	特質	崗位	與八種能力分類重疊處
清節家（能力雖單一，但極純粹精微）	德行高尚，足為人法	師氏（即皇族子弟教師）	有德教師人之能
法家（能力雖單一，但極純粹精微）	制定法律、建立制度，有利社會中人的多邊行為，而使國家富強	司寇（為刑獄之官）	立法使人從之之能
術家（能力雖單一，但極純粹精微）	能看通大局，有長遠計謀	三孤（為三公即宰相的副手）	權奇之能
國體（集上述三者於一身並強）	上述三種才能俱備，並且很強，是治國大才	三公（宰相級高官）	上述三種才能俱備
器能（集上述三者於一身但弱）	上述三種才能俱備，但不算強，雖未至於治國，但仍足獨當一面	冢宰（為宰相以下的六卿之首）	上述三種才能俱備
臧否（清節家末流）	近於清節家，但其身雖正，卻未能容人之不正，以致不能導人向善	師氏之佐（皇族子弟教師的副手）	有德教師人之能

（續上表）

十二流業（職業類型／崗位）	特質	崗位	與八種能力分類重疊處
伎倆（法家末流）	近於法家，但所制定的規範制度，欠缺宏觀的視野，只圖一時之效	司空之任（工程官長）	立法使人從之之能
智意（術家末流）	近於術家，但亦欠缺宏觀的視野，所以計謀只有一時之效	冢宰之佐（為六卿的副手）	權奇之能
以上八類皆為人才，強的能治國，即使弱的也是不錯的臣才。以下則為具體的特殊專長，可負責安邦治國所需的具體事務。			
文章	長於文字寫作	國史之任（史官一類官員）	
儒學	善於傳承聖人的理想，但僅只於此	安民之任（並非官職）	消息辨護之能
辯給	能言善辯，遊說力強，但道德情操不一定高	行人之任（司掌禮儀之官）	消息辨護之能
驍雄	膽識過人，又有材略	將帥之任（統領軍務之官）	威猛之能

第二，人物的性格與任免的關係。

至於人物的性格與其職位之間的關係，劉劭在〈體別〉篇亦特別提出加以討論。

文中舉出十二類人的典型性格所衍生的問題，用人時必須加以留意，免生事端。

第一類叫「強毅之人」，此種人氣勢凌人，彷彿身上能發出堅勁的氣場，壞處是難以合羣、拙於和眾。但是，以他來壓場則勝任有餘，若任用他來制定規矩，則可噤人之聲。

第二類是「柔順之人」，性格剛好與「強毅之人」相反，處處讓人，雖然在危急時處事不夠利落，但是委以適當崗位，可成團隊的黏合劑。

第三類為「雄悍之人」，顧名思義，此類人具強悍之風，處事一味一往直前，甚而魯莽衝撞。不過，若需冒險犯難，確又是一名上佳拍擋。

第四類稱「懼慎之人」，以畏首畏尾、墨守成規為其特點。但小至一個團隊，大至一個國家，實在是需要一些做事謹慎、不會違規的人，以完成飣餖瑣事，所以委派此等人辦理常規性的小事就最合適了。

第五類叫「凌楷之人」，有孤芳自賞、自以為是的性格。但若對此缺點善加利用，亦即當他認同組織的政策時，則可以多一把支持的聲音。

第六類是「辯博之人」，要留意「博」不同於「駁」，此類人不是好辯之徒，而是一發其言，便滔滔不絕，霸佔談話空間而不自知，所以常有言不及義的毛病，但與之聊天，必有助談話題，對團體能起氣氛搞手之功。

第七類為「弘普之人」，這類人慈善濟眾，為「博愛主義者」，不論是非好壞都一併照顧，愛心已近泛濫程度。但是，若以他統領救濟一類工作，則恰到好處，用之得宜。

第八類叫「狷介之人」，以守正不阿見稱，但常流於搶奪道德高地，不講情面。但是任用此類人卻不虞其使詐，對穩定團體有正面作用。

第九類是「休動之人」，貌似很有理想，實則眼高手低。但因其有顧前不顧後的性格，在創業期加以授職，可以加強前衝的蠻勁。

第十類稱「沉靜之人」，與「休動之人」剛好成對照，此種人做事患在過於深思熟慮，易令團隊工作停滯不前。但若善加利用，在政策推出之前，讓他找出疏漏則十分恰當。

第十一類是「樸露之人」，此類人優點是直，是正直之「直」，但缺點也在直，是直露之「直」，亦即不能守祕。但若委以「輕」任，則將會戮力以赴。

第十二類亦是劉劭所提的最後一類，稱為「韜譎之人」，是為心術不正、伺機上位但又不願吃虧的人。此類人職場上比比皆是，由於太多，若不加利用，則兵卒不足，所以關鍵是怎樣利用，而不是棄之則吉。劉劭的建議是若有美善之事，可使此類人負責表揚，但始終不能委以重任。

（三）小結

劉劭對職場上不同人才種類的分析，具體而微，周全完備，難怪千古以下，為人推崇備至。

不過，**《人物志》一書，其義之豐，其理之周，容許多維度的解讀。此書的價值，不但可從人物品鑒、人才選拔的管理角度加以欣賞，事實上，其論人的高度與深度，駸駸然已超越管理學，而進軍哲學的境界**，所以，在下一節，我將會提出幾個與哲學相關的問題，讓讀者進一步了解《人物志》深刻的智慧。

二、從哲學角度看：《人物志》的「天賦決定論」

《人物志》在哲學上有兩項貢獻：一是哲學意義的，一是哲學史意義的。就前者而言，論者一般都談此書有關陰陽五行理論的內容，亦有從所謂知識論角度論之，都各有精彩處。在此，我想略談作者劉劭在書中的「天賦決定論」觀點，另外，我亦想就此書的學術淵源，略說我的看法。[9]

以孔孟為代表的原始儒家，跟以老莊為首的道家，在許多問題上，縱或有天淵之別，但對萬事萬物本質的理解，卻頗有可相比擬之處。對孔孟而言，盡心知性知天後，了悟宇宙是個有情世界，天道在萬事萬物背後，默然運作，「潤澤蒼生」[10]。於老莊，「道生之，德畜之，物形之，勢成之」[11]，其中「之」一字指的就是總括有形與無形的萬事萬物，意指天道不但生成、規範萬物，並且潤澤草木而不居功，默察一山一石於無心無念之間。總之，儒道對宇宙萬物的理解，都不是一種全然命定的機械觀點。

9 《人物志》在哲學上的貢獻，多至不勝枚舉，當中新儒家代表牟宗三先生的觀點，最具啟發。牟先生在《才性與玄理》中指出，由孔孟到宋明儒所開出的人性論理路，以道德為人性內核，亦即界定性特徵，是人與其他一切有生命血氣者的分別所在，此固然為中國哲學中的精粹，但對人落實在具體人世間時所綻放的美學生命，卻並未能如《人物志》所了解得透徹。所以，牟先生認為，《人物志》正好補充了傳統哲學的不足，兩者湊合一起，便使人性的全部意蘊得以徹底展露。詳見牟宗三〈人物志之系統的解析〉。

10 此為典型的當代新儒家學派的觀點，讀者可隨意翻閱新儒家宗師級哲人如唐君毅、牟宗三、徐復觀等，或他們海內外無數弟子的著述即知。

11 老子《道德經》，第五十一章。

與孔孟老莊相較，《人物志》對宇宙的形成與萬物的本質，其形上預設，有明顯的「氣化論」傾向。所謂「氣」，是一股在天地間無處不在的物質力量，而所謂「氣化論」，簡單講是指天地間的一動一靜、一往一來、一升一降、一榮一枯，以致四時變化，溫涼寒暑，萬物的生長收藏，莫不由此股充盈宇宙的力量所支配。莊子〈知北遊〉的「通天下一氣耳」便常給援引以作「氣化論」的佐證。固然正如我上文所言，莊子並非氣化論者（或至少不是典型的標準的氣化論者），但莊子此語的確是氣化論的最佳注腳。氣化論既以萬物的運作早受氣的支配，所以其「機械論」的特色便不言而喻。

此以機械論為其主要特徵的氣化論，在西漢時董仲舒手上，被極大化地發揚光大。劉劭生於兩漢之末，學術界思變之心雖昭然若揭，但劉劭本人在宇宙論方面，受董仲舒影響甚深。《人物志》甫始即一錘定音，認為每一個人（以及萬物）的才能來自五行的比重分佈，而五行又衍生自元一及陰陽的先天格局，那麼，循此以推，其邏輯結論必然是每一個人的稟賦，都是被先天決定了的，亦即每一個人，由機體的構造到心理、心靈，再到精神層面，莫不由先天因素模塑，因此，是此則不能為彼，是彼則不能為此。其論證結構，其實是一標準的「三段論」式：

凡陰陽五行賦予的本質都不可改變（前提一）

人的本質由陰陽五行所賦予（前提二）

所以，人的本質不可改變（結論）

認為人的本質不可改變，並且此本質之所以不可改變，是因為他的稟賦全部由先天所決定，如此一來，便具極強的先天決定論色彩。所謂「先天決定論」，是指我們一切的行為、心理活動或性格特徵，其表現形式、方式、形態等等，一早已有先天傾向性，彷彿其表現範圍一早已給圈定，不得逾越，一切皆由先天因素（即陰陽五行分配的不同比例）所構成，個體本身不能改變。在這裏，自由意志可說不起作用。這樣說，當然並不表示個體每一項具體行為、活動等等，在個體未有意識前已被決定，而是指我們行動的可能性是被設定到只能在某一系列的形態範圍內表現出來，但具體的表現要視乎當下具體情況而有所變化。打個簡單比喻，一隻手錶在製造時只有十二格，於是指針無論如何也不會指向第十三格。但在具體的時刻中，指針指向哪一格，就由當下哪一刻決定。上文那句「表現範圍一早已給圈定」，說的就是這個意思。

換另一比喻，可以把先天稟賦看成電腦的硬件設定，而具體行為、心思、意念等等則有如安裝在硬件上的軟件。軟件的安裝首先必須要與硬件兼容，否則軟件的潛在功能無法得以實現。一種軟件可以有很多功能，但無論如何運作，它的所有可能的表現一早已由硬件的環境所圈定，亦即被限制。在劉劭的論述中，硬件被稱作「情性之理」，[12]屬先天的設定，原則上不可知，亦因此不能被觀測得出。可幸的是，一個人的內在才質，都體現在其一言一行、一舉一動，甚至一顰一笑中，否則全書斷言人的本質可被觀察則頓成空言，所謂「聽其言[13]而（便可）知其人」是也。

這就引來一個有趣的問題：每一個人的才能、性情、心態、心理、傾向等等，到底在多大程度上可以受後天因素所改變？

對先天決定論不論是否贊同的人，都會有的一點共識，就是從體質、體型等等層面而言，我們擁有的特質幾乎全數都是由先天因素所決定的。一個百病纏身並且身材矮小的人，無論進行如何密集的系統訓練，都恐怕終身與NBA無緣。但是記憶力、一般性的認知能力，則經後天培訓後，往往可以有頗大的躍進。即使在剛提及的體育

12 見〈九徵〉首句。

13 「言」也包括行為等外顯的表徵。

領域裏，一個骨格清奇的人，縱有天縱之資，若無恰當的訓練，相信仍無緣於任何成就。這些不單是今人的常識，古人一早就多有論述。後天的訓練，用古人的語言表述，往往就是「學」。《論語》首章〈學而〉，即標舉一「學」字；荀子在赫赫有名的〈勸學〉篇中，亦說「學不可以已」。

古人口中的「學」，今人稱為「教育」。從社會制度的角度來說，改變人屬後天的力量，最主要的就是教育。換言之，前段的問題可重新表述為，每一個人的才能、性情等等，在多大程度上可以受教育改變？就此，劉劭的看法有兩點值得留意：第一，教育使人的先天稟賦日臻完善；第二，教育鞏固了人的先天弱點。

乍看之下，此兩點似互相矛盾。一者激發潛能，使之盡善盡美；而另一者卻扼殺生機，使視野更形狹隘。不過，如果細看，矛盾只屬表面，稍加分析，即知劉劭有此怪論實在是順理成章的。〈體別〉篇有言：

> 夫學所以成材也，恕所以推情也，偏材之性不可移轉矣。雖教之以學，材成而隨之以失。雖訓之以恕，推情各從其心。信者逆信，詐者逆詐。故學不入道，恕不周物，此偏材之益失也。

意思是依一般看法，教育使人的才能得到發展，道德水平亦可提升，能做到推己及人。但在劉劭看來，一個具偏才的人，教育無疑可有助於其所偏之才的發展。但偏材的定義，意味着他有所缺憾，所以就其所欠之才而言，其偏才越盛，其憾越顯，其缺點缺憾更形暴露於世人面前。就以推己及人為例，本來是抽離自身以體察別人感受的無上法則，但一個偏材，只囿於自己的世界，所謂推己及人，注定淪為以己心度人。如果他偏於信人，他就認為別人也很容易相信他，或值得相信，而對人疏於防範；如果他偏於使詐，他就認為別人也會欺詐自己，而對人有所防範。於是，無論怎樣學，無論怎樣恕，都與客觀真理緣慳一面。

所以，如果連最有資格改變人本質的教育，其實也不能改變人的本質，還有哪種方法、力量等等可資利用來改變人呢？職是之故，牟宗三根據對氣化論的分析，斷言以之作理論根本的任何學說，都具有「性成命定」的觀點，亦因此「為徹底的命定主義」[14]。牟氏的分析，若將「命定」二字弱化為「決定」，則誠不虛言。兩者的分別，簡單而言，是「命定」意味着只能如此，但不能如彼，其間並無變化餘地；但「決定」則表示被決定者可有變化，只是其變化的方向、方式、軌跡、範圍等，已一早被

14 牟宗三：〈人物志之系統的解析〉，載《牟宗三全集——才性與玄理》，頁三三。

圈定，彷彿被程式化了一樣。但即使如此，仍有變化發展的可能。承上文的譬喻，前者就像一幅時鐘的硬照，拍攝時的一刻是一時就是一時，是五時就是五時；但後者則如一個能正常運作的時鐘，指針不停地隨時間的流動而轉動，但其變化始終都在設計時的十二個小時之內，可以是一時，可以是五時，但斷不會是十三時（此處當然是就十二小時制，並且排除了藝術創意的「非常」之鐘）。又好比一個只懂漢語的人，因只具單一的語言知識，因此他雖於具體情況，會說出不同的漢語句子，但所說的只能是漢語句子，而無法說出任何其他語種的句子。換言之，他一出生所能「生產」的語言總體，一早已被決定了。

當然，研究者中亦不乏堅持劉劭並非「先天決定論者」，臺灣的呂光華是其中之一。[15]他雖然同意，以劉劭主張「學不及材」及「守業勤學，未必及材」來看，「劉劭認為先天的稟賦資質，比後天的修養力學來得重要」，但他仍認為，由於稟賦只是

15　呂光華：〈論劉邵（按：即劭）《人物志》的性質目的及其修養論〉，載《興大人文學報》，第四十三期，二〇〇九年，頁七九—一〇四。此外，江建俊：《漢末人倫鑒識之總理則——劉邵〈人物志〉研究》亦大談「修養論」，並於該章結尾處謂：「故人之欲求其大用，務先自平淡處修養焉」。見氏著（臺北：文史哲出版社，一九八三年），頁八〇。但文中並無正面討論，在陰陽五行為人才質的先天來源的框架下，如何有修養的可能。

潛質，所以「還需後天力學，才能成材」，而既然劉劭也推舉「學」的重要，因此，這就可證明劉劭是不反對「後天修養工夫」。又既然他不反對後天修養工夫，所以劉劭不是「先天決定論者」。

不過，呂光華的論證是建立在把「決定論」與「命定論」的混淆上，依他的理解，「決定論」是指「事物存在和發展過程，本身具有因果性、必然性和規律性」。[16]但這個理解較符合「命定論」（fatalism）而非「決定論」（determinism），後者的斷言在以下的意義下比前者弱得多，即容許事物可以有變化發展，但仍聲稱變化發展的範圍、軌跡等一早已被給定，這就是我以上時鐘的硬照與正常運作的時鐘的比喻下的分別。

再進一步說，劉劭「信者逆信，詐者逆詐。故學不入道，恕不周物，此偏材之益失也」的斷言，明顯地說明了不論怎樣學習、修養，偏者不單「不（能）入道」，最關鍵的是他只會越走越遠，甚至永不回頭。

劉劭說「益失」，此一「益」字，用意在此。因此，我仍堅持，劉劭是一「天賦決定論者」，但當然不是「天賦命定論者」。

16 同注15，頁九四。

三、《人物志》的學術淵源

《人物志》在不少傳統文獻中，分別被定性為儒家（清代名臣張之洞在《書目答問》卷三中，把《人物志》列入儒家學說），雜家（清代集體巨構《四庫全書提要》總評此書時說：「蓋其學雖近乎名家，其理則弗乖於儒者也」，因而歸之於雜家），道家[17]或名家（《四庫全書提要》亦提到「《隋志》以下皆著錄於名家」，隋唐《經籍志》亦將之列於名家之下），晚近及當代學者亦多有類似看法[18]。這固然反映了歸類者本身的時代背景與學術傾向，但同時或多或少顯示出劉劭本人強大的綜合能力，這點，不少學者早已指出。[19]事實上，我在上節分析劉劭的「天賦決定論」時，已指出其「氣化論」預設，是深受董仲舒的影響，而董仲舒本人則吸收了陰陽家的宇宙觀以

17 臺灣易學專家劉君祖在為《人物志》作的導論中，引近代著名史學家張舜徽的《周秦道論發微》作旁證，認為《人物志》既大談「君王南面之術」（即古代君王駕馭臣民之術），因而可與道家相比擬。見劉邵著，劉君祖編：《人物志》（臺北：金楓出版社，一九八三年）。

18 持「糅合」觀的比比皆是，茲僅舉湯用彤為例：「魏初學術雜取儒名法道諸家，讀此書（按：即《人物志》）頗可見其大概。」見湯用彤：《魏晉玄學論稿》（北京：中華書局，一九六二年），頁二五。

19 如江建俊：《漢末人倫鑒識之總理則——劉邵〈人物志〉研究》，頁四三。

提煉成自己的「天人合一」哲學。所以，說劉劭是陰陽家或博採諸說的雜家，並非毫無根據。

不過，我認為在某一意義上，任何人都是雜家。對任一個身處特定空間維度的人來說，若在時間維度上曾出現過百家爭鳴、並且互相滲透的思想，我不相信他可以依然抱持純粹的一家之言。好比一個帶藝學師的武術高手，真能做到類似「散功」的行為，才去重新投入新的門派？請不要忘記，三國是中國經歷自春秋戰國以來，最大規模的社會解體時代，各種思想在對兩漢正統儒家學說蠢蠢然發動顛覆運動，民間與學術界不同思想互相比併，互相影響。更何況所謂的兩漢正統儒家學說，是由受陰陽家影響甚深的董仲舒一手炮製；而兩漢之前，又經歷過長時期的春秋戰國諸子爭鳴的局面？正是在此意義下，劉劭與所有其他人，都是雜家。因此，指任何人，包括劉劭，屬於雜家，除非能準確釐清「雜家」之「雜」所蘊含的界定性特徵，否則沒有太大的實質學術意義。

所以我認為，單是指出劉劭糅合上古各家各派學說，而獨欠指出他最終歸於何家，是稍嫌平面的，必要待點出他的立足點，及以百川匯海之勢，統攝諸家而形成一自圓一致的系統學說，才可對劉劭的學術貢獻有一立體的縱深體會。下面我想簡略說說我的看法。

我認為《人物志》理論根底是儒家的，具體而言，是儒家的「仁者」學說。仁者至高的境界就是聖人，聖人者何？其實就是最高理想人格的原型（prototype），在《人物志》中被描述為具有「兼德」「中和之德」，是「中庸精神」的徹底體現者。「中庸精神」在書中的界定性特徵為「沖和」，能統攝諸德與眾美，亦即匯集天下之至善至美以及最高能力於一身。但弔詭的是，正由於包羅萬有，所以沒有崢嶸的棱角（「平淡無味」〈九徵〉），處處圓融，沖虛自守，變化無方（「變化應節」〈九徵〉），因而遠看近觀，反予人「平凡」之感。[20]

常人以為，所謂聖人必定是光芒四射、大放異彩、漪歟盛哉。但劉劭獨排眾議，認為聖人是不易辨識的。其原因有二：其一，聖人為人才之極品，在眾人之中沒有比之更能極盡人性的精華，惟其如此，其行事為人，獨闢蹊徑，遠離眾生。在討論考察人才所容易犯七種通病的〈七繆〉篇（歸入全書的第十篇，屬下卷部分）中，劉劭如此說：

20 錢穆對劉劭提出「平淡」二字以界定聖人，十分激賞，謂「反覆玩誦，每不忍釋（，）至今還時時玩味此語，彌感其意味無窮」，見錢穆：《中國學術思想史論叢（三）》。

雋傑者，眾人之尤也；聖人者，眾尤之尤也，其尤彌出者，其道彌遠。

所謂雋傑，文中劉氏舉韓信、張良為例，此二人在未得提拔至其崗位以發揮其內在潛能之前，其能力並非人人皆知。他們已是人中之龍鳳，但比之聖人猶有不及，若韓、張二人之才幹尚且不易察知，何況聖人？所以說，「其尤彌出者，其道彌遠」，即是說，其才越高，其行越深，因此其才越發難知。緊接上段引文，劉氏所說的「出尤之人，能知聖人之教，不能究之入室之奧也」的「奧」字，指的就是聖人之才祕而難知。

不過，雖然聖人獨闢蹊徑，遠離眾生，但此並不表示他標奇立異，遺世獨立，特立獨行，若如此，則一旦他功名得立，一定會如上文所說的「光芒四射、大放異彩、猗歟盛哉」。非也！相反，依劉劭的分析，聖人沖和平淡，實而不華。在全書原序中，劉劭說孔子：「又歎中庸以殊聖人之德」（〈序〉），「中庸」者，中間着墨之謂也，言不偏不倚、無過無不及之謂也。劉劭以孔子為例，他讚歎中庸，以之為聖人最高境界，以垂教學生，本人當然亦早已登中庸之境。是故我們每讀《論語》，只見一德行高潔的長者，將他一生經驗所鎔鑄的智慧，向人娓娓道來，令人如沐春日和煦之風，無適無待，淡然暢然。相反，讀《孟子》，乃至《老子》《莊子》，每至其精彩處，如臨夏日的風暴或秋冬之肅殺，尤其至他們辯論詰難處，或屏息觀之，或拍案叫絕，甚或不知手之舞之、足之蹈之。但這比之於孔子之中庸平淡，恐怕又有未逮矣。

聖人之所以如此，是因為他已與天地陰陽達至完美的同構關係，謂之「與天地同流」可也。《人物志》甫始，即已為人的本質提出一套形上學的解釋：

凡有血氣者，莫不含元一以為質，稟陰陽以立性，體五行而著形。（〈九徵〉）

天下間凡有生命的，皆是以宇宙間最基始最本原的基質（即元一）為其生命「模板」，物種的千差萬別，是取決於陰陽稟賦的不同比例，再因五行具體的變化，而形成生命形態的實際個別差異。這意味着有些物種比起另一些物種更為優越，「更為優越」的意思是指該物種在面對外在生存環境與內在系統環境時，是一更有效的生命形態。這是從種際差異角度來說的，同一道理也可應用於同一物種中的個別差異。所以人雖鍾天地之靈秀而優於眾生，但在人此一物種中，仍存在人際間的巨大差距。所謂聖人者，無他，就是得到陰陽五行最完美的比例配搭的人，劉劭形容聖人為兼德者並非無因，兼德之「兼」，就是齊備陰陽五行因而達至最高均衡狀態之意。能達至最高均衡狀態的，可以理解為與元一具有完全相同的結構，即上文所謂之「同構」。人在天地間生活，一呼一吸莫不自然，因而如魚在水中，對之習焉不察，反無感覺；同理，聖人無棱角，無常勢，是故不易為人所知。我在上面曾引〈七繆〉篇，指出知人難，知聖人更難，正可與此處分析互相印證。聖人以外的人，有兼材，有偏材。他們都是由陰陽五行只取一端或數端者，因而比重不均，五行中某一方面較強的，就在相關領域顯得突出，因而棱角崢嶸，易為人察覺。

在《人物志》中，聖人的特質與儒家相關的，其實還不在其陰陽五行的稟賦，若單是如此，則我說《人物志》的理論根底是儒家的便是空言。事實上，找出劉劭最後的歸宗，在於劉劭為五行賦予了儒家式的倫理性質。陰陽五行學說，一般人總誤會為陰陽術數之士所獨有，非也，此學說其實是上古先民共同的知識背景，因此，陰陽家固然有之，但同時道家老莊論之，法家名家審之，易經學說議之，儒家當亦不會例外。劉劭以五行對應儒家之五德，並不必然表示就是陰陽家路數。即使如是，經劉劭以儒家仁德觀念創造性地詮釋過後，陰陽術數之味，已去之七八。

《人物志》以五德配五行，可表列如下：

表四：《人物志》五行五德相配表

五行	木	金	火	土	水
五德	仁	義	禮	智	信

以文字申之，即木配仁德、金配義德、火配禮德、土配智德、水配信德。由五行忽然躍至五德，不免突兀，所以劉劭提供了一個與人身構造有關的介面，使德行二者的關係具有物質基礎：木在骨相上、金在筋脈上、火在氣息上、土在肌肉上、水在血液上。此亦可以表列之：

表五：《人物志》五行五德五體相配表

五行	木	金	火	土	水
身體介面	骨	筋脈	氣息	肌肉	血液
五德	仁	義	禮	智	信

這種論述方式，今天我們讀來，相信多會格格不入，但我們不應束縛於文字的表面意思而以為木骨仁等真具有客觀關聯，或以為劉劭自以為有實質客觀證據因而斥為

無稽。我們在詮釋文獻時，應考慮其時空背景，尤以時空皆與我們頗有距離者為然。五行等一系列的術語，是當時學術界共通的語言，以之作為論述媒介，合情合理。因此，在理解及詮釋劉劭這段文字時，最重要的，是明白他旨在指出，人的品格是由先天的稟賦所決定，不同的稟賦是與人的德性稟賦息息相關的，換言之，是與生俱來的。當某甲有仁德傾向時，他在行為表現的可能性上，由先天稟賦，亦因此必定如此，而不能如彼（但這並不表示他一言一行早已被命定）。由於各人的稟賦可歸入五行的各種類型，而各種類型是由先天所決定，進而先天所決定的類型與五德相表裏，所以，歸根到底，劉劭是在儒家的概念框架下，來理解人的本性以及人才的本質。由此看來，他在原序中推許孔子，並謙稱「敢依聖訓，志序人物」，意在表明自己的論述基礎出自儒家，實非作偽之詞。

雖然《人物志》立足於儒家，但如不少學者所倡，劉劭的確有博採眾說，以取兼收並蓄之效。比如從外觀及具體的行事風格來判斷人才的〈九徵〉〈八觀〉等篇，與莊子的「九徵」法（〈列禦寇〉）、姜太公的「八徵」法十分雷同，皆是以有諸外則形諸內的原則來考察人物，《人物志》有明顯吸收的痕跡，就連篇名都直接挪用。《人物志》以聖人沖虛平淡，極高明而道中庸，反不易為人所知，則有老子「大智若愚」的影子。甚至有論者指出，劉劭分偏材為十二，其中的「法家」「術家」等職業名目，亦明顯襲自法家。凡此種種，俱為劉劭博採諸家，冶為一爐的明證。不過，我仍得強調，《人物志》的基調，尤其德與才合的主張，聖人集諸德於一身的觀點，及抽象的五行落實為具體的五德的堅持，劉劭以儒家為本的理念，實彰彰甚明。

四、作者劉劭及成書背景

《人物志》作者劉劭[21]，生活於三國時代。所謂三國，不僅是魏、蜀、吳的總稱而已，而是一個大時代。這段期間，風雲際會，人物起起跌跌，歷史以幾近光速，剎那一個小變，分秒一個大變。

劉劭之所以寫《人物志》，而《人物志》又受當時（以及後世）的高度重視，當然有其時代背景，但與劉劭本人的能力與功力，卻有莫大關係。

21　劉劭之名，《三國志》有《劉劭傳》，其名作「劭」，今天流行版本亦多作「劭」。但不少文獻，如隋唐《經籍志》、宋阮逸〈人物志序〉、清《四庫全書》等卻又記之為「邵」。對此，今人楊新平及張錯生在《智慧之門．人物志》中有初步考證，認為劉之名應作「劭」，只不過「在北魏時期為避彭城王元劭之名諱」，才一度被易為「邵」。見楊新平、張錯生：《智慧之門．人物志》（鄭州：中州古籍出版社，二〇〇四年），頁二一三。

劉劭博覽羣書，學貫百家，上至天文，下至地理，旁及文、史、哲、政、經乃至人事管理學。他在《人物志》裏，一口氣展示了藝術鑒賞家、系統思想家、個性心理學家和身體語言專家多種形象。若以今日語言來表達，則是學貫中西，徹頭徹尾通識專家一名。

根據陳壽《三國志》卷二十一的〈劉劭傳〉，劉劭為三國時魏朝的廣平邯鄲人，亦即今河北省邯鄲市人。傳中未記載其生卒年份，一般學者則經考證後，認為當生於漢靈帝建寧年間，即一六八年至一七二年，並於魏齊王正始年間，亦即二四〇年至二四九年下世。大約在漢獻帝年間初次為官，歷任計吏（相當於文書處理一類的低級官吏）、太子舍人（即太子的屬官）、祕書郎（相當於會議祕書）、尚書郎（掌理呈交司法部門的文件）、散騎侍郎（掌管騎兵衞士）、陳留（即今河南開封）太守（相當於州長）等，後曾受封「關內侯」，死後則追贈光祿勳（掌管宿衞侍從）。生平著作非常豐富，編有類書《皇覽》，為魏明帝制定《新律》，還著有《樂論》《律略論》《法論》《新官考課》及〈許都賦〉〈洛都賦〉等，著作多已散佚。目前僅見《人物志》和〈趙都賦〉〈上都官考課疏〉等。從其著述種類來看，劉劭在經學、法學、文學、音樂[22]，乃至人事管理學方面，都深有認識，且在相關領域具有紮實的資歷。人文學成就如此之高，其於天文學亦同樣功力深厚。建安年間，他以一人之力，駁斥一眾悠悠之口，斷言當時日蝕預言之謬。凡此種種，以現代標準來看，劉劭無疑是個通才，加以著作如此豐茂，若身處大學環境，早已給聘為終身教授。

關於《人物志》的成書背景，我們要注意的應是漢帝國崩潰前後兩個劃時代的轉變：第一，選拔人才的方式；第二，經學式微與個體解放之間的關係。

漢朝以察舉制選拔人才，所謂察舉制，即從兩方面來判斷人才的高下：其一是由上而下式的「考察」，亦即官吏被派到國內不同地方直接羅致人才。但由於人生路不熟，考察人才的官吏其實頗仗賴地方勢力的推薦，於是除「考察」外，便有「推舉」的產生，亦即由下而上的推薦，由地方社會賢達推薦後，再由地方官推薦入中央。進入中央後是要經類似考試的考核檢定，才會量才授官。但當中為時人所特別重視的一科卻與考試關係最淺，此即為推舉「孝廉」。漢代名義上罷黜百家，特標儒術，而儒

22 《樂論》之「樂」，指禮樂之「樂」，原非指音樂，此書倡議「制禮作樂，以移風俗」，但當中其實就牽涉了將音樂普及化，以使社會免於因政治、經濟、民生、戰禍、天災等「無常」因素所帶來的緊張，從而教化或陶冶人民的心靈。

家是以重孝為名，因此，順理成章，對孝子賢孫禮遇有加。當時有不少人是循「孝廉」一途進入政府當官的。

察舉制初行時的確是有利於人才選拔，有能之士從全國四方八面如進龐大的運河系統般，一批一批被運往中央政府，不單大大加強社會上下階層的流動，在周秦以來的封建世襲制中破開缺口，更加重要的，是加強了社會精英分子對國家的向心力，從而鞏固政權，而政權得以鞏固反過來亦意味着社會的穩定。兩漢輝煌的成就與察舉制的關係是很難被誇大的。

然而，像人世間所有事物一樣，制度難免有「生老病死」。一項制度如不能與時並進，並且因其曾偉大過而以為它神聖不可侵犯，因而任其老化、僵化、形式化，最終所有人都是受害者。察舉制由於倚重個人的名聲，仗賴主事者的主觀判斷，最終淪落為一陳陳相因，人脈關係環環相扣，繼而重蹈世襲形態的落伍制度，並最終令吏治敗壞，當中舉「孝廉」就常有作偽事件的出現。這實在不能不說是歷史的弔詭。

直至曹操掌權，深明在大時代裏人才的重要，於是三次下令求賢。[23] 不過，所求的「賢」，其內在語意已偏離漢代儒家系統，而出現一種「去道德化」的現象。「賢」

23 三次求賢令分別在建安十五年、十九年及二十二年發出。

變為只講求能力而與道德無涉，他那句常被援引的話「惟才是舉」[24]，人們耳熟能詳，若不深究其背景，幾乎淪為陳腐語。

求才而不求德，正是對治因察舉制而生的世襲階級的一帖藥。不過，既要求才，那麼與漢初時一樣，都面臨相同的難題，就是如何尋找判斷有才能者的客觀標準。漢朝用了察舉制，成也在斯，敗也在斯，所以至曹魏時不可再用。於是，月旦人物、品評人才的論述便應運而生。依現存史料來看，當日相關的討論與爭辯，熱哄哄多得不可勝數，獨劉劭的《人物志》能歷經千餘年，不但沒被淘汰，並且駸駸然有演成顯學之趨勢，海峽兩岸學者多有論述，外國學人則由美國的 J. K. Shryock 於一九三七年的專論專譯肇始，[25] 一九七五年則有新西蘭奧克蘭大學的 Lancashire 教授的期刊論文[26]，到管理學者對《人物志》的重視，在在都說明此書的價值。

---

24 《三國志・魏志・武帝紀》。

25 Shryock, J. K.（1937）. *The Study of Human Abilities.* New Haven: American Oriental Society.

26 Lancashire, D（1975）. “Man Determined or Free-A Study of Liu Shao’s Treatise on Man”. *Journal of the ANZSTS*. 17-32.

五、《人物志》各章主旨

「新視野中華經典文庫」之《人物志》不計原序，共十二章，依原書分為上卷、中卷、下卷三組。但卷下首篇的〈八觀〉，亦即全書第八篇，論內容似應歸入中卷，現依原書分卷法及根據內容重分後的分組，列表於下：

原書		重新分租
上卷	〈九徵〉〈體別〉〈流業〉〈材理〉	理論研究
中卷	〈材能〉〈利害〉〈接識〉〈英雄〉〈八觀〉	應用研究
下卷	〈七繆〉〈效難〉〈釋爭〉	常見通病

至於各篇主旨，可於下表見之：

目次	篇名	內容
第一篇	九徵	討論如何從人的外在生理特徵，即神、精、筋、骨、氣、色、儀、容、言等，判斷其內在天賦才能，藉此為全書奠定理論基礎。
第二篇	體別	指出只有聖人才符中庸標準，其餘則因不同的氣質而對中庸有所偏離，而有抗者（過亡）和拘者（不逮）之分，當中再細分為六類，以說明其優點與缺失。

（續上表）

目次	篇名	內容
第三篇	流業	劃分十二種職務分類及其對應人才類型，亦即清節家、法家、述家、國體、器能、臧否、伎倆、智意、文章、儒學、口辯、雄傑。
第四篇	材理	從辯論的表現來看一個人的能力形態，藉以討論人才和説理的關係。理有四種，即道理、事例、義理、情理，常人往往只通一理。
第五篇	材能	從另一角度，列舉了八種不同才能的人才，指出他們適宜的職務。
第六篇	利害	分析六種人才在被錄用與不被錄用時的差別，以此指出人的性格、心理形態與自身命運的關係。
第七篇	接識	討論偏材一類的人跟兼材一類的人，在鑒別人才時，其方向與心態都受本身的特質所限制，因而有不同的偏頗。
第八篇	英雄	分析真正具雄才大略的人的稀有能力；此篇是類似個案研究的專論。
第九篇	八觀	依不同的行事風格，從八個方面去觀人與判斷其高下。
第十篇	七繆	指出在鑒別人才過程中，容易犯的七種通病。
第十一篇	效難	説明人才不為所知，因而易被埋沒的原因。
第十二篇	釋爭	從人才相爭的情況，反映其境界的高下，並提倡老子謙讓思想，以作全書最終的勸勉。

《水經注》導讀

中華大地的血脈

香港樹仁大學歷史學教授
張偉國

《水經注》是中古時代一部史學奇書。它所記述的是當時已知世界的河流沿岸景物、城邑、人物和歷史。它的作者酈道元（？—五二七），字善長，范陽郡涿縣（今河北省涿州市）人，生平事跡記於正史《魏書・酷吏傳》中。酈氏世代仕宦北朝：道元的曾祖父酈紹，為北魏兗州監軍；祖父酈嵩，官至天水太守；父親酈範，服官五十年左右，獲范陽公封爵。道元自幼隨父親任官而奔走四方，孝文帝時開始步上仕途，以尚書郎的官職隨孝文帝北巡，其後在北魏京城洛陽任官，又曾多次出守地方州縣，因此有機會在中原北方遊歷。宣武帝永平年間（五〇八—五一二），道元出任魯陽（今河南省魯山縣）太守，創立學校，廣行教化。據史書稱，酈道元為官「執法情刻」「素有嚴猛之稱」，得罪不少權貴。北魏皇族汝南王元悅好男色，其男寵丘念恃勢弄權犯法，被酈道元逮捕，元悅向掌握朝政的靈太后懇求特赦，道元卻趕在聖旨到達之前處死丘念。元悅因此與道元結下深仇。酈道元在東荊州（今河南省泌陽縣境內）刺史任上，威猛為治，被百姓上告，因而免官，在京賦閒期間，專心撰寫《水經注》，歷時七八年。

孝昌三年（五二七），北魏境內民變蜂起，雍州刺史齊王蕭寶夤奉命領兵到關中平亂，卻意圖乘機割據反叛。元悅等權貴推薦酈道元擔任關右大使，赴關中監察蕭寶夤。蕭寶夤疑忌道元不利於己，命其部屬郭子帙發兵圍攻道元所留宿的陰盤驛亭（今陝西省西安市臨潼區，在秦始皇陵附近），道元與隨行的弟弟道峻及兩子一同遇害。由於酈道元為官鐵面無私，得罪不少權貴，他死後二十七年，曾經與他同時為官的史臣魏收編撰《魏書》，將酈道元列入酷吏傳。

《水經注》是酈道元惟一的傳世著作，顧名思義，酈道元撰書的原意是為《水經》作注。《水經》是一部列舉全國水系的古書，記述了一百三十七條主要河流，全書一萬餘字，每條河流只作綱領式記錄，內容非常簡略。《水經》的作者說法不一，其中一說是前漢人桑欽，另一說法是西晉人郭璞。先師嚴耕望教授認為：桑欽是前漢人，而《水經》中有魏晉時才出現的地名，不可能出自桑欽手筆；有些地名在東晉、十六國之後才使用，也不會是西晉人郭璞所撰。也有學者認為前人撰述的《水經》可能不止一種，經過多次傳抄、增補而形成，酈道元只是以當時通行的《水經》為綱，增補更詳細的資料作注，而「道元好學，歷覽奇書」，他不但學識豐富，而且見聞廣博，在為《水經》作注過程中，補充了大量內容，在《水經》原有一百三十七條河流之外，增加了超過一千條支流，所記述的大小河流多至一千二百五十二條，是《水經》的十倍以上。此外，還有五百多處湖泊和沼澤、二百多處泉水和井水等地下水、六十多處瀑布、四十六處巖溶洞穴、三十一處溫泉、九十餘處津渡、九十多座橋樑；此外，注文提及的古城邑遺址數以百計、宮殿百餘處、陵墓二百六十餘處、寺院二十六座等等；加上歷史人物的活動、郡縣的置廢沿革、戰場的描述、道路關隘、風景奇觀、民間傳説、碑刻題銘、詩歌民謠等。這使原本枯燥的水名、地名，加入了豐富的人文歷史內涵。現存《水經注》版本中，可計算出酈道元旁徵博引，參考和引述前人著作多達四百三十七種，輯錄漢魏金石碑刻三百五十種，其中絕大部分早已散佚，全靠《水經注》的徵引而得以保全片言隻語，可謂彌足珍貴。

《水經注》的材料來源，嚴耕望教授認為，主要有以下幾種：其一，酈道元曾親自遊歷過不少地方，他所到之處，親自採訪、詢問當地人士，以及他對地理情況的詳細觀察，把獲取的資料記述在《水經注》相關的條目中。道元雖然自稱「不愛涉水，不喜攀登」，但他事實上到過許多地方，北起今內蒙古，東至山東，西到陝西，都曾因公務而涉足，他在《水經注》的自序中說：凡所到之處，都「脈其枝流之吐納，診其沿路之所躔，訪瀆搜渠，緝而綴之」。例如他描述洛陽附近黃河孟津的冰層：「寒則冰厚數丈。冰始合，車馬不敢過。」提到「河水」即黃河渾濁時，引用民間觀察：「河水濁，澄清一石水，六斗泥。」又如他出任潁川郡（河南省禹州市境內）太守時，在郡治長社縣修築客館，掘得一巨大樹根，他在《水經注》中記載了這一異象，並作了一番考究，他說：「余以景明中出宰茲郡，于南城西側，修立客館，版築既興，于土下得一樹根，甚壯大，疑是故社怪長暴茂者也。稽之故說，縣無龍淵水名，蓋出近世矣。」其二，道元好涉獵羣書，對於水名、地名以至郡縣沿革、封邑興廢，他都不厭其煩地旁徵博引，務求得出最可信的判斷，他所引述的經、史典籍及前人注疏，列明出處者超過四百種。嚴耕望教授指出：古人抄錄前人著作而不一定列明出處，因此道元所徵引書籍，必定遠超這數目。由於道元生長及仕宦於北魏，北魏政權範圍以外的南方長江流域、嶺南、雲南，他都從未涉足，只能引自南方人士所撰書籍、文獻。

道元很重視實地考察，以檢核史書的紀述是否確當，並據此糾正史書上的不少錯誤，例如史書上記載，春秋末年晉國大夫智伯說過：汾水可以淹魏氏的都城安邑，絳水可以淹韓氏的都城平陽。道元沿着這兩條水考察，發現汾水河床較高，安邑處於其東岸低處，汾水泛濫，可以被淹沒；但平陽地勢高於絳水河床，絳水淹平陽則絕無可能。他又根據多種文獻記載，在「穀水」的注裏，辨析前人把澗水錯成了淵水。道元雖然是為《水經》作注，但當《水經》有誤，道元直接指出錯誤，例如《水經》稱「汶水又西流入濟」，他引《淮南子》曰：汶出弗其，西流合濟。高誘云：弗其，山名，在朱虛縣東。道元作出判斷：「余按誘說是，乃東汶，非《經》所謂入濟者也，蓋其誤證耳。」

道元對當時人的傳聞，亦不厭其煩地作出考證，例如在《易水注》中，在「易水又東逕易縣故城南」之下，先引述闞駰的說法：「太子丹遣荊軻刺秦王，與賓客知謀者，祖道（餞別）于易水上。《燕丹子》稱，荊軻入秦，太子與知謀者，皆素衣冠送之于易水之上，（略）疑于此也。」於是後世談史者認定燕太子丹餞別荊軻的地點在易縣的燕下都，但道元作出辨正，他說：「余按遺傳舊跡，多在武陽，似不餞此也。」

道元對地理情況觀察入微，但也很仔細，並把觀察所得記錄在《注》中，例如詳細地記錄了不少河谷的寬度、河床的深度、含沙量、冰期，以及不同季節的水量和水位變化等，有些地方更提出數據，例如華池「池方三百六十步」之類，提供了可資後世參考的科學信息。

酈道元為《水經》作注，增補資料，考核地理是撰述的重點，但他行文時，經常採用文學筆觸，作繪聲繪色的描述，其部分章節，被視為中古文學作品的代表，有學者評為：「寫水着眼於動態」，「寫山則致力於靜態」，它「是魏晉南北朝時期山水散文的集錦，神話傳說的薈萃，名勝古跡的導遊圖，風土民情的採訪錄」。酈道元《水經注》的詞藻豐富，僅就描寫的瀑布，就有：瀧、洪、懸流、懸水、懸濤、懸泉、懸澗、懸波、頹波、飛清等詞，可謂變化無窮，其文學價值也足以垂範千載。

《水經注》的內容極其豐富，但閱讀並不容易。首先，《水經注》成書於約一千五百年前，書中所記述的河流、地理情況、行政區劃以至地名，難免與今日有所差異。千多年來的滄海變遷，古代的一些重要水道，經歷過無數次改道，早已湮沒消失，《水經》所載水道，到酈道元時代其中一些已有改變，而《水經注》成書時的一些河流、水道、湖沼，也很有可能在今日已非當年狀貌。數千年間，城市的興衰，地方行政區的廢置遷徙，地名的變更，正如酈道元所說：「然地理參差，土無常域，隨其強弱，自相吞并，疆里流移，寧可一也？」更使現代人閱讀《水經注》時增添困難。

其次，《水經注》中記述了大量西周、春秋戰國、秦漢、魏晉的史事和人物，距今千年甚至數千年以上。這些史事和人物，對於酈道元時代以至其後熟習傳統經史的讀書人來說，不少是耳熟能詳的典故。但近代教育，已逐漸疏遠古典，對這些千年以前的事和人，可能所知甚少，甚至聞所未聞，**初接觸《水經注》有時會茫無頭緒，然而對於有興趣追尋古史細節的讀者，《水經注》是探求這些遙遠史事的事發地點，追訪這些古代人物活動空間的寶庫。**

其三，《水經注》全書的結構是經文的注疏形式，因此只能就《水經》的綱領增補細節和考據，行文顯得細碎支離，敍事、寫景都是點到即止，而且加插了大量典籍文獻的引文和考證，不可能一氣呵成。《水經注》敍述每條河流，必定從源頭開始，向某方向流，流經（逕）某地，該地古代有什麼歷史大事，有什麼前人活動，留下什麼史跡、掌故；然後河流再向前流，經某地，再細述當地情況；當遇上另一河流匯入，則從這河流的源頭說起，直至與主流會合，再重回敍述主流。假如匯入的河流眾多，往往不斷追溯支流，而主流的敍述卻斷斷續續，閱讀時不易前後呼應。假如閱讀時能隨手查對地圖，則較容易掌握水道的脈絡。

其四，《水經注》成書的年代，尚未有印刷術，自成書至北宋中期約五百七十年，只有抄本流傳，傳抄過程中錯漏難免，錯簡、脱漏在不同版本中，常有差異，為後世閱讀者增添困難。《水經注》傳抄至北宋初已缺五卷，後人將其所餘三十五卷重新編定為四十卷。可知的最早《水經注》木刻印刷版本是宋哲宗元祐二年（一〇八七）的「成都府學宮刊本」，宋以後的版本，以明初《永樂大典本》較完整，但由於《永樂大典》的散佚，抄錄在《大典》中的《水經注》也有部分缺失。明、清兩朝不少學者，曾經依據古代抄本、宋刻殘本、《永樂大典》抄本等版本，對《水經注》作細心而且精密的整理、校訂，取得重要的成果，並刊行多重校證版本。其中最早刊行的是明朱謀㙔《水經注箋》（刊於一六一五年），以校訂為主；晚明鍾惺、譚元春的《評點本水經注》，則着重點評詞章筆法。到了清朝，考據學大盛，《水經注》的整理和考訂達到了高峰，重要的成果有全祖望《七校水經注》、趙一清《水經注釋》、戴震校勘《水經注》等。而戴震校勘《水經注》成就極大，受清乾隆帝重視，但戴震校勘的《水經注》也引起後世學術界「剽竊」的爭論。

戴震校勘魏酈道元《水經注》，始於乾隆三十年（一七六五），至乾隆四十年

（一七七五），先後三次校訂，歷時十年完成，用功極勤。戴震分出《水經注》中的「經」和「注」，並且輯補缺漏字兩千一百二十八個，刪妄增字一千四百四十八個，更正錯字三千七百一十五個，使得《水經注》正本清源，還其本來面貌，深得乾隆帝讚賞，收錄於內府刊刻的《武英殿聚珍本》叢書中。及至清末民初，學者王國維對於戴氏質疑，撰寫〈書戴校水經注後〉一文，指斥戴震抄襲趙一清。但胡適為戴震辯護，認為戴震在《水經注》研究方面沒有抄襲的嫌疑。然而另一位以研究《水經注》著名的學者楊守敬認同戴氏剽竊的說法，楊氏在《水經注疏》每每舉出實例，點出「此戴襲趙之確證」，例如卷五寫道：「趙氏不檢……而……以訂酈氏，大謬。戴氏亦不加詳考，竟依改，可哂也。」也就是說，趙氏弄錯了，戴氏也跟着錯。學術界為戴氏是否剽竊爭論不休，但俱往矣。

當代研究《水經注》的專家陳橋驛教授認為，戴震校勘《水經注》，刪去妄增之字一千多個，改正錯訛三千多處，補葺闕佚兩千多處，足見功夫之深，正如清代著名文字學家段玉裁所說：戴震的成就超卓，「凡故訓、音聲、算數、天文、地理、制度、名物、人事之善惡是非，以及陰陽、氣化、道德、性命，莫不究乎其實」，使千年古籍《水經注》在後世讀者面前，展現其超越時代的價值。

晚清學者王先謙的《合校水經注》及楊守敬、熊會貞的《水經注疏》可以說是清代《水經注》考證、校勘的殿軍。楊守敬與其弟子熊會貞用畢生精力撰寫了《水經注疏》，並且編繪了古今對照、朱墨套印的《水經注圖》，二〇一四年鳳凰出版社出版有段熙仲點校、陳橋驛複校的《水經注疏》（臺北定稿本），為今後研究利用《水經注》提供了方便。民國時，胡適曾經用二十多年的光陰研究《水經注》，寫有七十餘篇手稿，收於《胡適手稿》一至六集。

一九四九年以後，新的《水經注》校勘、注釋版本湧現，而對《水經注》的研究蓬勃發展。當代最重要的「酈學」專家是浙江大學已故陳橋驛教授。陳氏窮畢生之精力，研究、考證《水經注》，即便在「文革」的艱難時刻，仍然考訂、抄寫不輟，終成大家，成果豐碩，可以說是當代酈學泰斗、酈學元勳。近十多年來，內地、港、臺以及外國學者，對《水經注》的研究和譯注，與日俱增，各有長處，不能盡錄，現摘要列舉《水經注》古今版本和近年部分著述如下（「新視野中華經典文庫」之《水經注》用的是陳橋驛教授中華書局校注本，並參以楊守敬、王國維等版本）：

北宋初以前僅有抄本流傳

「宋成都府學宮刊本」，元祐二年（一〇八七）刊本，殘缺

《永樂大典．水經注》，民國續古逸叢書影印本

田奕等整理：《永樂大典本水經注》，瀋陽：萬卷出版社，二〇〇九

朱謀㙔：《水經注箋》（一六一五年刊本）
鍾惺、譚元春：《評點本水經注》
全祖望：《七校本水經注》
趙一清：《水經注釋》
戴震校勘：《武英殿聚珍本水經注》
張匡學：《水經注釋地》
楊守敬、熊會貞：《水經注疏》（影印手稿本），北京：中國科學出版社，一九五五至一九五七
楊守敬、熊會貞：《楊熊合撰水經注疏》四十卷，影印前中央圖書館所藏手稿本，臺北：中華書局，一九七一
楊守敬、熊會貞：《水經注圖》，朱墨套印木刻本
王先謙：《水經注校》，清木刻本
王國維：《水經注校》（袁英光、劉寅生整理點校），上海：上海人民出版社，一九八四
陳橋驛：《水經注校證》，北京：中華書局，二〇〇七
陳橋驛：《水經注研究》（一、二、三、四集）

陳橋驛：《酈學札記》，上海：上海書店出版社，二〇〇〇
鄭德坤：《水經注引得》，北平：哈佛燕京學社，一九三四
段仲熙：點校《水經注疏》附〈《水經注》六論〉，南京：江蘇古籍出版社，一九八九
陳橋驛、葉光庭、葉揚譯注：《水經注全譯》，貴陽：貴州人民出版社，二〇〇九
李岫巖編譯：《圖解水經注》，西安：陝西師範大學出版社，二〇一〇
陳橋驛、葉光庭注譯：《新譯水經注》，臺北：三民書局，二〇一一
黃儼華：《水經注捃華》，揚州：廣陵書社，二〇一三
王守春：《酈道元與〈水經注〉新解》，深圳：海天出版社，二〇一三

跋

為讀者開啟通往傳統經典的大門

二十一世紀是中國踏上「文藝復興」的新時代，中華文明再次展露了興盛的端倪。饒宗頤教授曾這樣說過：「二十一世紀是重新整理古籍和有選擇地重拾傳統道德與文化的時代」，作為一家出版機構，該如何理解中國傳統文化的新發展與新出路？對於中國傳統文化的出版與閱讀，又該為當今讀者提供什麼樣的新體驗呢？

二〇一二年，恰逢中華書局創局一百週年，為紀念百年華誕，同時也為了更好發揮中華書局（香港）有限公司的優勢和特點，我們決定在堅守「弘揚中華文化」的創局宗旨基礎上，從更具時代特點、更廣闊的文化視野出發，邀請兩岸三地知名學者，運用新思維、新形式，選編一套面向當代大眾讀者尤其是青年讀者的中華傳統經典叢書。

這一構想提出來後，得到了饒宗頤教授及其他一些學術大家的充分認可。我們迅速籌建了以饒宗頤先生為名譽主編，由李焯芬、陳萬雄、陳耀南、陳鼓應、單周堯、鄭培凱諸教授組成的叢書編委會，經過認真論證，最終確定叢書名為「新視野中華經典文庫」，全套叢書共計五十分冊，收入五十五種經典，涵蓋中國古代哲學、歷史、文學、佛學、醫學等各個方面。「文庫」精選具有傳世價值的經典作品及最佳底本，廣邀兩岸三地專研精深的學者予以導讀、賞析和點評，力圖為今天的讀者搭建一條溝通古代經典與現代生活的橋樑。

傳承文化，責任綦重。成書過程中，我們一直誠惶誠恐，每一本作品都經歷了往復討論、不斷修訂，幾易其稿的過程是艱辛的。幸而有一羣學養一流、懇切熱忱的作者共襄盛舉。他們都是本研究領域的專家、名家，卻以一種謙慎的姿態來配合出版方、或說是滿足當今讀者的要求。他們在反覆比較中精選最優底本，採擷精華章節，並參酌其他版本釐定字句乃至標點、讀音等細節；特別是為配合普通讀者、年輕讀者的閱讀口味，更力求導讀清新流暢、賞析扼要淺白，很多導讀讀來如一篇優美曉暢的散文，許多點評則令人會心一笑，心有戚戚焉。他們的細緻、負責，滿溢着對傳統文化的熱愛以及對傳承文化的熱切，使人感佩。

悠悠五載，五十冊圖書終於全部呈現給讀者。令我們欣慰的是，叢書陸續推出後，受到了讀者的持久歡迎，尤其是每年在香港書展上，都會有不少讀者特別是中學生前來問詢、購買；同時，這套書也榮幸地被中信出版社看中並引進到內地，出版簡體字版本，惠及廣大內地讀者。

不過，由於編輯學養有限，不免掛一漏萬，一些細心的讀者給我們寫來了郵件，指出錯漏。這令我們既感激，又慚愧，惟有及時修訂、精益求精，用更負責任的態度和更大的熱忱，來回報讀者，回饋社會。

為令讀者更高效、便捷閱讀此套叢書，吸收傳統智慧，本局將這五十五本經典的導讀抽出，結集為一套四冊的《經典之門：新視野中華經典文庫導讀》系列，分為「先秦諸子」「哲學宗教」「歷史地理」「文學」。如果說「新視野中華經典文庫」是我們希望給讀者開啟一扇通往古代經典大門的話，那麼這些導讀所構成的「精華中的精華」，則是開啟這扇經典之門的鑰匙。

中華書局編輯部
二〇一七年四月

□ 責任編輯：張利方
熊玉霜
□ 裝幀設計：霍明志
□ 排版：沈崇熙
□ 印務：林佳年

經典之門

新視野中華經典文庫導讀（歷史地理篇）

□
編者
中華書局編輯部

□
出版
中華書局（香港）有限公司
香港北角英皇道 499 號北角工業大廈一樓 B
電話：(852) 2137 2338 傳真：(852) 2713 8202
電子郵件：info@chunghwabook.com.hk
網址：http：//www.chunghwabook.com.hk

□
發行
香港聯合書刊物流有限公司
香港新界大埔汀麗路 36 號
中華商務印刷大廈 3 字樓
電話：(852) 2150 2100 傳真：(852) 2407 3062
電子郵件：info@suplogistics.com.hk

□
印刷
深圳中華商務安全印務股份有限公司
深圳市龍崗區平湖鎮萬福工業區

□
版次
2017 年 5 月初版
2022 年 4 月第 2 次印刷

□
規格
32 開（205 mm × 143 mm）

□
ISBN：978-988-8463-65-7

新 視 野
中華經典文庫

新 視 野
中華經典文庫